D0471234

PEINTURE
ET MACHINISME

COLLECTION D'ESTHETIQUE

Sous la direction de Mikel DUFRENNE

16

Dans la même Collection :

1. Mikel DUFRENNE. *Esthétique et philosophie.*
2. P. A. MICHELIS. — *Etudes d'esthétique.*
3. Christian METZ. — *Essais sur la signification au cinéma* (2e tirage).
4. Jean LAUDE. — *La peinture française (1905-1914) et « l'Art nègre »* (2 volumes).
5. Michel ZERAFFA. — *Personne et personnage. Le romanesque des années 1920 aux années 1950* (2e tirage).
6. Jean-Pierre MARTINON. — *Les métamorphoses du désir et l'œuvre. Le texte d'Eros ou le corps perdu.*
7. Jean-François LYOTARD. — *Discours, Figure.*
8. Pierre SANSOT. — *Poétique de la ville.*
9. *L'année 1913. Etude des formes esthétiques de l'œuvre d'art à la veille de la première guerre mondiale.* — Textes et documents réunis et présentés sous la direction de L. BRION-GUERRY (2 volumes).
10. Margit ROWELL. — *La peinture, le geste, l'action.*
11. Louis MARIN. — *Etudes sémiologiques. Ecritures, peintures.*
12. Christian BRUNET. — *Braque et l'espace. Langage et peinture.*
13. Stefan MORAWSKI. — *L'absolu et la forme. L'esthétique d'André Malraux.*
14. Christian METZ. — *Essais sur la signification au cinéma,* tome II.
15. O. REVAULT D'ALLONES. — *La création artistique et les promesses de la liberté.*
16. Marc LE BOT. — *Peinture et Machinisme.*
17. *L'année 1913,* tome III. *Manifestes et Témoignages.* — Textes et documents réunis et présentés sous la direction de L. BRION-GUERRY.
18. Gilbert LASCAULT. — *Le Monstre dans l'art occidental. Un problème esthétique.*

Marc LE BOT

PEINTURE et MACHINISME

PARIS
KLINCKSIECK
1973

COLLECTION D'ESTHETIQUE

DU MEME AUTEUR

Francis Picabia et la crise des valeurs figuratives (*1900-1925*). Le Signe de l'Art (Paris, Klincksieck, 1968).

Printed in France

ISBN 2-252-01511-X

AVANT-PROPOS

L'historien rencontre nécessairement, dans la réalisation de son projet propre, les découpures ou strates de réalité que définissent les diverses sciences humaines. Plusieurs de ces sciences sont issues de l'histoire ; leurs objets, pour être correctement décrits, demandent que soient aussi déterminés leurs temps spécifiques. Ainsi l'histoire sait-elle qu'elle n'a pas à connaître d'une totalité simple qui serait le temps de la race des hommes en général. Le temps est une réalité complexe où l'histoire définit des temporalités différentielles, qui vont de l'éphémère ou de l'événementiel à des périodes séculaires ou millénaires. Entre ces rythmes temporels qui caractérisent les différents objets des différentes sciences humaines, il lui faut établir des connexions, des concomitances, des décalages, des continuités, des ruptures, des accélérations ou des ralentissements relatifs.

Il n'est donc pas de théorie de l'histoire qui soit indépendante de la théorie de l'objet ou des objets de connaissance impliqués dans la recherche. Ainsi en est-il de l'art dont on postule ici qu'il est, parmi les pratiques humaines, un des modes de la communication sociale, en même temps qu'il est le centre énergétique d'un plaisir spécifique.

I

HISTOIRE OU CRITIQUE

L'anormal et la norme.

Depuis les premières incartades d'Edouard Manet, on n'a jamais cessé de soupçonner l'art contemporain d'être dérisoire, au moins en quelque mesure. On semble craindre souvent — ou espérer — que cet art prétendu nouveau ne se soit constitué dans ses traits caractéristiques que pour porter confirmation au jugement de Hegel et à celui de Marx : que le temps est venu de la mort de l'art ; que si l'histoire paraît parfois recommencer, c'est en réalité pour s'achever dans sa propre parodie. L'homme de culture, l'homme de science s'aventurent-ils à interroger méthodiquement les productions artistiques actuelles sur leurs significations, qu'ils gardent leurs repères les plus sûrs dans le passé historique. Ce n'est pas là seulement une nécessité de méthode pour toute entreprise de connaissance qui relève de l'histoire. Dans le cas présent, c'est souvent l'indice d'une censure, avouée ou inavouée. Par une contradiction qui est rarement poussée au bout de ses conséquences, on semble penser que l'art contemporain est engagé dans un processus d'auto-destruction, qu'il marque en effet la fin de l'histoire de l'art ; et la façon dont pourtant on l'évalue, dont on l'interprète, montre que l'on attend encore de lui qu'il renoue avec la cohérence d'une tradition qu'il a au moins momentanément interrompue. La même contradiction pèse sur les artistes. Il y a intentionnellement de la provocation dans le comportement d'un Francis Picabia, une façon de défi par l'absurde, un défi suicidaire, quand en 1908 il brise brusquement avec son passé académique et qu'il va parfois jusqu'à se donner un rôle de provocateur ou d'amuseur public (1). Mais lorsque Picabia et Marcel Duchamp se mêlent à certains doctrinaires du cubisme en 1912, au moment où se prépare l'exposition de *La section d'or,* ils se heurtent à Albert Gleizes qui prétend démontrer au contraire que la nouvelle peinture, telle que lui-même la conçoit en théorie, s'inscrit dans la tradition classique de l'art français (2).

Si farce parodique il y a, toujours est-il qu'elle s'éternise. Et s'il s'agit d'un suicide, il est toujours raté. C'est déjà dire que le jeu qui se donne ici comme celui du rire et de la destruction est sans doute autre chose que son apparence ; qu'il possède un autre sens présent en lui et déchiffrable. Comment ne pas au moins chercher à savoir si les comportements dont on observe la permanence ou la répétition au long du développement de l'art contemporain ne constituent pas une série intelligible de réactions à une même situation générale ; si les œuvres produites ne sont pas comme autant de variations différentielles de quelques données permanentes d'une même problématique de l'imaginaire ; si cette situation et cette problématique générales ne fondent pas l'unité de l'art contemporain, unité sans doute réelle puisqu'elle semble déjà empiriquement observable dans quelques traits reconnus communément pour caractéristiques ?

Mais pour que ces questions aient pu être posées dans toutes leurs implications théoriques et méthodologiques, on a peut-être trop mis en avant, parmi ces traits caractéristiques, la répétition en effet ostentatoire des phénomènes de rupture qui ont marqué la succession des œuvres de l'art contemporain et qui n'ont pas cessé de se produire sur un rythme toujours accéléré. Ou plutôt on a peut-être interprété de façon simpliste ce caractère. Il est de fait que dès le milieu du XIXe siècle, les « écoles » et les « mouvements » artistiques plus ou moins antagonistes, dont les ouvrages généraux d'histoire de l'art tiennent le répertoire, se sont succédé rapidement. Aujourd'hui la plupart meurent si vite qu'ils sont pour ainsi dire morts-nés. Les esprits dont la compréhension historique est informée par des modèles mécaniques, n'ont pas manqué de voir là un signe d'usure, de mort prochaine. Comme si la découverte d'un équilibre assez stable était une condition nécessaire à l'existence de toute forme d'art.

Quant à connaître les conditions réelles qui déterminent l'existence de l'art actuel, les régulations temporelles — fussent-elles d'un rythme entièrement nouveau — de son développement, le statut social de ses produc-

1. Marc LE BOT, *Francis Picabia et la crise des valeurs figuratives (1900-1925)*, Paris, Klincksieck, 1968.

2. Albert GLEIZES et Jean METZINGER, *Du cubisme,* Paris, Compagnie des Arts Graphiques, 1947 (réédition du texte de 1912).

tions, il ne peut suffire qu'on applique consciencieusement à des formes artistiques incongrues, non pas le véritable acquis théorique et méthodologique de l'histoire de l'art lorsqu'elle a pour objet les œuvres de la tradition, mais des procédures d'enquête, de classement, de description, qui ne sont que les instruments du travail scientifique et qui, comme tels, ne suffisent pas à établir sa scientificité. En matière d'art contemporain, l'application de ces procédures ne peut garantir le caractère scientifique de la recherche que si l'on a d'abord déterminé de nouveaux points de vue théoriques à partir desquels il sera possible de penser sous la catégorie de l'art, sans contradiction, à la fois les œuvres du présent et celles du passé. Loin de contredire ou d'annuler les acquisitions scientifiques produites par l'étude des arts anciens, les nouvelles perspectives ouvertes par l'art contemporain lui-même devraient, en principe, conduire à remanier le champ général de la connaissance historique en matière d'art. Remaniement qu'il faut concevoir comme une contribution indispensable à la théorie de l'histoire.

Sa première démarche consistera à formuler l'hypothèse que l'art contemporain est réellement un art nouveau auquel ne peut s'appliquer adéquatement le système des catégories qui ont donné prise scientifique sur l'art de la tradition. Ce nouvel art est peut-être marqué profondément par ses aspects ludiques, sinon parodiques. Mais cela même ne permet pas de penser que l'activité artistique se soit brusquement figée vers 1870 dans un rire imbécile et que ses épisodes actuels ne soient que les épiphénomènes de sa décomposition : quoi qu'il en soit du nouveau cours des choses, nul ne peut en prévoir la fin puisqu'il persévère. Il faut le considérer tel quel.

Cependant l'historien, sinon le critique, ne peut se donner pour domaine concret de recherche les réalités artistiques contemporaines, sans examiner le bien-fondé de son projet. S'il relève proprement de l'histoire, ce projet ne va pas de soi. Il présente au moins des difficultés particulières ; peut-être une impossibilité de principe. C'est précisément que le présent artistique est fait d'œuvres insolites ou « anormales » en regard des œuvres du passé qui ont formé le champ constitutif de l'histoire de l'art comme science. Ce champ constitutif a subi, exactement dans le même temps que sont apparues ces œuvres d'un type nouveau, un autre bouleversement : le présent actuel a vu faire irruption dans le domaine esthétique, des arts étrangers à la culture historique de l'Europe et d'autres que les enquêtes archéologiques et ethnologiques font apparaître comme antérieures ou extérieures à l'histoire. La connaissance que l'on peut prendre de ce grand bloc fissuré, disparate, que forme aujourd'hui la totalité des objets et autres éléments de réalité reconnus pour esthétiques, de quelle théorie générale, de quelle méthode unificatrice procède-t-elle ?

Ou bien on dira que cet objet de connaissance présumé que l'on nomme « art » ne relève nullement ou ne relève que par ses entours externes du savoir historique. Les objets esthétiques ne constituent pas seulement une série (dont la cohérence, la continuité, seraient d'ailleurs à établir), une suite de repères abstraits dans la chronologie du développement des sociétés ; leur existence présente ne se réduit pas à permettre de situer dans le temps des événements et des actions dont ils seraient en quelque façon les traces. Pour parler comme Erwin Panofsky, ils ne sont pas seulement des « documents », des objets-témoins permettant l'interprétation d'autres réalités historiques ; ils sont aussi des « monuments», c'est-à-dire qu'ils possèdent leur signification propre (3), qu'il faut savoir entendre. Car les objets esthétiques parlent et parlent d'eux-mêmes, fût-ce d'une voix très brouillée lorsqu'ils sont les produits culturels de formations sociales dont toute autre trace a disparu. D'ailleurs chaque œuvre, par son caractère d'objet unique qui la dresse hors du temps, sinon contre le temps, ne contredit-elle pas aux grandes régulations générales dont l'histoire a proprement à connaître ?

Ou bien, au contraire, on postulera que toute production humaine est historique. Mais l'histoire devra dire alors de quoi elle est ici l'histoire. Si le caractère proprement esthétique d'un objet échappe, en dernière analyse, aux régulations temporelles, l'histoire n'aura pour tâche propre que l'identification ainsi que le repérage chronologique et géographique des ces œuvres uniques, productions toujours singulières mais homogènes d'une activité de caractère universel quant à sa finalité essentielle. Mais si l'esthétique lui-même relève de la connaissance historique, il faudra définir, à travers le temps, à la fois l'objet de l'histoire de l'art — le champ et l'efficace propre de la pratique artistique dans les diverses formations sociales historiques — et la temporalité spécifique de cet objet dans le développement temporel toujours particulier de chacune de ces totalités organiques que sont les sociétés concrètes.

Dans ces conditions d'un disparate au moins apparent des données historiques empiriques, on peut escompter que l'étude des productions esthétiques de l'art contemporain, souvent perçues comme anormales, constituera effectivement un apport positif à la théorie de l'histoire, pour autant que ces productions semblent d'emblée donner prise difficilement à la discipline et aux méthodes historiques, telles qu'elles se sont constituées originellement au siècle dernier. Le XIXe siècle n'a pas été moins qu'un autre divisé en lui-même. Mais, en matière d'art, il croyait à la tradition, c'est-à-dire à l'unité immédiatement intelligible de l'histoire

3. Erwin PANOFSKY, *L'œuvre d'art et ses significations,* Paris, Gallimard, 1969, p. 37.

artistique. Malgré ses curiosités exotiques, l'histoire de l'art était pour lui celle d'une certaine rationalité du beau, définie par les théoriciens dès l'âge classique, discutée quant à ses implications présentes, mais que rien ne mettait en cause pour l'essentiel. C'était évidemment l'opinion d'Ingres. Aussi bien celle de Delacroix, que l'on disait romantique et qui se disait classique. « Les Grecs et les Romains sont là, à notre portée ! », disait-il en découvrant les Arabes de l'Afrique du Nord (4). Au contraire, l'art actuel est né, en France, dans les scandales bruyants de l'impressionnisme, du fauvisme, du cubisme ; il a rompu dans son surgissement avec l'ancien idéal de la beauté. Rupture dont il est difficile de connaître les incidences. On se demandera si cette rupture scandaleuse en est véritablement une ; elle n'est peut-être qu'un moment d'aberration, un effet de surface jouant au seul plan des apparences, au plan de l'histoire événementielle, sans invalider les principes généraux de la connaissance historique. Ou bien on pensera, au contraire, que cette rupture implique quelque chose comme un bouleversement du sous-sol logique de l'imaginaire figuratif. Dans le premier cas, comment prendre recul sur l'événement actuel pour saisir, derrière les apparences incongrues, sa signification réelle dans le développement historique de l'art ? Et si la logique de l'ordre figuratif traditionnel se trouve touchée par une sorte de révolte iconoclaste, une prétendue histoire de l'art contemporain est-elle autre chose qu'une critique subjectiviste d'une production renvoyant au plus subjectif des psychismes individuels ou autre chose qu'une chronique de l'irrationnel ?

HISTOIRE ET CONTEMPORANÉITÉ.

Ce sont en somme ces préalables qu'examine rigoureusement Herbert Read dans les premières pages de son *Histoire de la peinture moderne* (5), l'un des rares essais de portée générale qui aient envisagé de mettre systématiquement à l'épreuve de l'actualité, les concepts et les méthodes élaborés à l'occasion des travaux d'histoire de l'art qui concernaient le passé (6). Herbert Read y décrit les impasses où il s'est trouvé conduit. Il tire de son expérience des conséquences pessimistes concernant rétrospectivement l'histoire de l'art en général, non la seule histoire de l'art

4. Marc LE BOT, « Delacroix et la tradition », *Europe,* avril 1963.
5. Herbert READ, *Histoire de la peinture moderne,* Paris, Aimery-Somogy, 1965.
6. Irena WOJNAR, « Herbert Read », *Revue d'esthétique,* n° 3-4, 1970.

contemporain. Il remarque d'abord qu'il a « consacré une longue et attentive réflexion aux faits qui constituent l'histoire du mouvement moderne dans la peinture et dans la sculpture ». Mais c'est pour demander avec plus d'autorité qu'on ne prenne pas le titre de son ouvrage au pied de la lettre, parce qu' « il ne prétend pas avoir pu découvrir la moindre loi à laquelle obéirait cette histoire » ([7]). Il reprend explicitement les thèses de Collingwood dont les travaux ont souligné les discontinuités qui marquent la succession des faits artistiques et ce que leur irruption dans l'histoire a toujours de surprenant ([8]). Herbert Read souligne à son tour que d'une manière générale et en regard d'autres secteurs apparemment analogues de la production intellectuelle, l'histoire de l'art a quelque chose de pénible et de troublant. On n'y observe pas de progrès, au sens où les œuvres d'art dans leur suite temporelle feraient gravir les degrés d'une façon de vérité qui leur serait propre. Si les travaux artistiques pouvaient être comparés aux recherches d'ordre scientifique ou philosophique, par exemple, ils atteindraient dans tous les cas à quelque nouveau résultat positif pourvu qu'ils soient le produit d'un « travail moyen ». Il n'en est rien. Les ruptures que révèle la suite chronologique des œuvres, ne sont pas les solutions épisodiques d'une continuité historique qui finit toujours, dans les autres domaines de l'activité de l'esprit, par se renouer au-delà de certains blocages temporaires. Elles ne sont pas des temps faibles, ni même ce que Collingwood nomme des « périodes réactionnaires », qu'on pourrait nommer aussi bien des contretemps : elles sont des temps de mort dans l'histoire. Il n'y a en histoire de l'art ni opposition dialectique des contraires, ni acquis cumulatif. Mais quelque chose parfois surgit comme par « jaillissement » — un être de la vie esthétique — qui s'épanouit puis décline. Après sa disparition, il faut attendre une autre naissance.

La tâche de l'historien d'art, en général, consisterait donc en une sorte d'histoire naturelle teintée d'évolutionnisme. Car certaines opérations de « synthèse », c'est-à-dire de classement, sont possibles malgré tout. Entre les faits singuliers, on distingue des parentés stylistiques : ce ne sont en réalité que des similitudes de nature. Lorsque Herbert Read utilise à son tour, pour rythmer l'histoire de l'art contemporain, les concepts d'école, de période, de tendance, de mouvement, de style même, c'est pour identifier certaines familles de formes, qui sont autant de données positives. Considérées comme des données de fait, elles échappent en der-

7. Herbert READ, *Histoire de la peinture moderne,* ouvrage cité, p. 10.

8. R. G. COLLINGWOOD, *The principles of art,* Oxford, Clarendon Press, 1955. — R. G. COLLINGWOOD, *The problem of art,* Oxford, Clarendon Press, 1955. — R. G. COLLINGWOOD, *Speculum mentis or the map of knowledge,* Oxford, Clarendon Press, 1924.

nière analyse à la question portant sur les déterminations sociales et historiques qui leur seraient essentielles, qu'on les saisisse dans une continuité limitée du temps ou dans l'actualité d'une conjoncture. Cette sorte de positivisme réduit le problème historique posé par l'étude de l'ensemble des productions artistiques à un problème de générations, c'est-à-dire de périodisation empiriste. Par voie de conséquence, c'est un problème aussi de généalogie, soit une problématique des origines et des influences, des survivances et des anticipations, dont le modèle est implicitement ou inconsciemment emprunté à la biologie. Mais dans tous les cas, qu'il s'agisse d'êtres singuliers ou en quelque façon collectifs, les rapports temporels des formes entre elles seraient régis par ce que Collingwood nomme « la loi de la réaction », qui détermine aussi bien le déclin des existences individuelles que la dégénérescence ou la corruption des styles.

Cette recherche des relations qui peuvent se nouer entre des réalités historiques définies comme possédant une existence pour ainsi dire personnelle, ne peut aboutir qu'à concevoir l'histoire comme une sorte de dramaturgie. Si l'histoire de l'art est pour Herbert Read comme pour Collingwood le temps où joue « la loi de la réaction », c'est aussi nécessairement qu'elle est le temps d'une action dramatique où s'affrontent des protagonistes qui sont autant de puissances mythiques : les œuvres célèbres et les génies créateurs dont la singularité est irréductible à quelque jeu de déterminations que ce soit. De telles relations, sanctionnées par l'échange, la complicité, la rivalité, la mort, relèvent d'un récit qui s'ordonne à une rhétorique des styles. Et celle-ci s'accorde elle-même à une interprétation des significations qui est en dernier ressort de caractère psychologique, puisque ces significations sont produites par la seule intention esthétique du « créateur ». Le problème proprement historique des liens temporels de causalité entre des processus et des régulations de portée générale ne se pose pas vraiment si l'intelligence des événements se découvre dans des oppositions de personnes, fussent-elles celles des générations successives, où l'historien se trouve lui-même impliqué de telle sorte qu'il ne s'y trouve jamais en situation d'objectivité.

Sur un point plus précis, Herbert Read met en avant des considérations qui invalident tout projet d'une histoire scientifique en matière d'art contemporain. La relation de contemporanéité, qui lie l'historien à son propre présent, implique qu'il ne perçoive ce présent que sous la forme d'une « réalité atomisée ». La logique du temps vécu, parce qu'elle n'est pas entièrement déployée, ne peut être scientifiquement connue. Le vécu n'est pas seulement ce qui engage trop vivement l'affectivité de ceux qui le vivent pour qu'ils en soient bon juges. Il les aveugle aussi par une surabondance d'événements dont ils ne perçoivent que ce qui les concerne directement, non seulement par goût, mais surtout du fait de leur situation objective. Dans la pratique — car cette proposition ne peut être fondée en théorie — un délai est donc nécessaire, un recul historique, pour écarter les erreurs de la subjectivité et de la singularité. Il l'est également pour trier l'information d'actualité dont les matériaux sont toujours « trop peu assimilés », c'est-à-dire trop malaisément comparables entre eux et avec les matériaux de l'histoire du passé, faute d'une élaboration lente qui, par une sorte de décantation, les ait réduits à leur signification essentielle.

Herbert Read retrouve ici l'opposition traditionnelle de la critique et de l'histoire en matière d'art ; celle de la prise de position partisane ou de la collation des informations sans principes rigoureux et des analyses causales méthodiques. Il tire les conséquences de cet état de choses. Constatant que tant d'années d'études consacrées à l'art contemporain ne lui ont pas permis de « découvrir la moindre loi » proprement historique qui rende compte de son devenir, il se croit pourtant justifié d'en donner une vue d'ensemble. Mais ce n'est qu'un « récit », un « historique », un « tableau synoptique des connaissances actuelles ». Bref, une chronique sélective, c'est-à-dire une vue critique prise sur un ensemble empiriquement donné (9).

Car il est possible au moins, selon Herbert Read, de fonder la relative cohérence de l'art contemporain lui-même, sinon celle de son histoire, sur une certaine « philosophie de l'art ». L'explicitation claire de celle-ci ne permet sans doute pas d'exclure que dans les discriminations ne viennent interférer les « préférences personnelles ». On peut cependant tracer une limite, soit-elle parfois à demi effacée, entre l'art classique traditionnel qui prend fin avec l'impressionnisme (art d'une tradition que l'on dit ici classique dans une acception très large de ce terme, celle que lui donnait encore Delacroix) et, d'autre part, l'art contemporain. Cette limite a un tracé non rectiligne. Elle repousse en deçà d'elle des œuvres qui sont des survivances de l'art traditionnel, en soi admirables : celles du douanier Rousseau, de Balthus, de Diego Rivera, par exemple. Elle contient en son dedans tout ce qui répond à un « critère de modernisme » sur quoi se fonde l'unité réelle de la nouvelle forme d'art. Ce critère se découvre dans la pratique et dans l'intention créatrice unitaire de la presque totalité des peintres contemporains. Paul Klee le formule lorsqu'il énonce que la peinture actuelle ne cherche pas à reproduire le visible, mais à rendre visible, et cette proposition est au cœur de la philosophie générale de l'art qui, selon Herbert Read, permet seule de trouver la cohérence de l'art actuel : « Cette philosophie définit l'art comme un

9. Herbert Read, *Histoire de la peinture moderne,* ouvrage cité, pp. 5-13.

moyen de concevoir le monde *visuellement.* Il y a plusieurs façons de concevoir le monde... L'histoire de l'art tout entière est celle des modes de la perception visuelle, c'est-à-dire des différentes façons dont l'homme a *vu* le monde » (10).

En formulant cette dernière proposition, Herbert Read aurait pu être conduit à poser le problème de la liaison entre les différents modes historiques de la visibilité. Les divers systèmes visuels, dont le système actuel, se succèdent ou se chevauchent dans le temps, mais ne sont pas absolument étrangers les uns aux autres. Non seulement l'art du moyen âge occidental, des invasions barbares et de l'antiquité classique, mais les arts orientaux, africains, américains, les œuvres qui sont données hors histoire et les arts préhistoriques, tous semblent porteurs de significations au moins partiellement intelligibles pour des esprits formés par la culture européenne, puisque celle-ci les intègre sans exception dans son musée universel. Mais à poser la question de leurs relations en termes de progrès, ou du moins en termes d'homogénéité et de continuité historique, cette question restera sans réponse satisfaisante. C'est cet échec que Herbert Read reconnaît et dont il dévoile certains aspects sans pouvoir en déterminer la cause : il ne peut que constater la succession ou le chevauchement temporels des styles ou des systèmes, quitte à les caractériser en les rapportant à quelque principe philosophique, religieux, moral ; c'est-à-dire qu'il constate, sans pouvoir en rendre compte, les discontinuités de l'histoire de l'art déjà soulignées par Collingwood.

Aussi, lorsqu'il qualifie de « révolutionnaire » le rôle que joua objectivement l'œuvre de Cézanne dans cette sorte de mutation génétique d'où sortit l'art contemporain, bien que le peintre ne le fût nullement lui-même « par tempérament », le mot est d'un emploi ambigu : cette révolution, n'étant pas celle du progrès ou celle seulement d'une certaine rationnalité de l'histoire, n'a pas de signification proprement historique. Elle est fondatrice d'un ordre nouveau, mais cet événement fondateur — révolution, mutation, rupture — on ne peut le rapporter qu'au pouvoir thaumaturgique du génie créateur, à une faculté ou un « tempérament » exceptionnels, à cet élément irrationnel qu'est « la volonté arrêtée et entêtée d'un peintre français de voir le monde objectivement, c'est-à-dire de le voir comme un objet, sans aucune intervention d'un ordre intellectuel ou d'un désordre sentimental » (11). En appeler à une donnée psychologique, à une psychologie des facultés dont relève la notion de capacité créatrice, de don créateur, c'est évidemment renoncer

10. Herbert Read, *Histoire de la peinture moderne,* ouvrage cité, p. 11. Cf. Paul Klee, *Théorie de l'art moderne,* Paris, Gonthier, 1964.

11. Herbert Read, *Histoire de la peinture moderne,* ouvrage cité, pp. 12 et 14.

à l'analyse d'une causalité proprement historique. Il s'agit là d'une conception de l'activité artistique dont le modèle est théologique : l'objet esthétique est l'expression d'une individualité libre et irréductible, dotée d'un pouvoir mystérieux, génératrice d'un univers imaginaire, au même titre que le dieu biblique créant le monde, et dont la science historique n'a pas plus à connaître que d'aucune autre épiphanie.

Recul historique et érudition.

Cette impossible *Histoire de la peinture moderne,* la voici écrite pourtant, fondée sur un principe d'intelligibilité qui n'est pas une loi de l'histoire, mais une unité d'intention tenue pour caractéristique d'un âge culturel. Cette unité intentionnelle fait figure de l'esprit du temps hégélien : elle s'exprime dans une philosophie générale de l'art présente à la fois dans les œuvres et dans les commentaires de leurs interprètes, sans que ce principe unificateur puisse donner à l'ensemble des œuvres concernées une autre cohérence que purement idéale. Sous cette forme autocritique d'ébauche, de « chronique » descriptive d'une certaine « évolution stylistique », cette histoire sans lois historiques témoigne effectivement des difficultés d'un traitement qui soit scientifique de part en part.

Mais l'inachèvement inéluctable, le relatif échec du travail de l'historien dont parle Herbert Read quand il applique à l'actuel ses méthodes d'investigations, ne tiennent pas seulement à cette difficulté particulière à l'art contemporain d'offrir une diversité extraordinaire, inédite dans l'histoire, des réalisations concrètes d'un principe idéal pourtant présenté comme unitaire. Herbert Read reconnaît lui-même, après Collingwood, qu'ils tiennent en général à la nature des productions artistiques, de quelque âge de l'histoire qu'elles relèvent. Cependant, si ce n'est pas la contemporanéité de son champ concret de recherche qui empêche l'aboutissement de la tâche de l'historien lorsqu'il s'attache à l'actualité, il faut penser que cette diversité, cette hétérogénéité, cette anormalité peut-être des productions artistiques actuelles jouent comme un rôle de révélateur des problèmes théoriques et méthodologiques majeurs de l'histoire de l'art.

Rien n'autorise moins que le cas du présent actuel à s'en tenir à un modèle de causalité historique emprunté à la biologie, dont la pratique des ateliers médiévaux puis renaissants et celle des académies de l'âge classique justifiaient peut-être l'emploi métaphorique. En matière d'art contemporain, Herbert Read lui-même n'indique-t-il pas que le modèle généalogique se trouve perverti, puisqu'il juge que l'histoire de cet art ressemble en son commencement à celle d'un « père qui désavouerait et déshériterait ses enfants » et qu'elle se poursuit « par des accidents et des malentendus » (12) ? Pour rendre cette histoire intelligible (ou toute autre d'ailleurs), il faut couper court aux égarements de la métaphore, commencer sans doute par interroger la nature des objets concrets qui forment le matériel de l'enquête. L'objet esthétique est une totalité complexe. Il n'est ni une chose purement matérielle, ni un objet de connaissance purement abstrait. Mais il est l'un et l'autre. Le destin historique de l'art est ainsi soumis, nécessairement, à plusieurs catégories de déterminations dont l'articulation réelle est effectivement problématique. Son développement semble ne renvoyer souvent qu'à une logique formelle qui lui est propre ; il apparaît cependant soumis aux contraintes des projets créateurs individuels et à la fois aux conditions d'existence imposées à l'art et à l'artiste par la société dont ils relèvent.

Mais, s'agissant de démêler cet entrelacs de liens de causalité, l'art contemporain ne pose pas en principe de problèmes plus complexes que les arts passés ou lointains. Au contraire, ne peut-on penser que cette multiplicité des déterminations et leur articulation problématique sont devenues d'autant plus perceptibles que l'art contemporain a entrepris de rompre point par point avec la tradition figurative ? Suivant en cela Herbert Read qui souligne que les aspects distincts de l'art contemporain sont, chacun, irréductibles à la tradition classique, il faut se demander si les relations de l'art actuel avec les arts du passé ne sont pas l'occasion pour l'historien de faire retour sur sa propre pratique scientifique par des voies que ne croise pas toutes l'historien de l'inactuel, pour la raison fondamentale que c'est l'art contemporain lui-même qui les a frayées.

Les propositions reprises par Herbert Read à Paul Klee constituent une réponse positive à cette question. La thèse de Klee n'est pas « philosophique » au sens où elle résumerait en sa formulation concise une conception spéculative de l'art dans le cadre d'une philosophie de l'histoire, sinon d'une vision du monde en général. Elle l'est au sens où cette thèse a valeur théorique. Paul Klee ne l'a pas seulement énoncée de façon révélatrice (« L'art ne reproduit pas le visible ; il rend visible ») (13). Elle est liée à un ensemble cohérent de concepts, eux-mêmes élaborés méthodiquement à partir des analyses concrètes qui ont fait l'objet de l'enseignement de Paul Klee au Bauhaus. Elle définit l'activité artistique comme une fonction sociale (rendre visible, c'est déterminer l'ordonnance des différents champs de la visibilité au cours de l'histoire). Elle n'im-

12. Herbert Read, *Histoire de la peinture moderne,* ouvrage cité, p. 10.
13. Paul Klee, *Théorie de l'art moderne,* ouvrage cité, p. 34.

plique en cela aucune préconception d'un idéal de beauté. Mais elle ouvre à l'investigation scientifique un point de vue stratégique sur l'histoire concrète de la totalité des œuvres relevant de toutes cultures et elle lui trace un programme de recherche en même temps qu'elle la dote d'outils analytiques. Si changent les systèmes de visibilité, il faut chercher à connaître les éléments constitutifs invariants de toute pratique figurative, ainsi que les règles qui assemblent ces éléments entre eux et les unissent aux autres éléments d'une formation sociale historique, selon des procès constitutifs qui varient sans cesse en fonction des différents systèmes sociaux.

Les analyses de Paul Klee sont un modèle de cette recherche appliquée à l'art contemporain ([14]). L'historien peut donc reprendre au peintre — ce n'est pas la première fois dans l'histoire — une position théorique, des concepts, une méthode. C'est dire qu'il faut formuler l'hypothèse que la pratique picturale de Paul Klee — en général celle de l'art contemporain — a ouvert de nouvelles perspectives à la théorie de l'art et à la théorie de son histoire : dans leurs peintures, plusieurs peintres ou groupes de peintres contemporains ont réalisé une forme d'art qui vise à mettre au jour les conditions de son propre procès de production. La position des problèmes qui relèvent d'une science de l'art conçu en termes de fonction sociale, n'est pas indépendante de ce caractère que l'on peut dire réflexif de l'art contemporain. Ici comme dans tous les domaines de la connaissance, la pratique du présent et le savoir que l'on prend de cette pratique, modifient l'ordonnance de la description historique tout entière ; les questions qu'ils soulèvent, sont nécessairement reportées sur l'ensemble des arts anciens, lointains ou étrangers.

Dans cette perspective d'une histoire fondée sur l'analyse de la fonction de l'art dans les diverses formations sociales historiques, la question ne se pose pas fondamentalement d'un recul temporel minimal en deçà duquel la vision de la réalité se trouverait « atomisée » et la science ferait place à la critique. Un tel seuil est inassignable. Pour l'histoire conçue du point de vue du présent artistique, il n'y a de limites antérieures et postérieures que provisoires. L'opposition du présent et du passé n'est pertinente en théorie que si elle recouvre celle du vécu et du connu, en tant que la connaissance scientifique a pour objet la logique des déterminations à la fois internes et externes que le vécu ne perçoit jamais que sous la forme des apparences immédiates non critiquées. Or les arts du passé ne relèvent pas moins que les arts du présent de cette double approche : dans tous les cas, les motivations qui conduisent le spectateur vers l'œuvre

14. Paul KLEE, *Notebooks. The thinking eye.* Tome I (London, Lund Humphries and New York, G. Wittenborn, 1969).

impliquent, à des degrés variables, le désir d'un plaisir esthétique vécu comme une communication directe et, d'autre part, le désir de savoir. Pour reprendre le mot de Collingwood, si l'histoire de l'art toute entière offre à certains yeux « un spectacle pénible et troublant », le trouble de ces regards naît peut-être de ce que les rapports qu'ils établissent entre les choses appartiennent aux fausses évidences de la vie, de la pratique quotidienne. En matière d'art contemporain, le chroniqueur et le critique ont affaire à des réalités concrètes : à des artistes, à des œuvres, à un public ; à des conflits qui mettent en cause les jugements de valeur de la mode, du goût, des idéologies artistiques, morales, religieuses, politiques. Ils découvrent d'abord, nécessairement, les faits artistiques sous une forme tout élaborée à travers la conscience qu'en ont prise (comme spontanément, mais en réalité sous emprise idéologique) ceux qui les ont agis. Pour ses acteurs, l'histoire de l'art est le développement continu de leur temps de vie : elle est rythmée par le cours et la succession des existences individuelles ; par la suite chronologique des œuvres, des expositions, des salons ; par les débats d'actualité. Mais une théorie scientifique ne peut se fonder sur ces évidences du quotidien. Son projet est au contraire, par définition, de connaître ce qui demeure inconnu, de mettre au jour les contraintes et les processus inconscients où peut se découvrir cette logique postulée qui est à l'œuvre dans l'apparence d'abord mal cohérente des phénomènes.

L'analyse comparative des rôles joués par l'érudition dans la recherche historique concernant le passé et concernant le présent éclaire ces points litigieux. Recul historique et érudition sont en effet deux aspects de la méthodologie qui peuvent être légitimement liés, n'étant l'un et l'autre définissables que dans la perspective des problèmes théoriques de l'interprétation des significations artistiques.

Le rôle de l'érudition est principalement apparu à l'occasion des travaux d'histoire de l'art qui concernent le passé. Au cours du temps, les réalités artistiques subissent comme une série de filtrages opérés par les interprétations dont les œuvres et les conduites font constamment l'objet. Ces éliminations étant le fait d'interprétations systématiques, on ne peut remettre en cause ces systèmes interprétatifs qu'en retrouvant des éléments rejetés et oubliés par la grande mémoire collective qui ordonne les ensembles documentaires. On peut alors prétendre à restituer objectivement les significations originelles d'une œuvre, en entendant par là les principales significations qui lui sont assignables lorsqu'on réfère cette œuvre au contexte culturel et social dans lequel et pour lequel elle fut produite. On peut, de la même façon, par référence aux différents contextes historiques qui l'ont accueillie, écrire l'histoire des interprétations successives dont cette œuvre a fait l'objet. Cette remontée jusqu'aux significations originelles d'une œuvre ou d'un groupe d'œuvres rend ainsi possible la connaissance de tout un pan de l'histoire de l'imaginaire figuratif. Et s'il est légitime d'accorder un privilège aux significations premières, c'est donc pour ces deux raisons : parce qu'elles ouvrent à la connaissance des systèmes culturels dont les œuvres ont fait partie, non seulement intégrante, mais constitutive ; parce qu'elles marquent un repère fixe par rapport à quoi situer historiquement les transformations internes à ces systèmes, voire les changements de système, c'est-à-dire les moments et les conditions à partir desquels un système figuratif historique est devenu improductif.

Relativement à ce qu'on observe dans l'étude des arts du passé, les termes de la question se trouvent en quelque façon inversés lorsqu'il s'agit de l'art actuel. L'information est ici virtuellement illimitée. Rien n'a encore été perdu ni oublié ; la définition spatiale et temporelle des objets (localisation, datation, attribution), tâche de l'érudition, y est toujours possible en principe. Cependant, l'illimité de l'information n'est, précisément, que virtuel. Pratiquement, les recherches d'histoire de l'art contemporain sont ouvertement orientées par des principes critiques ou théoriques : si l'érudition s'impose dans tous les cas, la conduite de la recherche érudite est déterminée par les questions hypothétiques que le critique et l'historien soulèvent et définissent dans l'immédiat, parfois avec un arbitraire au moins apparent. Le jeu de ces questions y est toujours très ouvert. Bien que les structures d'accueil où apparaît une œuvre quelconque, proposent toujours antérieurement à cette apparition un ordre classificatoire et interprétatif, interprétations et classements sont constamment soumis à révision. Aucun ne s'impose avec la force d'un assentiment restrictif assez général, même s'agissant d'œuvres immédiatement très célèbres, au sujet desquelles ne se réalise jamais la même unanimité incontestée que pour les œuvres classiques. Au contraire, le sens est toujours déjà là en surabondance dans les interprétations toujours diverses, souvent contradictoires, qui s'emparent des œuvres actuelles au moment de leur apparition. Le problème n'est plus ici de retrouver, à force d'érudition, des significations originelles que le temps n'a pas encore pu appauvrir ou pervertir. Il est essentiellement, si cela est possible, de découvrir les amers qui marquent les quatre horizons de l'œuvre, de suivre à la trace les chemins d'intelligibilité qui les joignent les uns aux autres dans la masse bariolée, polyvalente, des formes et de leurs interprétations.

Plus précisément, l'art contemporain conduit à mettre au centre de la problématique scientifique de l'histoire de l'art l'hétérogénéité des systèmes figuratifs historiques et leur définition différentielle. Du fait de son étrangeté, de l'anormalité qu'on lui reproche mais qu'il revendique, cet art ne permet plus de garder l'illusion que le musée universel de l'art, récemment institué, soit une mémoire collective où les pensées accumulées des hommes et des ensembles sociaux se liraient, comme en un dialogue des morts utopique, par référence à un même souci de beauté. Plutôt qu'il ne donne la certitude réconfortante des analogies, il pose la question des différences en se posant lui-même comme différent.

L'histoire, dans ces conditions, ne peut plus être cette résurrection, cette fête des souvenirs exhumés, ces retrouvailles du temps que voulait Michelet. Sa tâche n'est pas de rappeler toutes choses à revivre, en ce sens qu'elle pourrait tout ramener à un plan unique de compréhension où tout serait comparable parce qu'équivalent ou du moins homogène. Il lui faut, au contraire, définir des temporalités étrangères les unes aux autres, irréductibles à une seule unité de mesure. Il lui faut grouper ses éléments en séries qui dissocient souvent les objets concrets et dont l'ordonnance systématique définit l'identité de chacune par opposition à chacune des autres. A la suite des artistes contemporains dont les œuvres se définissent explicitement et essentiellement par la mise en évidence de leurs ordonnances constitutives, l'histoire doit s'engager dans la description intrinsèque de structures figuratives historiques qui sont dotées de permanence variable, puisqu'on constate dans ce domaine aussi que l'échelle des durées va de l'éphémère à des réalités plusieurs fois séculaires (15). Toutes différences dont l'appréhension échappe à l'expérience du vécu, fût-elle critique, mais réclame des procédures méthodiques d'analyse fondées en théorie, qui peuvent seules établir comparativement les temporalités différentielles propres aux systèmes historiques de la communication artistique.

15. Cf. les thèses des historiens dits de l'école des *Annales,* notamment Lucien Fèbvre, *Combats pour l'histoire,* Paris, A. Colin, 1953 ; et Fernand Braudel, *Civilisation matérielle et capitalisme.* XV-XVIIIe *siècle,* Paris, A. Colin, 1967 ; « Présence de Lucien Fèbvre ». *Hommage à Lucien Fèbvre. Eventail de l'histoire vivante,* Paris, A. Colin, 1953.

INTERPRÉTATION, DÉCHIFFREMENT.

Que l'art soit à concevoir, au moins en première hypothèse, comme l'un des modes de la communication ; qu'en particulier les images peintes, dans leur fonction effective la plus générale, agissent comme supports et producteurs de significations verbalisées en des discours, ceci est un des postulats qui fondent l'histoire de l'art comme « discipline humaniste » et « science d'interprétation », selon Erwin Panofsky. « Les signes et structures laissés par l'homme sont des souvenirs témoins en ce que, ou pour mieux dire dans la mesure où, ils expriment des idées séparées des processus concrets de signification et de construction où pourtant ils s'actualisent » ([16]). Effectivement, toute la théorie de l'art d'Erwin Panofsky est faite pour répondre à des problèmes d'interprétation ; plus précisément, elle est déterminée par l'observation qu'il fait d'emblée de la nature complexe des significations artistiques : celles-ci sont originellement multiples, d'ordres différents ; elles sont saisissables à des niveaux distincts de la lecture interprétative d'une même œuvre, depuis la lecture naïve (faisant comme si l'œuvre était le substitut d'un fragment de réalité vécue) jusqu'à la lecture symptomale (« l'œuvre d'art en tant que symptôme de quelque " autre chose " qui s'exprime en une infinie diversité d'autres symptômes ») ([17]). D'emblée, Erwin Panofsky précise aussi que, de ces significations, les unes sont intentionnelles, les autres inconscientes — ce qu'implique rigoureusement le concept de « symptôme ». Ces dernières significations sont ce au-delà de quoi ne peut aller l'historien herméneute ; ce au bout de quoi il s'efforce d'aller.

A tous les niveaux de l'interprétation iconologique, montant par paliers du plus évident à l'inconscient, la place de l'information objective est exactement marquée. Elle est un des agents de toutes les procédures de vérification qu'Erwin Panofsky doit s'imposer à chacune des trois étapes de ce procès interprétatif qui part des significations « factuelles » et « expressives » immédiatement données, reprend les « significations conventionnelles » reconnues par l'iconographie et s'achève par le dévoilement des « significations intrinsèques », où les intentions de l'artiste se trouvent pour ainsi dire surpassées par une richesse de sens qui se produit hors de sa volonté d'expression. Mais l'érudition n'est pas ici un facteur réellement isolable. Elle est immédiatement reprise dans l'ordon-

16. Erwin PANOFSKY, *L'œuvre d'art et ses significations,* ouvrage cité, p. 33.
17. Erwin PANOFSKY, *Essais d'iconologie,* Paris, Gallimard, 1967, pp. 5 et 21.

nance systématique d'un savoir historique global. Les vérifications de l'iconologie mettent en œuvre des « enquêtes » qui portent sur l'« histoire du style », l'« histoire des types », l'« histoire des symptômes culturels » ([18]). Elles sont nécessaires si l'iconologie, en tant que science, veut se démarquer de l'iconographie, comme l'ethnologie se démarque de l'ethnographie ; si elle ne veut pas courir le risque de devenir ce qu'est l'astrologie à l'astronomie ([19]), c'est-à-dire de tomber dans l'arbitraire interprétatif dont la menace pèse sur toute herméneutique.

Cette crainte que l'historien d'art ne joue malgré soi les mages, les astrologues, ce triple renvoi à l'histoire du style, des types, des symptômes culturels, ce triple barrage des procédures de vérification est une sorte de reconnaissance implicite que l'herméneute ne comblera jamais l'écart d'incertitude qui sépare nécessairement toute interprétation de son objet, pour la raison que la question d'une interprétation « vraie » et univoque n'est pas une question scientifique. Une œuvre n'en a jamais fini d'être l'objet d'interprétations toujours nouvelles ; quant à la science, elle ne peut avoir à connaître que des conditions objectives de la production de ces effets de sens toujours renouvelés au cours de l'histoire. Aucune interprétation n'a jamais le statut d'une connaissance objective, même si Panofsky prétend à juste titre produire une théorie scientifique du procès interprétatif lui-même. Ce procès ne fait pas seulement appel à l'expérience de la vie quotidienne ; à une connaissance des sources littéraires, mythologiques, iconographiques ; à celle des symptômes culturels. En dernier ressort, il fait intervenir une « intuition synthétique » de ces « principes fondamentaux qui sous-tendent le choix et la présentation de *motifs,* aussi bien que la production et l'interprétation d'*images, histoires* et *allégories,* et qui donnent leur signification même aux ordonnances formelles et aux procédés techniques mis en œuvre » ([20]).

Par quoi se trouvent posées de tout autres questions que celle de la recherche documentaire, si l'on veut donner un champ d'application précis et une compréhension rigoureuse à ce concept d' « intuition synthétique ». Dans ses *Essais d'iconologie* (1932), Erwin Panofsky se contente de poser que « les procédés techniques... sont des symptômes d'une... mentalité de base que traduisent toutes les autres propriétés spécifiques (d'un) style » artistique. Quant à cette « mentalité de base », elle est celle « d'une nation, d'une période, d'une classe, d'une conviction religieuse ou philosophique » qui spécifie historiquement « les tendances essentielles de

18. Erwin Panofsky, *Essais d'iconologie,* ouvrage cité, p. 31.
19. Erwin Panofsky, *Essais d'iconologie,* ouvrage cité, p. 5.
20. Erwin Panofsky, *Essais d'iconologie,* ouvrage cité, p. 28.

l'esprit humain » ([21]). L'intuition synthétique a donc un objet présumé : le style, sa valeur symptomatique. On doit penser que cette intuition ne se réduit pas à une réalité vague, à une forme de connaissance prétendue tout immédiate. Puisqu'elle procède par séries de vérifications, il s'agit d'une démarche analytique qui doit construire systématiquement cet objet de connaissance qu'est le style d'un artiste ou d'un groupe d'artistes. Mais Erwin Panofsky n'explicite de façon précise ces conséquences de ses postulats initiaux qu'avec la publication de *L'œuvre d'art et ses significations* (1955). Il en vient logiquement à poser (mais encore sur le mode conditionnel) que la connaissance des « principes fondamentaux » passe par une définition systématique des styles et à mettre ainsi en lumière le rôle fondateur de la théorie dans la définition d'une problématique historique.

Erwin Panofsky indique à ce sujet que « la " théorie de l'art " (par opposition à la philosophie de l'art ou esthétique) est à l'histoire de l'art ce que la poétique et la rhétorique sont à l'histoire de la littérature ». Ce qui implique que l'historien de l'art se double nécessairement d'un théoricien. En effet, « étant donné que les objets de l'histoire de l'art n'accèdent à l'existence qu'au terme d'un processus de synthèse recréatrice, l'historien de l'art doit affronter une difficulté particulière quand il s'efforce de caractériser la structure stylistique des œuvres qu'il étudie ». Il ne peut les décrire « en tant que corps physiques (ou substituts de corps physiques), mais en tant qu'objets d'une expérience interne », qui est l'expérience esthétique. D'autre part, il ne peut les décrire d'une façon purement impressionniste, en termes de pure subjectivité, puisque son expérience « a été esquissée pour lui par les activités délibérées d'un artiste ». Il lui faut donc interpréter « les particularités stylistiques des œuvres comme des solutions spécifiques à des problèmes artistiques généraux... Formuler et systématiser les " problèmes artistiques "... serait édifier un système des " concepts fondamentaux de l'histoire de l'art " : c'est le propos de la théorie de l'art, non de l'histoire de l'art » ([22]).

Ce rappel des travaux de Heinrich Wölfflin ([23]) est significatif : la pratique scientifique d'Erwin Panofsky l'oblige à constater qu'histoire et théorie sont indissociables, car un tel « système » de concepts fondamentaux, dont la difficile question se pose nécessairement, ne saurait s'édifier spéculativement, hors de l'analyse des œuvres considérées dans leur historicité. Comme l'observe Bernard Teyssèdre commentant Panofsky,

21. Erwin PANOFSKY, *Essais d'iconologie,* ouvrage cité, pp. 20 et 30.

22. Erwin PANOFSKY, *L'œuvre d'art et ses significations,* ouvrage cité, pp. 47 et 48.

23. Heinrich WÖLFFLIN, *Principes fondamentaux de l'histoire de l'art,* Paris, Plon, 1952.

celui-ci considère que le style d'un artiste, les « particularités stylistiques » de son œuvre renvoient à des « valeurs symboliques ». Mais dans son travail scientifique, il ne conçoit pas ces valeurs comme des réalités absolues : les « tendances universelles de l'esprit humain », symbolisées dans le corps stylistique des œuvres, sont toujours appréhendées par Panofsky comme dotées d'une existence historique (24). Sous cet aspect, l'iconologie conduit à la fois à une sociologie historique de l'art et à des analyses formelles de caractère sémiologique — demandées par Panofsky, rarement réalisées par lui (25).

L'hypothèse qui fonde ce travail est que de telles procédures d'analyse formelle, fixant des repères optiques perceptibles dans un ouvrage de peinture, retraçant les voies d'un quadrillage spatial utopique et systématique en soi intelligible, permettent de donner un fondement d'objectivité à la recherche des lois historiques qui déterminent aussi bien la production des formes que celles des interprétations. Ces procédures seront celles d'un déchiffrement qui opère, non pas sur les agencements du sens d'abord saisi globalement, comme intuitivement et de façon non articulée, puis directement interprété en fonction du contexte externe aux œuvres ; mais sur l'ordonnance intrinsèque des formes considérées dans leur matérialité sensible.

Une telle démarche s'impose, s'agissant d'un ensemble de formes d'art — celles de l'art contemporain — souvent non représentatives, dans lesquelles on ne peut découvrir ni le premier, ni le second niveau de lecture indiqués par Panofsky (ni représentation équivalente à une description ou à un récit ; ni signification conventionnelle relevant d'une iconographie) ; mais où le style d'un artiste s'inscrit dans ses « procédés techniques » (« par exemple, la préférence de Michel-Ange pour la sculpture en pierre plutôt qu'en bronze et son usage particulier de hachures dans ses dessins », dit Erwin Panofsky) (26) ; où ces traits stylistiques matériels forment directement l'articulation du sens (à moins qu'on ne crie au non-sens, renonçant ainsi à toute compréhension de l'art actuellement vivant).

Il s'agit donc de mettre à nu la trame formelle de l'image, les repères objectifs qui s'y découvrent et leur organisation systématique, qui est déchiffrable si on la réfère à l'histoire générale des formes — la finalité de cette recherche n'étant pas de faire obstacle aux errements de l'ima-

24. Erwin PANOFSKY, *Essais d'iconologie,* ouvrage cité, p. 20 et la note 5 de Bernard TEYSSÈDRE.

25. Erwin PANOFSKY, *Essais d'iconologie,* ouvrage cité, pp. 20 et 28, ainsi que tout le chapitre : « Le mouvement néo-platonicien et Michel-Ange », pp. 255 et sq.

26. Erwin PANOFSKY, *Essais d'iconologie,* ouvrage cité, p. 20.

gination, toujours appelés, toujours justifiés par l'œuvre, mais de connaître ces conditions matérielles qu'on a dites (particulières, générales, universelles ou invariantes peut-être), sous lesquelles une œuvre s'impose au déchiffrement et s'offre à l'interprétation toujours relativement ouverte. Des analyses ainsi conduites, au ras de la constitution matérielle des éléments perceptifs discrets, doivent permettre de se dégager provisoirement, par raison de méthode, de l'emprise affective, fantasmagorique, des significations qui semblent immédiatement provoquées et vécues, c'est-à-dire qui ne sont pas soumises à l'épreuve de l'analyse méthodique ; de faire place à un autre type d'engagement personnel, non moins passionnel, mais celui-là seul qui rende possible l'institution d'un rapport de connaissance avec son objet, puisqu'il relève du désir de savoir (27) ; de parvenir ainsi à une formulation abstraite des rapports qui ordonnent les relations entre eux des différents éléments constitutifs des réalités artistiques, ainsi que celles de l'art avec les autres instances sociales.

Pour procéder à cette sorte de déchiffrement formaliste, on se fonde sur cette observation : que les parcours les plus divers de l'œil au sein d'un ensemble perceptif donné comme « œuvre d'art », les commentaires qui doublent nécessairement ces parcours de la perception, viennent buter aux mêmes points, se croisent aux mêmes carrefours, découvrent les mêmes articulations générales du visible et du dicible (28). D'une façon plus générale, le découpage des éléments perceptifs et la caractérisation de leurs rapports ne peuvent intervenir que pour autant qu'ils sont d'une certaine façon nommables, c'est-à-dire en quelque façon signifiants. Le déchiffrement va de pair avec l'interprétation ; dans la pratique, il en est indissociable, sous cette réserve que toute interprétation ou plutôt toutes interprétations peuvent et doivent intervenir dans ce procès, puisque c'est à suivre les lignes communes ou significativement différentes de leurs commentaires que seront connus les détours réglés de la perception esthétique : le déchiffrement se réalise dans la mise en évidence de régulations perceptives induites par la matérialité sensible de l'œuvre. Ces régulations sont les conditions spécifiquement plastiques de la production d'effets de sens spécifiques, c'est-à-dire des interprétations d'un ensemble visuel. Mais pour autant qu'elles forment système, leur logique interne

27. « Les œuvres d'art font sur moi une impression forte... J'ai été ainsi amené, dans des occasions favorables, à en contempler longuement pour les comprendre à ma manière, c'est-à-dire saisir par où elles produisent de l'effet. Lorsque je ne puis faire ainsi, par exemple pour la musique, je suis presque incapable d'en jouir. Une disposition rationnaliste ou peut-être analytique lutte en moi contre l'émotion quand je ne puis savoir pourquoi je suis ému ni ce qui m'étreint. » (Sigmund FREUD, « Le Moïse de Michel-Ange », *Essais de psychanalyse appliquée,* Paris, Gallimard, 1959, pp. 9 et 10).

28. Louis MARIN, « La description de l'image », *Communications,* n° 15, 1970.

est intelligible parce que référable à la fois à la logique de systèmes figuratifs antérieurs ou concomitants et à celles d'autres éléments de la structure sociale.

L'art contemporain a encore quelque chose d'exemplaire à cet égard : en tant que telles, les analyses formelles ne conduisent pas à trancher entre les interprétations diverses suscitées par une œuvre d'art dans son actualité — qui sont innombrables en fait et en droit, et dont chacune, non seulement celle de l'artiste, peut être dite originaire au sens où elle est contemporaine de la production des œuvres. Dans ces conditions, il faut penser qu'en réalité il n'y a pas d'interprétation originaire, fondatrice d'un sens vrai et univoque de l'œuvre : avant même tout projet, tout travail effectif de l'artiste, ce qu'on a nommé la structure d'accueil des œuvres, qui toujours leur préexiste, est toujours déjà prête à produire une multiplicité innombrable d'interprétations ; et c'est déjà par rapport à ce jeu relativement ouvert des interprétations et des valorisations possibles que se définit le projet, que s'engage le travail de celui qu'on nomme le « créateur ». En toute rigueur, une science de l'art ne peut donc se fonder que sur la connaissance de la constitution formelle des ensembles visuels dits artistiques, qui les inscrit à des carrefours de sens repérables, ouverts sur des voies toujours multiples, par quoi la production artistique communique sur des plans divers avec les autres pratiques sociales.

Art et science sociale.

Le projet d'instituer une science dont l'objet serait de définir les réalités artistiques comme des faits sociaux, c'est-à-dire de penser l'art dans ses relations avec les éléments dits infrastructurels (la production économique) et superstructurels (l'ordre politique et l'ensemble de la production intellectuelle) des diverses formations sociales historiques, c'est là un projet relativement récent. Il a pris forme à une époque et dans des conditions où les cadres sociaux des activités artistiques ont subi des bouleversements radicaux, liés aux transformations de la structure sociale tout entière. Dans cette conjoncture historique, que l'on désigne du point de vue de l'histoire sociale et économique comme « âge industriel » ou « machinisme », l'art contemporain n'apparaît pas seulement comme l'épicentre d'une mutation de la fonction artistique et de la nature de l'image. Il est aussi un des éléments qui ont déterminé les recherches visant à définir la problématique d'une science de l'art.

Ce projet scientifique a initialement été conçu comme celui d'une « histoire de l'art », partie intégrante, mais subsidiaire, d'une histoire générale des « civilisations » et du devenir politique des « sociétés ». L'histoire a d'abord attribué un caractère superfétatoire aux productions artistiques, comme à toutes les productions dites « culturelles » ; elle les a rangées dans la catégorie des effets seconds de la productivité sociale en général. Cette réduction hypothétique de la fonction artistique fait de l'art l'ornement des sociétés archaïques, anciennes ou « évoluées ». Elle renvoie à toute une théorie de l'art, demeurée le plus souvent implicite, diffuse, non critiquée, et aussi à une théorie de son histoire, que l'art contemporain met l'une et l'autre en cause radicalement.

Le XIXe siècle a considéré que le devenir historique de l'art n'avait pas été sans surprises, sans détours, ni même sans retours en arrière. Rien pourtant qui en fît le « spectacle pénible et troublant » que dit Collingwood, lui qui écrit après les premiers scandales de l'art actuel. La connaissance du devenir de l'art fut fondé d'abord sur un double postulat : sa continuité, conçue dans son mouvement général comme un progrès et, par conséquent, le caractère homogène des différents aspects de la réalité artistique, sous ses différentes formes historiques. Continuité et homogénéité donnaient une prise immédiate sur tous les phénomènes artistiques, puisqu'elles les posaient comme constituant une chaîne ininterrompue de conduites et d'objets relevant d'une échelle unique de valeurs, d'un même jugement de goût.

Leur variété, leurs différences étaient comprises à la fois comme la conséquence d'une accumulation progressive, au cours du temps, des savoirs et des techniques impliqués dans la recherche du beau — ou du moins comme découlant de la possibilité de varier les effets de la mise en œuvre de ces savoirs et de ces techniques — et, d'autre part, comme les contre-coups, les répercussions d'événements étrangers, agissant à l'intérieur du domaine artistique. Dans la logique de cette conception, ou bien on pose que l'art est, en effet, une technique à la fois manuelle et intellectuelle permettant l'expression par l'image d'une réalité objective ou idéale, d'une pensée qui lui préexiste ; il transcrit dans le registre du beau des valeurs qui sont élaborées en dehors de l'expérience visuelle et du travail de fabrication artistique. Ou bien, au contraire, on suppose qu'une sorte de parthénogénèse des formes rend compte de leur succession, ce qui n'exclut ni les anormalités consécutives aux hasards de l'hérédité, ni même que les œuvres reçoivent des marques superficielles de leur contexte historique. Mais la contradiction de ces conceptions n'est qu'apparente. L'une et l'autre, ou quelque façon que ce soit de les accommoder, impliquent qu'une même beauté, dont la réalité est indépendante de toute pratique fabricatrice, constitue l'objet unique de toutes les spéculations artistiques ; qu'elle est peut-être la réalisation d'un idéal humain indéfiniment poursuivi, sinon l'actualisation d'une idée absolue sous les espèces de l'art.

Qu'une véritable rupture, non pas une simple distorsion, se soit produite dans la chaîne temporelle des formes, entraîne nécessairement à reconsidérer ces principes. L'art contemporain se donne dans ses apparences mêmes comme le jeu du discontinu et du hasard. Il semble récuser toute idée préconçue de la beauté, il est souvent iconoclaste. Quel devient le moteur de son histoire ? S'agit-il encore des impulsions, des occasions données à l'activité artistique par les événements de l'histoire économique, sociale, politique, considérés comme seuls déterminants ? On dispute alors pour savoir si l'art actuel manque de sérieux, s'il est divertissement ou refuge ; ou s'il constitue, par cette dérision, la critique d'une société utilitariste. Il demeure exclu dans tous les cas des activités sociales essentielles. Il est un sous-produit luxueux ou compromettant, l'occasion de petits plaisirs, d'incongruités, de révoltes. Ou bien, puisqu'il remplit ainsi une fonction expressive et même cathartique, l'art est peut-être, par destination essentielle, expression spontanée de l'individu, produit en dernier ressort d'un automatisme qui manifeste sous différents aspects le surgissement de l'inconscient, en dehors de toutes déterminations proprement historiques.

Mais ainsi fondée, l'histoire de l'art contemporain n'est pas intelligible. Ou bien elle enregistre des séries d'événements dont les causes, et par conséquent la logique historique, sont entièrement situées en dehors d'eux. Ou bien la causalité est à découvrir dans les réalités psychologiques individuelles qui ne ressortissent pas à l'histoire. Disqualifiée comme science, cette histoire de l'art contemporain ne peut être que la « chronique » dont parle Herbert Read, où la logique d'un temps propre à l'art dans ses relations avec la temporalité des autres éléments du tout social ne se découvre pas. Car toute chronologie linéaire (toute recherche d'une rationalité de l'histoire par découpage segmentaire du temps vécu et par définition d'un ordre successif de ces segments, tel que cet ordre s'impose à la réalité sociale dans la totalité de ses aspects distincts), une telle chronologie reste nécessairement descriptive, c'est-à-dire non scientifique, si la périodisation ne peut établir le passé comme origine du présent et le présent comme achèvement actuel du passé, selon le modèle qu'on a ici qualifié métaphoriquement de biologique. C'est bien la validité de ce modèle que l'art contemporain, par ses traits incongrus au regard de la tradition et cependant systématiques, a mis radicalement en cause dès ses origines, dans le même temps que les arts étrangers à la culture occidentale posaient un problème identique à l'histoire, à dater du moment où ils sont entrés au musée avec un autre statut que celui d'objets de curiosité.

D'une façon générale, s'agissant de totalités complexes comme les œuvres d'art, établir des séries temporelles continues de réalités homogènes soulève une question préalable. Elle concerne la méthode qui permet de déterminer les groupements et les enchaînements chronologiques de faits. Cette détermination implique la possibilité pour celui qui s'en fait juge, de fixer le jeu des ressemblances et des différences, des identités, des analogies, des oppositions, où se définit l'ordre successif jusque dans son aboutissement actuel. Si l'établissement de cette continuité ne dépend pas d'une intuition d'un type particulier, étrangère à l'objectivité des preuves historiques, la compétence du juge ne peut s'établir que sur son privilège, très provisoire, d'être situé au terme d'une histoire qu'il observe ainsi à contre-sens de son développement réel et que, surtout, il considère comme ayant depuis toujours préparé le présent actuel, comme l'ayant depuis toujours justifié lui-même dans sa fonction de juge. Cette situation éphémère, ce contre-sens, cette réduction de l'autre à soi n'impliquent pas que ses mesures seront relativement inexactes parce que relativement subjectives. En réalité, elles n'auront aucun caractère scientifique. Considérant les choses du point pour ainsi dire culminant qu'il occupe dans le temps, ne repérant du passé que les traces qui le conduisent vers lui-même, l'observateur ne peut déterminer ces groupements ou lignées qu'au prix de dissocier la cohérence des œuvres en éléments disparates. Ainsi Paul Signac, aux premiers temps de l'art contemporain, établit la filiation qui, partant de Delacroix, conduit au néo-impressionnisme, en isolant les éléments colorés dans la peinture de son précurseur ([29]). La postérité d'un art devient sa vérité, le fils prend la place du père et réciproquement. A la limite à peu près actuelle, ce qui ferait renaître Delacroix à la couleur devant les yeux, ce serait par exemple cette « tendance » à l'abstraction colorée qui s'est réalisée dans la peinture dite « informelle » des années 1950 et qui tirerait de cette filiation inversée une part essentielle de son sens.

29. « Nous tenterons ici, non de défendre le mérite de ces peintres (les néo-impressionnistes), mais de démontrer que leur méthode si décriée est traditionnelle et normale : qu'elle est entièrement pressentie et presque formulée par Eugène Delacroix et qu'elle devait fatalement succéder à celle des impressionnistes... Nous voudrions seulement prouver qu'ils ont le droit de se réclamer de l'enseignement de ces maîtres et qu'ils se maillent à la chaîne des champions de la couleur et de la lumière. » Paul SIGNAC, *D'Eugène Delacroix au néo-impressionnisme,* Paris, Hermann, 1964, pp. 35 et 36.

Un peintre comme Signac est certainement justifié de projeter sa propre pensée sur l'art du passé. Il l'est pour autant que ses engagements dans les débats idéologiques du temps le contraignirent à se réclamer de la tradition et à sélectionner effectivement dans l'œuvre de Delacroix des aspects capables de légitimer la théorie et la pratique de la touche colorée, caractéristiques du néo-impressionnisme. Il l'est aussi parce qu'il éprouva la nécessité, née d'une recherche qui fut communautaire et très systématique, d'élaborer une doctrine à l'usage du « groupe » qu'il formait réellement avec ses amis. Une doctrine, non une science historique. L'histoire ne peut être scientifique si elle emprunte ses notions, sans les critiquer, à l'expérience vécue des artistes et de leur public. Les observations auxquelles oblige l'art contemporain sont probantes ici : son existence même apparaît comme un élément décisif dans le renouvellement de la problématique de l'histoire de l'art. Parce qu'il est en rupture avec l'ordre figuratif antérieur, l'art actuel se dérobe aux questions soulevées par l'historiographie du XIXe siècle ; plus exactement, il en autorise l'élaboration critique.

La première démarche de cette critique est sans doute de faire retour sur les conditions sociologiques elles-mêmes qui ont permis qu'une histoire culturelle soit pensée dans son autonomie relative, particulièrement sur celles qui ont mis à l'ordre du jour une science sociale de l'art. Ces conditions ont été décrites par Pierre Bourdieu, dans des termes très généraux, lorsqu'il a analysé la structure globale et les grandes étapes historiques de la formation d'un « champ culturel » spécifié, la constitution progressive au cours de plusieurs siècles d'un « ordre proprement intellectuel », possédant ses agents sociaux, ses « instances de sélection et de consécration », son système de rapports concurrentiels pour la « légitimité culturelle ». Ces analyses conduisent Pierre Bourdieu à indiquer que le romantisme, l'époque dite romantique, marque dans ce processus d'autonomisation le seuil temporel au-delà duquel « l'intention créatrice » s'affranchit de la dépendance directe qui la soumettait pendant l'âge classique aux exigences, aux censures d'un public étroit, ou plutôt d'un pouvoir non spécifiquement culturel, celui des commanditaires et des protecteurs ou mécènes princiers. Avec la mise en place d'un univers culturel cohérent et relativement autonome, l'artiste romantique ne veut plus avoir à connaître — illusoirement — que des seules contraintes de son « projet créateur ». Cette illusion d'autodétermination absolue naît de ce que l'accroissement du public, l'avènement d'un public de masse, a fait de celui-ci une entité anonyme : ce public sans identité est, en effet, sans voix et sans pouvoir ; ses exigences ne sont autres, dans leur plus grande généralité, que celles du système culturel global qui le contraint comme il contraint l'artiste — mais de telle sorte que celui-ci prend conscience de la réalité de son vécu et des déterminations qui pèsent sur ses conduites, au moins dans une certaine mesure, sous les formes mythiques de l'idéologie du « génie », de la vocation, de la libre créativité (30). Or, par un paradoxe apparent, en réalité par une conséquence de l'autonomie réelle acquise par le « champ intellectuel », cette autonomie fût-elle vécue largement sur le mode mythique, c'est le franchissement du même seuil qui a rendu possible et nécessaire l'institution d'une histoire culturelle rigoureuse, particulièrement d'une histoire de l'art, l'autonomie relative de la fonction artistique s'étant accomplie par la mise en œuvre calculée d'institutions nouvelles, de conduites sociales, de théories, mais aussi de bilans historiques qui devaient permettre à l'art de s'identifier rétrospectivement dans le temps.

Cependant, une telle analyse ne prend tout son sens, du moins en ce qui concerne les arts plastiques, que si l'on formule une autre observation également très générale : le processus historique qui aboutit au XIXe siècle à constituer les activités artistiques en un champ relativement autonome, au point de produire l'illusion que cette autonomie est « naturellement » propre à toute formation sociale, ce processus est coextensif à l'histoire entière de l'occident chrétien. Mais précisément une telle remarque ne signifie pas que cette extension historique dénote une sorte de trait de « nature » propre à la culture européenne. Au contraire, elle conduit à formuler une hypothèse qui doit permettre de rendre compte de cette caractéristique, en la rapportant à un ordre général de déterminations qui ne concernent pas la seule activité de l'art. Ce processus constitutif d'un champ intellectuel autonome en occident se poursuit dans sa réalisation progressive sous des régimes politiques, des systèmes de valeurs culturels et des états de la connaissance scientifique très différents aussi bien dans le temps que dans l'espace. Il n'est donc pas seulement relatif à ce qu'on définit comme l'ordre des superstructures politiques et idéologiques, non plus qu'à l'histoire de la connaissance scientifique, parce que ces divers éléments subissent des changements historiques qui ne coïncident temporellement ni entre eux, ni avec ceux de l'ordre artistique. Il faut le rapporter à l'ordre structurel global du mode de production tel qu'il se définit au cours de ce fragment d'histoire dont l'unité est réelle sous ce point de vue, puisque le mode de production capitaliste s'y est constitué progressivement jusqu'à devenir le mode de production dominant. Une telle hypothèse, si elle est fondée, doit donner une ouverture théorique sur le problème posé par la fonction sociale de l'art.

30. Pierre Bourdieu, « Champ intellectuel et projet créateur », *Les temps modernes,* n° 246, novembre 1968.

« CE TEMPS QUI EST LE TEMPS DES MUSÉES » (31).

Depuis ce qu'elle nomme son « moyen âge », mais où elle reconnaît son vrai commencement, l'âge qui fut celui de la domination du mode de production servagiste sur le mode de production capitaliste en formation, et pour ce qui est en question ici, l'âge du découpage en « corporations » des activités productives auxquelles l'art se trouvait rattaché, la culture occidentale a posé la question de la place occupée par celui qui n'était pas encore nommé « artiste », à la jonction des pratiques manuelles et intellectuelles. Frederick Antal l'a montré lorsqu'il a étudié la situation artistique au sein de l'Etat florentin à ses origines, dans la perspective d'ailleurs la plus rigide de l'histoire sociale de l'art. De l'analyse qu'il fait en particulier du statut social d'un artiste de premier plan comme le fut Giotto, entrepreneur de peinture, maître d'un atelier important, initiateur d'une tradition figurative durable, dont l'œuvre apparaît liée dès la fin du XIIIe siècle à la fois à l'idéologie des princes ecclésiastiques et civils et, d'autre part, à la puissance déjà affirmée des nouveaux « usuriers », c'est-à-dire des premiers « banquiers » italiens (32), il ressort qu'une capacité d'intervention sociale diversifiée existe pour l'art, tout étroitement soumis qu'il est à plusieurs tutelles. En l'occurrence, les travaux de Frederick Antal découvrent l'intervention active de l'art dans la lutte politique et idéologique qui oppose les princes, l'église, la toute nouvelle « bourgeoisie » commerçante. Mais il la découvre aussi dans l'organisation de la production et de la « consommation » des biens de culture, c'est-à-dire dans la triple institution d'une certaine pratique artistique, de ce que Pierre Bourdieu nomme ses « instances de sélection et de consécration », de son pubilc. C'est donc d'entrée de jeu que le champ de l'activité artistique au sein de la culture occidentale se caractérise non seulement par l'existence sur la scène sociale de personnages qui obtiendront toujours davantage le pouvoir de décision en matière culturelle, mais aussi par des modes formels de figuration toujours caractérisés et par l'existence d'institutions diverses mais liées.

Dans cette perspective d'une analyse qui se donne pour tâche de vérifier l'existence des liens de causalité permettant de rapporter direc-

31. Germain BAZIN, *Le temps des musées,* Editions Desoer, 1967, p. 279.

32. Frederick ANTAL, *Florentine painting and its social background,* Londres, P. Kegan, 1947. — Frederick ANTAL, « Remarks on the method of art history », *Burlington Magazine,* February 1949, March 1949.

tement certains éléments de la pratique artistique à un état donné du mode de production économique, précisément aux rapports de production qui le caractérisent et aux luttes économiques et idéologiques qui s'y déterminent, l'institution du musée dans les dernières années du XVIIIe siècle marque l'avènement d'un « système des Beaux-Arts », qui demeure actuel sous plusieurs de ses aspects essentiels. Le musée institutionnalise un nouvel état de l'émancipation de l'art à l'égard du pouvoir des clercs et des aristocrates, émancipation dont Pierre Bourdieu rappelle les effets institutionnels majeurs en ce qui concerne la littérature. Quant aux effets idéologiques, Pierre Bourdieu caractérise justement l'âge « romantique » par la formulation des premières théories de l'art pour l'art, qui concernent tous les secteurs de la production culturelle (33). Mais, sous le point de vue des rapports que l'art entretient avec l'ordre économique, l'âge et l'idéologie romantiques sont l'âge et l'idéologie de ce qu'on définit comme la « première révolution industrielle ». Le « champ intellectuel » achève d'y conquérir le type d'autonomie qui demeure actuellement le sien, dans des formes qu'il faut préciser concernant les arts plastiques.

L'institution du musée, en particulier la fondation du Louvre en 1793, est effet et cause à la fois. Dans son ordre interne, cette institution donne une sorte d'achèvement à une entreprise qui fut empiriquement définie au cours du XVIIIe siècle (34) ; on peut dire aussi qu'elle vient comme matérialiser une idéologie élaborée par le siècle des Lumières qui conçoit l'art comme trésor commun de biens culturels, affectés d'une valeur prétendue universelle. Cette nouvelle idéologie de l'art exclut en principe, du moins sous leurs formes traditionnelles liées à la prédominance politique des pouvoirs cléricaux et aristocratiques ainsi qu'à celle du pouvoir central monarchique, l'usage apologétique que l'église faisait des monuments et des diverses espèces d'images, et l'usage analogue d'exaltation de la classe des aristocrates et du pouvoir d'état que lui imposait depuis le moyen âge son assujettissement prioritaire aux commandes princières et ecclésiastiques.

La pensée des encyclopédistes marque cette rupture idéologique en même temps qu'elle définit utopiquement certains caractères nouveaux de la pratique sociale qui vise à constituer systématiquement des ensembles ou « collections » d'œuvres d'art et de documents scientifiques. Dans l'article de l'*Encyclopédie* qu'il consacre au *Louvre,* Diderot demande que ce palais devienne le lieu de rassemblement, non seulement des collections artistiques et scientifiques, mais aussi des académies concernées

33. Pierre BOURDIEU, « Champ intellectuel et projet créateur », article cité.
34. Germain BAZIN, *Le temps des musées,* ouvrage cité.

par l'étude, la conservation et le développement de ces collections. En ce qui concerne l'art, les œuvres seront dans leur ensemble accessibles au public, principalement aux artistes dont la pratique doit continuer celles des maîtres de la tradition, la parachever, ou du moins la faire progresser grâce à cette sorte de pédagogie indéfiniment poursuivie, qui rend le présent solidaire du passé, l'homme solidaire de la totalité des hommes, et qui donne son unité et son sens au destin social de l'humanité. Dans les articles de cette même *Encyclopédie* qui définissent l'*art* et l'*artiste*, Diderot continue d'utiliser les catégories médiévales qui distinguent les arts mécaniques et les arts libéraux. Mais c'est dans l'intention de faire apparaître l'importance méconnue des premiers relativement aux seconds, le rôle joué par les instruments de production et les pratiques productives dans le devenir progressif de la « civilisation ». Diderot vise ici à promouvoir une recherche proprement technologique, il entend lier l'activité de connaissance aux procès concrets de la production. Et c'est encore une pensée analogue, celle d'une acquisition cumulative de savoirs spécifiques par le retour réflexif sur la pratique sociale en général, qui fait Diderot user dans ses *Salons* des mêmes notions d'*art* et d'*artiste* dans leur acception toute moderne, celle qui désigne les produits de l'activité artistique et leurs producteurs. Pour Diderot, l'art est le véhicule à travers le temps de la créativité humaine dans cet ordre de valeurs qui sont pensées sous la catégorie du beau ; ils transmet de générations en générations un acquis culturel, produit de l'expérience sociale, qui est une part du trésor moral de la civilisation dans la continuité de son progrès.

Le musée se donne effectivement comme le gardien de ces trésors. Il se donne comme l'institution qui rend matériellement possible la réalisation de l'idéal humaniste des Lumières. Pourtant, cette idéologie humaniste ne suffit pas à rendre compte du fonctionnement réel de l'institution. C'est que le fonctionnement du musée est pris, en dernière analyse, dans le jeu des rapports sociaux antagonistes dont l'idéologie artistique d'un Diderot est à la fois l'indice, l'alibi et la contestation virtuelle. Dans les faits, le musée a pour fonction primordiale, non la divulgation, mais la conservation de ces trésors comme l'avoue son vocabulaire. Il prétend les mettre à l'abri des appropriations abusives, en consacrant leur valeur esthétique « universelle ». Mais, s'il les conserve et consacre leur valeur, c'est au profit de ceux qui détiennent à des degrés divers le privilège de la culture, comme le démontrent rigoureusement les enquêtes statistiques (35).

35. Pierre BOURDIEU et Alain DARBEL, *L'amour de l'art,* Paris, éditions de Minuit, 1967.

Dans sa réalité matérielle, le musée institue un ordre classificatoire qui est un espace hiérarchique. Les œuvres reconnues majeures sont exposées dans des conditions de visibilité (isolement et éclairage ostentatoires ; présentation sur fond de matières riches ; environnement sans aucune allusion à un contexte autre qu'artistique, sans système de références autre que la circularité du renvoi des œuvres les unes aux autres), conditions qui désignent ces œuvres comme objets d'un culte mais ne donnent nullement l'outillage intellectuel qui les rendrait intelligibles. Dans les faits, cet outillage est acquis principalement à l'école et dans la famille, c'est-à-dire qu'il est un privilège transmissible. Quant aux œuvres mineures, elles sont renvoyées dans des arrière-salles, dans des réserves. La pédagogie réalisée par le musée consiste donc essentiellement à affirmer (à légitimer) son ordre propre ; elle ne porte pas directement sur les significations des objets esthétiques. Mais cet ordre lui-même, cet ensemble de repères sur une échelle définie des valeurs, n'explicite pas (n'autorise pas qu'on mette en cause) ses fondements : ceux-ci ne sont connus — il faudrait dire : reconnus — que par les initiés qui ont acquis en dehors du musée la culture qui institue le musée et que le musée ne manifeste que sous la forme des parcours discursifs à quoi oblige sa topologie hiérarchique. Mettre en cause ces parcours et la hiérarchie des valeurs qu'ils ordonnent, ne peut être le fait, à l'intérieur du système, que d'hommes de culture, reconnus comme tels par le musée, parce qu'ils reconnaissent l'ordre du musée. Ces spécialistes ont seuls accès — physiquement, mais surtout intellectuellement — aux œuvres rejetées dans l'espace indifférencié des dépôts. Ils peuvent seuls en faire sortir une des œuvres qui s'y trouvent mises en réserve pour la faire accéder à la notoriété, à la partie publique du musée. Ou d'ailleurs réaliser l'opération inverse.

Dans l'âge du musée, ce sont donc des hommes de culture hautement spécialisée, jouant le rôle d' « instance de légitimation », comme parle Pierre Bourdieu, qui possèdent le monopole de l'attribution des valeurs artistiques, alors que toutes valeurs, de quelque ordre que ce soit, sont l'enjeu des luttes antagonistes où s'opposent les parties composantes de la totalité sociale, celles qui ont accès à la culture et celles qui ne l'ont pas. Ceci implique deux conséquences. L'initiation et la soumission à l'ordre du musée permettent l'appropriation symbolique des trésors de l'art, c'est-à-dire qu'elles réservent cette appropriation à ceux qui possèdent déjà la richesse culturelle. Mais cet aspect, mis en lumière par la sociologie de la culture, n'est qu'un aspect second du système. Fondamentalement, la valeur des œuvres d'art ainsi déterminée est à la fois esthétique et marchande. L'objet esthétique peut en effet être traité comme pure marchandise, il devient pure marchandise dans le cadre du système généralisé de la valeur d'échange qui tend à soumettre à son ordre la totalité des objets de la pratique sociale. Le musée fournit en dernière instance, non seulement un barème pour la commercialisation des œuvres, mais parfois même une sorte de base opérationnelle dans l'organisation des transactions (36) ; c'est-à-dire qu'il permet aussi l'appropriation matérielle des œuvres par la classe sociale qui, au XIXe siècle, a réalisé la « révolution industrielle » sous la forme du « machinisme », s'est emparé du pouvoir d'Etat et a institué le musée comme lieu d'un culte bientôt aux prises avec la simonie.

Par quoi le musée est indissociable, dès sa fondation sous sa forme encore actuelle, du système des galeries et, plus généralement, de l'ensemble des institutions occultes ou manifestes (académies, salons, expositions, collections privées, enseignement, critique d'art, *mass-media*) qui concourent au fonctionnement du marché spéculatif des œuvres d'art tel qu'il s'établit dans la seconde moitié du XIXe siècle (37). Le discours que le musée tient à propos des œuvres en leur assignant une place le long de ses parcours obligés, de ses cimaises, joue un rôle analogue à celui de l'argent à l'égard des biens matériels devenus marchandises. L'un et l'autre sont bien des barèmes généraux de référence. Le discours du musée et l'argent sont marqués au sceau de l'universalité, mais cette universalité réside dans leur abstraction. L'un et l'autre réduisent des produits du travail au statut d'objets qui tendent à n'avoir plus d'autre valeur que leur valeur d'échange : que ce soit comme biens dans l'économie du marché qui hiérarchise le pouvoir des classes sociales ; que ce soit comme signes sociaux distinctifs dans l'économie d'un discours dont l'objet essentiel est de fixer les degrés hiérarchiques de l'initiation culturelle. Ni l'ustensilité, ni les significations symboliques des œuvres n'apparaissent au premier plan dans cette épreuve initiatique qu'est l'accession à la culture des musées — initiation qui va, comme à rebours, de l'œuvre-vedette offerte à la vénération du « grand public » mais non à sa connaissance, jusqu'aux œuvres oubliées, méconnues de tous sauf de rares spécialistes. Elle donne ainsi le moins quand elle paraît donner le plus ; surtout elle ne donne essentiellement que des marques distinctives dans une hiérarchie culturelle quand elle prétend donner accès aux trésors de l'art.

Ces cadres d'accueil, ici caractérisés par l'institution du musée qui en est comme la clef de voûte, sont ceux où l'art contemporain définit les

36. Germain BAZIN, *Le temps des musées,* ouvrage cité, chapitre XI : « Nouveau monde », pp. 241-262.

37. Raymonde MOULIN, *Le marché de la peinture en France,* Paris, éditions du Seuil, 1967.

modalités relativement variables de son insertion dans le social. Au cours du XIXe siècle, l'établissement d'un marché ouvert, concurrentiel, spéculatif, a eu pour conséquence une série de luttes parfois très vives dans le cadre des salons et des expositions pour liquider les séquelles de l'ordre antérieur, principalement pour mettre fin aux privilèges des académies et des jurys. Au moment des premiers scandales, des premières luttes idéologiques déclenchées par l'apparition de l'art contemporain, les impressionnistes puis les cubistes trouveront leurs points d'ancrage économique dans des galeries d'un type nouveau comme le furent celles de Paul Durand-Ruel, d'Ambroise Vollard et de Daniel-Henry Kahnweiler. Dans l'actualité immédiate, par l'effet d'un renversement de situation, c'est-à-dire parce qu'ils sont devenus les instruments du pouvoir des marchands, salons et expositions internationales sont entrés dans une nouvelle phase critique, également violente, qui prend à l'occasion des aspects proprement politiques ([38]). Au plan des réalités tant économiques qu'idéologiques, l'art contemporain intervient donc de nouveau dans l'histoire de l'art de façon critique, pour y jouer comme le rôle d'un révélateur.

PROBLÉMATIQUE.

Il faut couper court ici à l'analyse historique concrète. Elle seule découvre empiriquement la multiplicité des orientations de recherche et des niveaux de réalité où elle doit opérer ; mais, de ce fait, elle garde toujours quelque chose de descriptif. Elle demande donc d'être sans cesse reprise à partir de nouvelles hypothèses de travail, dont sans cesse la cohérence doit être vérifiée. En se fondant provisoirement sur les éléments fragmentaires d'analyse et de description que l'on a avancés, il convient de poser de façon plus systématique, au plan théorique, la

38. Raymonde MOULIN, *Le marché de la peinture en France,* ouvrage cité. — R. H. RUSH, *Art as investment.* Englenwoods Cliffs, Prentice Hall, 1961 ; adaptation française par Marie-Claude PRÉVOST, sous le titre : *La peinture, valeur de placement,* Paris, Le Tambourinaire, 1966. — John REWALD, *Histoire de l'impressionnisme,* Paris, Albin Michel, 1965. — Ambroise VOLLARD, *Souvenirs d'un marchand de tableaux,* Paris, Union des Libraires de France, 1957. — Daniel-Henry KAHNWEILER, *Les années héroïques du Cubisme,* Paris, Braun, 1950. — Pierre GAUDIBERT, « Le marché de la peinture contemporaine et la crise », *La Pensée,* n° 123, octobre 1965. — Pierre GAUDIBERT, « Le marché de l'art », *Encyclopedia Universalis,* volume II, Paris, 1968. — Pierre GAUDIBERT, « Musée d'art moderne, animation et contestation », *Revue d'esthétique,* n° 3-4, 1970.

question des relations structurelles que l'art entretient avec les autres instances du tout social, ainsi que les questions de méthode découlant de la problématique d'une science de l'art qui n'exclue pas les productions contemporaines du domaine de la recherche, mais qui, au contraire, tienne rigoureusement compte des modifications introduites par cette nouvelle forme de la pratique artistique.

Penser l'art en termes de fonction sociale, c'est s'engager précisément à déterminer sa situation et son efficace propres dans l'existence historique des sociétés concrètes. Ces relations ont été pensées dans des termes différents au cours de l'histoire. En Europe occidentale, ce qu'on nomme la civilisation du Moyen Age a rangé les activités reconnues aujourd'hui pour artistiques parmi les arts mécaniques, dans la même catégorie corporative que celles des teinturiers par exemple. La renaissance, l'âge classique, l'âge romantique ont établi, sous des formes variables et progressivement, le statut du peintre comme intellectuel, celui de l'art comme producteur d' « idées » et d'émotions. Ce statut de l'art et de l'artiste est confirmé en principe par les sociétés contemporaines. Exactement, on considère le plus souvent aujourd'hui que l'art est un élément de « culture » — terme ambigu, non scientifique, puisqu'il désigne contradictoirement une sorte de luxe ou de passivité hédonique dans les conduites de l'esprit, en même temps qu'une activité positive de connaissance. Connaissance non rigoureuse, domaine du rêve et des effusions affectives, approche sensible d'une réalité ineffable, l'art est conçu généralement, par opposition aux activités matérielles et par rapport à la science, comme une prise de conscience subjective du réel, c'est-à-dire comme idéologie, comme élément des superstructures idéologiques.

Une première approche critique de cette position, qui semble commune dans sa généralité la plus grande à des théories philosophiques et politiques opposées, peut s'appuyer sur les analyses précises proposées par Louis Althusser concernant la théorie de l'idéologie (39). L'analyse et la description historiques ont conduit à plusieurs distinctions dont rend compte celle, théorique, qu'opère Louis Althusser entre deux niveaux des superstructures idéologiques. D'une part, le niveau qu'il désigne par le concept d' « appareils idéologiques d'état », appareils religieux, scolaire, familial, politique, culturel, etc. Ces appareils, dans un Etat politique donné, forment corps entre eux ; ils trouvent l'unité de leur diversité dans le fait qu'ils fonctionnent « à l'idéologie » et que « l'idéologie

39. Louis ALTHUSSER, « Idéologie et appareils idéologiques d'Etat », *La Pensée*, n° 151, juin 1970.

à laquelle ils fonctionnent est toujours en fait unifiée, malgré sa diversité et ses contradictions, *sous l'idéologie dominante* qui est celle de la « classe dominante », puisque ce qui « s'exprime et s'exerce » dans les contradictions et les luttes idéologiques, c'est la lutte des classes, elle-même « enracinée dans l'infrastructure ». Cependant, il faut penser que cette idéologie n'a pas d'autre lieu d'existence que ces appareils spécifiés quant à leur finalité et quant à leur champ d'action. Et, d'autre part, ces divers appareils idéologiques trouvent eux-mêmes à se réaliser dans des institutions distinctes, également diverses, qui peuvent n'avoir entre elles aucun rapport évident et dont l'essentiel, du point de vue ici adopté, est qu'elles produisent des effets idéologiques seconds.

L'usage de ces concepts pour l'analyse de l'activité artistique doit permettre d'en discerner d'abord la double implication idéologique, puisque cette activité a nécessairement pour lieu d'exercice, en effet, l'appareil idéologique culturel dans sa complexité institutionnelle. Ils font apparaître en premier lieu que l'on a déjà nommé quelques-unes des institutions historiques qui forment les cadres sociaux actuels de l'art : les musées, les galeries, les collections privées, l'enseignement, la critique d'art, les *mass-media,* etc. C'est sous leurs espèces concrètes, dans les conduites vécues et immédiatement perceptibles à quoi ces institutions obligent, que se mène pour une grande part, la plus visible, la lutte idéologique en matière d'art. Dans cet ensemble institutionnel, il apparaît aussi que le musée continue d'occuper actuellement la place stratégique d'un point universel de référence. Si l'on tente de rendre compte de ce rôle central qu'il joue dans l'appareil culturel, on a vu que le musée se présente d'abord comme le produit d'une idéologie artistique en acte dont la pensée de Diderot, donnée ici comme un repère, est une des manifestations premières les plus critiques : la revendication d'une participation libre de tous à la jouissance des biens de culture. Dans l'expression historique particulière que lui donne Diderot, on touche à la forme générale, ou de premier niveau, de l'idéologie culturelle de la classe sociale qui a pris le pouvoir d'état avec la Révolution de 1789. C'est cette idéologie qui se trouve spécifiée dans diverses institutions, au premier rang celle qui est définie comme temple des muses ou trésor de l'art. Cependant, le musée est à son tour producteur d'une idéologie qui lui est propre, ou idéologie au second degré, distincte et complémentaire de l'idéologie propre à d'autres institutions (celle de la « collection », par exemple, de l'œuvre d'art comme objet de collection, comme terme d'une série indéfiniment ouverte au « goût », à la classification prétendue scientifique, mais aussi à l'appropriation ; ou celle de la surconsommation des valeurs culturelles par quoi les *mass-media* réduisent les œuvres au statut des signes sociaux distinctifs). Lorsque Pierre Bourdieu et Alain Darbel caractérisent l'idéologie propre au système du musée comme « charismatique », comme une idéologie du génie, du don, du caractère pour ainsi dire sacré de l'art qui est censé faire l'objet d'une expérience quasi mystique et dont le musée a pour fonction la plus spectaculaire d'assurer le culte, ils touchent la réalité sociale au niveau de cette idéologie artistique seconde. Par contre, ils touchent au niveau premier ou fondamental de l'idéologie qui est en position dominante, malgré ses contradictions, dans l'appareil culturel, lorsqu'ils dévoilent l'idéologie du musée comme telle et lorsqu'ils démontrent de façon péremptoire que cette institution est un des instruments de l'appropriation de la culture par les classes privilégiées et de l'exclusion de cette même culture que subissent à des degrés variables les classes non privilégiées (40).

Cette distinction est indispensable pour tirer toutes les conclusions des analyses historiques et sociologiques, puis pour légitimer que l'on dépasse ce plan de recherche afin d'étudier l'activité artistique en elle-même, indépendamment de ses implications proprement idéologiques. Elle établit d'abord que l'activité artistique ne vient pas inscrire ses effets dans la superstructure idéologique au seul plan institutionnel second. L'art n'est pas la somme ou le complexe des comportements culturels, des savoir-faire qu'exige la participation inévitable, conformiste ou anticonformiste, aux institutions en place dont l'ensemble, au stade actuel des rapports de force idéologiques, concourt effectivement à la sacralisation de l'art, en comprenant sous ce terme les conduites les plus « sacrilèges ». Mais à un niveau premier, l'idéologie artistique est directement impliquée dans la lutte des classes, elle-même « enracinée... dans l'infrastructure ». Dans les termes de Louis Althusser, elle intervient dans la production pour assurer la reproduction des rapports de production, c'est-à-dire, dans les sociétés de classes, pour perpétuer et développer les formes historiques de la division du travail.

Pour vérifier cette hypothèse théorique dans le champ de l'art et en tirer toutes les conséquences, il semble insuffisant que l'analyse sociologique montre comme les institutions artistiques opèrent une répartition inégale des biens de culture, allant pour certaines classes jusqu'à la privation totale. A ce point, on découvre seulement une contradiction interne à une culture qui se dit universelle et ne l'est pas, sans que cette culture et la nature de ses produits soient eux-mêmes radicalement mis en cause. Appropriation, répartition inégale et privation sont les effets réels de la lutte idéologique au sein de l'appareil culturel, effets masqués

40. Pierre Bourdieu et Alain Darbel, *L'amour de l'art,* ouvrage cité.

que l'analyse sociologique dévoile, sans que ce dévoilement discerne suffisamment le point stratégique d'intervention et le type d'efficacité qu'est celle de l'idéologie artistique au sein de la structure sociale, même si l'on observe que la possession de la culture confirme celui qui la possède dans ses fonctions sociales hiérarchiques. Les données historiques comparatives et l'analyse sociologique permettent pourtant de formuler une proposition concernant cette efficacité et cette stratégie : l'idéologie artistique actuellement dominante, les doctrines de l'art pour l'art et de sa sacralisation, visent à élargir toujours davantage une coupure qui tend à devenir absolue entre l'art et le travail. Plus précisément, comme il faudra ensuite le vérifier, elles visent à nier que l'art lui-même soit une modalité du travail social en le posant comme expérience quasi mystique, pure jouissance, luxe de l'esprit, divertissement : comme « culture », au sens de savoir-faire, comme pure superstructure idéologique.

Pierre Francastel a fait une analyse des controverses au cours desquelles fut formulée initialement cette idéologie d'une séparation qui tend à devenir absolue entre l'art comme « culture » et le travail. Il a relevé l'intérêt du rapport qui fut publié à la suite de la première exposition internationale à Londres en 1851, par le directeur de la section française (41). L'étude de ce texte fait apparaître que le machinisme, comme ensemble de moyens de productions et de rapports sociaux nouveaux, introduit une distinction, donc une opposition virtuelle, entre l'art et le travail, entre le beau et l'utile, comme dira plus tard Paul Souriau (42). L'idéologie de Diderot semble à ce point s'être tournée en son contraire. Les termes du débat restent les mêmes, mais leur rapport s'est inversé. Diderot veut que la pratique artistique soit l'agent de la constitution et de la divulgation de l'éthique des lumières, c'est-à-dire qu'il veut lier pratique sociale et connaissance. Les premiers idéologues de la « civilisation industrielle », tenants de la distinction et de l'exclusion réciproque du beau et de l'utile (ou d'ailleurs de leur identité, ou de quelque compromis entre eux que ce soit), ont en commun de poser en principe que l'art n'est pas partie prenante dans la production. Plusieurs d'entre eux ont explicitement condamné à la laideur le travail productif dans ses opérations matérielles, parce qu'il faut réduire celles-

41. Léon de Laborde, *Exposition universelle de Londres en 1851,* Tome VIII : Beaux-Arts, Paris, 1856. — Cf. aussi : Henry Cole, *Fifty years of public works,* Londres, G. Belland Sons, 1884. — S. Giedon, *Espace, temps, architecture,* Bruxelles, La Connaissance, 1968. — Pierre Francastel, *Art et technique,* Paris, éditions de Minuit, 1956.

42. Paul Souriau, *La beauté rationnelle,* Paris, F. Alcan, 1904.

ci à des tâches d'exécution, sans connexion avec les opérations de conception. La séparation de l'art et du travail, la négation de l'art comme travail est dans cette perspective de l'analyse un cas particulier de la division du travail en travail manuel et travail intellectuel. Elle tend à priver non seulement le travailleur manuel, mais aussi l'artiste, de responsabilité sociale, de pouvoir de décision : elle leur refuse la possibilité de participer au procès de production en le dominant intellectuellement entre autres aspects sous celui d'un certain ordre de valeurs et de significations formelles.

Au contraire, poser que l'art est une modalité du travail social, qu'il appartient à l'ordre des forces et moyens de la production en général, c'est d'abord refuser sa réduction à l'idéologie. Plus fondamentalement, c'est mettre en cause la distinction théorique entre infrastructure et superstructure. Cette distinction constitue une représentation topique (métaphore architecturale des parties apparentes d'un édifice et de ses fondations) et elle est elle-même idéologique pour autant qu'elle n'établit pas seulement un rapport de causalité entre deux termes, mais pose l'infrastructure comme la vérité objective, transcendantale, de la superstructure, vérité dont cette dernière ne serait que la méconnaissance. Louis Althusser indique lui-même que l'idéologie est toujours déjà à l'œuvre dans l'infrastructure, en disant de façon également métaphorique qu'elle s'y trouve « enracinée ». Il faut donc concevoir que sous chacun de ses aspects, dans tous les champs spécifiés où il s'exerce, le travail touche à la fois à la production des biens matériels et des idées, parce qu'on ne peut isoler l'un de l'autre ces deux domaines. La transformation de la réalité matérielle dans le cadre des pratiques sociales est en soi procès de communication ; elle a pour finalité l'échange des biens et des signes à la fois. Il n'y a pas plus d'idées pures que de rapports immédiats avec la matière. Il y a toujours, fondamentalement, un système historique de rapports sociaux où chacune des pratiques sociales spécifiées par leur champ d'application — l'art y compris — est structurellement impliquée dans l'économique, le politique et l'idéologique, dont la distinction n'a de valeur qu'opératoire.

Si ces remarques sont légitimes et si l'hypothèse est retenue, sous réserve d'explicitation, que l'art est une des modalités du travail social, une science de l'art devra elle-même opérer à deux niveaux qui ne sont ni réductibles l'un à l'autre, ni déductibles l'un de l'autre, et dont l'articulation resterait d'ailleurs entièrement à définir : celui des conditions sociales d'existence des activités artistiques et de leurs produits ; celui du procès de travail artistique dont l'idéologie du génie créateur et de la sacralisation de l'art masque et indique le caractère réellement productif. De ces conditions de possibilité, les premières sont externes, elles relèvent d'une analyse sociologique. Les secondes sont internes, elles relèvent d'une analyse sémiologique.

Pierre Bourdieu pose le problème d'une sociologie de la perception esthétique en se fondant sur l'acquis des travaux de sociologie et d'ethnologie, ainsi que sur l'analyse des méthodes d'interprétation utilisées en histoire de l'art. Citant à peu près Erwin Panofsky ([43]), il rappelle que « l'observation établit que tout objet, naturel aussi bien qu'artificiel, peut être perçu selon une intention esthétique » et qu'en conséquence « c'est l'intention esthétique qui " fait " œuvre d'art » ([44]). Les sociologues et les ethnologues savent en effet qu'est objet d'art celui qui est socialement reconnu comme tel, puisque cette catégorie n'a jamais la même compréhension ni la même extension selon l'idéologie des groupes sociaux concernés. Ils savent aussi qu'est relative la validité de la question qu'ils posent à leurs informateurs sur le caractère artistique ou non artistique d'un objet ou d'une conduite, puisque cette question relève elle-même d'une culture « savante », au double sens où cette culture est réservée à une élite d'initiés et où les contradictions internes de cette idéologie culturelle « savante », réservée à des initiés, ont historiquement fourni l'occasion d'une critique radicale des idéologies artistiques et, par conséquent, d'une théorie scientifique de l'art comme réalité sociale. Or à cette culture « savante » et à cette science, certaines formations sociales, classes ou ethnies, n'ont qu'une participation indirecte, passive, ou nulle. Ainsi, pour connaître l'extension et la compréhension de la catégorie des réalités reconnues pour esthétiques par chacune des formations sociales qu'ils étudient, l'ethnologue et le sociologue ne peuvent que situer leur analyse au plan des institutions artistiques (au sens très général de conduites sociales, qu'elles soient ou non localisées dans des lieux comme le musée) et, quand il s'agit de sociétés de classes, au plan de la lutte idéologique des classes qui se déroule dans ces institutions entre idéologie dominante et idéologies adverses mais dominées. Ce n'est que dans un temps logiquement second de l'analyse qu'il est possible d'inférer les caractère généraux de l'idéologie dominante, des espèces toujours particulières sous lesquelles elle se manifeste.

Au regard de ce qui est, en toute rigueur, une sociologie de la culture, c'est-à-dire une analyse systématique des comportements sociaux à l'égard des objets esthétiques, ces objets eux-mêmes ne sont donc que les termes indifféremment substituables d'une « socio-logique » ([45]) de la différence

43. Erwin PANOFSKY, *L'œuvre d'art et ses significations,* ouvrage cité, p. 38.

44. Pierre BOURDIEU, « Sociologie de la perception esthétique », *Les sciences humaines et l'œuvre d'art,* Bruxelles, La Connaissance, 1969.

45. Pierre BOURDIEU, « Sociologie de la perception esthétique », article cité.

des statuts sociaux. Ils ne sont que les marques ou signes du degré et des modalités de participation des individus et des groupes à la « culture », avec ses luttes et contradictions internes, ou bien ils sont les marques de leur exclusion. De ce point de vue, seule cette logique de la différenciation sociale est déterminante. L'objet par lui-même n'est rien. La sociologie de la culture élabore de la sorte l'indispensable théorie des conditions d'apparition et du mode d'existence sociale des objets reconnus pour esthétiques. Elle le fait hors de considération de la constitution propre de ces objets, puisqu'elle ne veut connaître, par décision méthodologique, que des procédures variables de leur reconnaissance et de leur contestation pour en inférer les limites et le découpage interne du champ socialement reconnu comme artistique.

Ainsi se trouve dénoncée, en matière de science de l'art, toute forme d'empirisme qui accepte les jugements de valeur d'une culture actuelle comme des données absolues ; indiquée la nécessité d'une recherche et d'une prise de position théoriques : qui ne se satisfera pas d'une sociologie de l'art ramenée à la problématique de la sociologie des institutions culturelles, parce que l'objet esthétique s'y trouve comme escamoté, devra entreprendre d'élaborer une théorie du mode de production de cette catégorie d'objets.

Car l'objet esthétique n'a pas une existence moins concrète dans le champ social de l'art que les individus et les groupes. Tel qu'il est immédiatement donné dans les cadres institutionnels où il apparaît, l'objet est nécessairement marqué au sceau des luttes idéologiques dont il est, lui aussi, le « lieu et l'enjeu », pour reprendre les termes que Louis Althusser applique à l'analyse des « appareils idéologiques d'état », dont cet objet est un élément constitutif. Que des idéologies rivales, dominantes et dominées, soient à l'œuvre dans la pratique artistique et qu'elles en marquent les produits de leur sceau, c'est ce qui a permis à Pierre Francastel de prétendre à fonder une sociologie de l'objet esthétique, défini par lui comme « objet de civilisation » (46), agent formateur d'un certain type de rapports sociaux et des institutions dans lesquelles ces rapports se réalisent matériellement. D'où découle, selon Francastel, la possibilité d'une « sociologie historique comparative ». Ses analyses tâchent à décrypter dans les significations produites par la structure formelle de ces objets des enseignements qui concernent les liens de domination, de compromis, d'opposition ou d'accord entre les groupes sociaux en présence dans une formation sociale historique. Le découpage des groupes, déterminé de la sorte, ne coïncide pas nécessairement avec celui

46. Pierre Francastel, *La réalité figurative,* Paris, Gonthier, 1965.

que fournit l'analyse d'autres éléments, dits culturels, de la formation sociale considérée ; ou bien il fait apparaître des liaisons encore inaperçues dans les activités des divers agents sociaux. Des comparaisons de la série artistique, en particulier avec les séries voisines de la science, des arts littéraires et musicaux, c'est-à-dire avec les séries de la production intellectuelle, permettent selon Francastel d'atteindre à une connaissance affinée de la stratification sociale, selon les points de vue adoptés.

Prendre une telle position, c'est concevoir l'œuvre elle-même comme institution ; mais non pas seulement parce qu'elle est l'objet de luttes idéologiques au sens strict du terme, ni parce que s'y repèrent certains découpages ou connexions encore inaperçus du corps social. L'objet n'est porteur de ces marques, par lesquelles il renvoie à ces oppositions ou connexions, que parce qu'il joue un rôle positif dans le système social. Francastel entend établir que la pratique artistique institutionnalise des « formes » ou des « systèmes figuratifs » ; pour sa part, Panofsky parle d' « habitudes mentales », qui sont communes à l'art et à d'autres activités intellectuelles (47) ; formulations qui, toutes deux, renvoient à des opérations de l'imaginaire figuratif, qui ont à voir avec les activités de connaissance, avec la formation active d'un savoir dans son ordonnance historique.

Ces thèses sont corroborées par l'usage documentaire que les historiens de la culture ont fait de l'objet esthétique, dès avant la discussion des problèmes théoriques que soulève un tel usage. Mais elles ont aussi été discutées, quant à leurs implications méthodologiques, d'une façon qui met en lumière la valeur institutionnelle des œuvres. Des historiens comme Lucien Fébvre ont voulu, eux aussi, que les productions artistiques soient étudiées comme autant de documents qui viennent compléter, remplacer, quand elle manque, l'information fournie par les sources écrites. Lucien Fébvre s'oppose pourtant à l'historien d'art sur un point essentiel. Il considère que l'histoire n'a pas à connaître de l'unique ni même du rare, que la réalité sociale n'est pas interprétable à un tel niveau d'analyse. Il demande que l'histoire de l'art découvre sa rationalité au plan du général, du caractéristique, ce plan étant celui des œuvres moyennes, les plus communément divulguées, les plus formatrices pour les groupes sociaux les plus étendus. C'est une conception analogue qui peut rendre compte de l'intérêt sociologique que Pierre Bourdieu découvre à cet « art moyen » qu'est la photographie (48).

47. Erwin PANOFSKY, *Essais d'iconologie,* ouvrage cité, p. 20 et sq. — Erwin PANOFSKY, *Architecture gothique et pensée scolastique,* Paris, éditions de Minuit, 1967.

48. P. BOURDIEU et L. BOLTANSKI, R. CASTEL, J.-C. CHAMBORÉDON, *Un art moyen, Essai sur les usages sociaux de la photographie,* Paris, éditions de Minuit, 1965.

A l'historien d'art, cette dernière formule paraîtra contradictoire dans les termes. En toute rigueur, l'histoire qu'il prétend écrire n'est pas celle des objets dans leur matérialité, ni celle des artistes, ni celle des publics et de leurs idéologies artistiques. C'est celle de l'art même, des systèmes formels, des « styles » (soit dit pour marquer qu'ici ce terme ne dénote pas l'ineffable d'un « faire » particulier, d'une « manière » propre à un individu ou à un groupe, mais qu'il conserve le statut de concept que lui ont donné Wölfflin, Focillon, Panofsky). Concernant ces systèmes, il est possible de repérer dans l'histoire les œuvres qui en articulent les modèles. Les œuvres rares, les œuvres uniques sont des formes génératrices, des têtes de série : leur ordre interne, systématique, permet de rendre compte du développement de ces séries « moyennes » et, plus généralement, du système dans sa diachronie. C'est en ce sens qu'elles sont pleinement institutions, parce qu'elles réalisent des modèles relativement durables de la figurabilité. En tant que telles, leur unicité n'exclut pas qu'elles soient des objets pour la science.

L'œuvre unique ou rare est le lieu concret où doit opérer cette double enquête qui porte à la fois, au plan de l'analyse sociologique, sur les déterminations externes que la structure du champ social fait peser sur la pratique artistique et, d'autre part, au plan sémiologique, sur les conditions internes de la production des systèmes formels. Pour reprendre, une fois de plus, la terminologie d'Erwin Panofsky, les œuvres valent dans la première de ces perspectives non comme « monuments » ou objets directs de l'investigation scientifique, mais comme « documents » ([49]), c'est-à-dire comme références déjà connues, permettant d'interpréter une réalité d'un autre ordre qu'elle-même : ici, la structure du « champ culturel » propre à une formation sociale historique. Mais l'œuvre n'est document que parce qu'elle est monument, structure signifiante. Erwin Panofsky le note concrètement dans l'analyse qu'il fait de l'œuvre de Michel-Ange et de ses rapports avec le néo-platonisme, en faisant apparaître que les significations d'une œuvre sont multiples : « Tous ces principes de style et toutes ces habitudes techniques ont une signification qui va au-delà du formel : ce sont des symptômes de l'essence intime de la personnalité de Michel-Ange »... « Le résultat final ne témoigne pas seulement d'une frustration personnelle infligée à l'artiste ; il symbolise aussi l'échec du système néo-platonicien dans son espoir d'aboutir à une harmonie définitive entre les tendances divergentes de la culture au lendemain du Moyen Age : un monument à " l'harmonie entre Moïse et Platon " a évolué en un monument à la Contre-Réforme » ([50]).

49. Erwin Panofsky, *L'œuvre d'art et ses significations,* ouvrage cité, p. 35 et sq.
50. Erwin Panofsky, *Essais d'iconologie,* ouvrage cité, p. 262 et 282.

Les « principes de style » et les « habitudes techniques » que décrit l'analyse formelle renvoient donc à la pensée conscience, intentionnelle ; à ce que Pierre Bourdieu nomme, pour sa part, « l'inconscient culturel » ([51]) d'une formation sociale ; aux obsessions inconscientes, elles-mêmes, de l'artiste et, faut-il ajouter, à leur ordre propre, celui des contraintes formelles signifiantes d'un système figuratif historique, qui ouvre aux autres significations un champ défini de possibilités et d'interdits. L'analyse formelle fait ainsi apparaître, comme au *verso* des analyses de la sociologie culturelle (ou si l'on veut à son *recto*), l'impact social de l'art à d'autres niveaux ou instances de la structure sociale.

Si, comme toute pratique sociale, y compris la pratique scientifique, le travail de l'art s'effectue nécessairement sous la domination et dans les contradictions d'une idéologie culturelle, l'objet esthétique n'est donc cependant pas lettre morte. L'art est agent de socialisation, pour autant qu'il institutionalise, dans des objets concrets qui font à proprement parler « figures » de modèles, des conceptions historiques de l'espace social dans la complexité des significations qui le caractérisent : relations métriques, hiérarchiques, affectives, fantasmatiques, dramatiques. Les « figures » spatiales de l'art ont à voir avec la transgression des interdits et le jeu, avec les mythes et les idéologies communes, avec la formation des règles logiques de la compréhension et de l'action. Les conduites perceptives qu'il induit ne sont pas seulement des voies ouvertes à l'imaginaire, au sens d'un rêve de beauté. L' « utopie » ([52]) artistique, les non-lieux qu'elle ordonne selon des raisons rigoureuses, proposent des organisations systématiques de l'expérience perceptive visuelle et de ses effets imaginaires. Ce caractère systématique de son ordre propre implique que l'art possède le pouvoir de faire retour sur soi dans un mouvement réflexif qui caractérise tout particulièrement l'art contemporain et que Mikel Dufrenne a pu assimiler, dans ce cas particulier, à « la méthode des variations eidétiques » ([53]), comme si l'art, dans le même temps où le « champ culturel » acquérait son autonomie et pour les mêmes raisons qu'une science sociale de l'art venait à l'ordre du jour, était lui-même entré dans l'âge d'une pratique productrice de sa propre théorie.

Sous ce point de vue de l'analyse formelle, l'art est une pratique sémiotique, les arts plastiques sont autant de techniques de transformation qui, toujours, opèrent sur une matière visuelle déjà signifiante. La pierre

51. Pierre BOURDIEU, « Champ intellectuel et projet créateur », article cité.

52. Louis MARIN, « La description de l'image », article cité.

53. Mikel DUFRENNE, « Phénoménologie et ontologie de l'art », *Les sciences humaines et l'œuvre d'art,* Bruxelles, La Connaissance, 1969.

même, qu'elle soit taillée, brute ou poussière de sable, possède immédiatement un sens pour l'artiste en fonction du travail au terme duquel sera réalisée la statue ou le monument. C'est que ce travail est entrepris d'emblée en référence à un certain ordre historique de contraintes internes à la pratique artistique : celles de systèmes constructifs ou figuratifs, avec leurs champs de significations diversifiés, qui fixent les conditions formelles au prix desquelles une construction ou une figure peuvent prendre forme. Ces conditions internes, l'analyse doit établir si elles relèvent d'une pensée intentionnelle capable de modifier sur certains points l'ordre interne du système, ou si elles constituent des invariants plastiques inconscients, qui sont comme le support de la réalisation d'une œuvre dans l'histoire. Les variations et les modifications des systèmes historiques, les mutations qui font un système nouveau se substituer à un système ancien, sont les jalons qui scandent réellement l'histoire de l'art, car les conditions d'exercice externes à la pratique artistique n'intéressent le système dans sa diachronie que pour autant qu'on peut établir qu'elles y produisent des changements internes. Ce sont aussi ces variations, modifications, mutations, qui marquent historiquement le lieu de l'art et son efficace propre dans la structure d'une totalité sociale concrète. L'analyse formelle, la connaissance des conditions de possibilité internes et des modalités pratiques du procès signifiant lui-même, est une condition logiquement préalable à la détermination de son insertion dans le « champ culturel ». Car la question ainsi posée, qui est celle même d'une science sociale de l'art, ne concerne pas l'insertion d'une matière brute, d'un insignifiant matériel, dans un ensemble sociologique donné, mais l'articulation d'une structure à une autre structure.

La rupture que l'art contemporain a marquée dans la tradition classique de la peinture, à la fin du XIXe siècle, pose ces problèmes fondamentaux et généraux dans des termes concrets. La « révolution industrielle » n'a pas consisté en un seul changement d'outillage matériel. Elle a concerné toutes les parties composantes du corps social, en modifiant leurs rapports structurels, y compris l'outillage intellectuel et artistique. Il appartient à l'histoire de l'art de déterminer quelle devient la fonction artistique dans le processus, toujours en cours, du développement d'un nouveau mode social de production ; à quels moments de ce processus, selon quel rythme temporel et, d'abord, par quels moyens spécifiques l'art s'y trouve impliqué de façon active. Si l'art est réellement une pratique sociale, non un pur épiphénomène des événements de l'histoire économique et politique, seule l'analyse formelle rend possible l'étude de la temporalité spécifique de l'art contemporain, en fonction de sa situation et de son efficace propre dans les structures sociales actuelles.

II

MACHINES

Le machinisme.

L'histoire sociale et l'économie politique distinguent communément deux concepts lorsqu'elles caractérisent le devenir et la nature des sociétés européennes à l'époque de leur industrialisation. Parlant de « révolution industrielle », elles prennent pour objet le procès des modifications que ces sociétés ont opérées dans l'ordre des moyens de la production des biens matériels ; parlant de « civilisation industrielle » ou, plus précisément, de « capitalisme industriel », elles renvoient à un nouveau système des rapports sociaux. Quant au terme de « machinisme », on peut considérer qu'il recouvre indistinctement les deux notions et que son manque de rigueur conceptuelle peut en faire ici une commodité de langage. Mais que l'on entende procéder à une analyse diachronique du machinisme dans le temps de sa « révolution » ou à une analyse synchronique qui le fera apparaître comme l'une des modalités historiques distinctes du mode de production capitaliste, toutes les formes de la pratique sociale et tous leurs rapports réciproques ont immédiatement été impliqués dans le phénomène, non la seule production industrielle de certains biens matériels ; c'est-à-dire que chaque pratique spécifique, y compris les activités dites culturelles, a joué un rôle relativement déterminant dans ce processus global.

Même à ne considérer que la production des biens matériels, la révolution qui s'est accomplie en ce domaine n'a pas été d'abord, n'a pas été essentiellement un bouleversement dans l'ordre des techniques. La généralisation des techniques industrielles ne s'est effectuée qu'au début du XIXe siècle, lorsque les machines métalliques servirent à la transformation de l'énergie, relativement élevée, fournie par la vapeur d'eau. Cependant, cette source d'énergie, ce matériau, les principes mécaniques mis en œuvre étaient connus depuis longtemps. C'est qu'un progrès technique n'est jamais directement ni nécessairement consécutif à des découvertes scientifiques. Quant à la généralisation de l'emploi d'un procédé, aussi nouveau soit-il, elle n'est pas en elle-même un fait technologique, mais un fait social. Dans le cas présent, l'industrialisation, l'équipement industriel de certaines nations au XIXe siècle, n'a pas été l'élément décisif dans l'institution du nouveau mode de production, pourtant dénommé machinisme. C'est la modification des rapports sociaux intervenue au cours du XVIIIe siècle qui fut déterminante. Cette modification a été si profonde qu'il fallut élever les moyens de production à la hauteur des exigences du système social, par le recours à l'invention de procédés techniques inédits.

Dans un premier temps, l'accumulation des capitaux a permis la constitution de « manufactures », grandes entreprises qui associaient un nombre élevé de travailleurs dispersés. Les manufactures étaient capables d'investir des sommes élevées dans leurs stocks de matières premières et dans leur équipement. Mais les outils, les techniques, l'organisation du travail par unités familiales y demeuraient de type artisanal. Quant à l'accumulation capitaliste elle-même, le nouveau stade de développement qu'elle atteint au XVIIIe siècle fut lié aux nouveaux procédés que mettait en jeu le système bancaire dans la manipulation de l'argent. Les initiateurs et les bénéficiaires de ces transformations ont été les marchands. Ils ont pu régler l'expansion de la production en fonction de leurs intérêts parce qu'ils se sont donné, avec la banque, un nouvel instrument d'intervention. Disposant de capitaux mobiles, ils ne se contentent plus de se substituer aux producteurs dans la vente des produits manufacturés. Ils leur fournissent les matières premières qui doivent être transformées. Ils leur imposent des normes qualitatives et des prix. Ils deviennent enfin propriétaires des instruments de la production.

Accroître celle-ci ne nécessite pas seulement un outillage toujours plus onéreux. Dès la seconde moitié du XVIIIe siècle sont instituées des « fabriques » dont les plus importantes regroupent, dans les mêmes locaux, plusieurs centaines d'ouvriers. La concentration de la main-d'œuvre, la recherche de potentiels énergétiques élevés, la mise en place des techniques de l'industrie lourde vont de pair, s'agissant de multiplier la rentabilité de la production. L'équipement en machines-outils des fabriques puis des usines du XIXe siècle aura une telle puissance, il sera d'une telle complexité et d'une telle nouveauté opératoires qu'il fera effectivement rupture avec la technique artisanale des manufactures.

La mutation technologique n'est donc qu'un des aspects de la transformation globale du système social, dénommée révolution industrielle ou machinisme. L'histoire a pourtant vu, dans les innovations techniques, la marque même de cette transformation, davantage que dans les changements de l'ordre politique, nombreux et spectaculaires au XIXe siècle, ou que dans ceux de l'ordre culturel et scientifique. C'est que la mise en place des techniques industrielles concerne, dans sa matérialité, le procès de travail producteur d'une part toujours accrue des biens matériels. Ces techniques inscrivent de façon continue la transformation des rapports sociaux qui les ont suscitées, dans l'ensemble des conduites quotidiennes ; les exigences du système social qui se réalisent à travers elles, déterminent en particulier une nouvelle distribution des classes sociales par la prolétarisation des travailleurs manuels, en premier lieu celle des artisans. La pratique industrielle joue donc, dans cette conjoncture historique, un rôle déterminant, comparable à celui des transactions bancaires pendant la période de l'accumulation capitaliste.

Mais poser en ces termes concrets la question du machinisme, c'est donner une ouverture à l'histoire sur une autre question, celle-là plus générale, de caractère théorique et ici fondamentale : celle des priorités et des hiérarchies ou du moins, pour ne rien préjuger, celle de l'efficace relatif des différents secteurs ou aspects de la pratique sociale au cours d'un processus révolutionnaire. Une telle question ne peut recevoir de réponse proprement historique que si l'on est en mesure de définir en termes de relations causales le jeu des temporalités différentielles qui caractérisent le développement de ces différentes pratiques ; question qui est à l'horizon, mais non pas sans doute à la portée actuelle de la recherche historique. Il faut d'abord que celle-ci établisse comment la transformation des rapports sociaux s'est immédiatement jouée à l'intérieur de chaque domaine, sous des formes qui ont atteint leurs points critiques au cours de processus temporels non homologues, créant ainsi des décalages internes à la temporalité de la totalité sociale.

En ce qui concerne la pratique artistique, ses transformations sont repérables à quelques signes manifestes dès le XVIIIe siècle, avec certaines tentatives limitées de faire servir l'image à une pédagogie scientifique et technique ; pendant la période où se réalise l'équipement de la première industrie lourde, ce sont plusieurs séries de références au nouveau contexte matériel et social, c'est-à-dire un renouvellement des sujets de la représentation ; puis, avec l'art contemporain, une rupture systématique avec la tradition représentative où se définissent de nouvelles valeurs liées aux nouvelles modalités de la production. De ces tentatives d'adaptation et de cette relative inadaptation, on peut retenir en première hypothèse un trait qui semble commun à l'art tout entier du premier âge industriel :

sa fonction devient problématique ; plus précisément, l'examen critique de cette fonction est entrepris d'emblée sous un point de vue moral et politique, lorsque les encyclopédistes veulent faire de l'art un agent de l'éthique des Lumières et lorsque le néo-classicisme de David en fait directement l'instrument de l'idéologie politique de la révolution. Cet état de choses demeure actuel.

Que la fonction sociale de l'art fasse problème principalement pour ce qui, en elle, est impliqué dans les conduites morales et politiques, ce n'est pas là un caractère universel, un trait commun à toutes les cultures. Aussi longtemps que dans l'occident chrétien l'art a vécu comme en symbiose avec certaines formes du cérémonial religieux ou civil, il a servi de lien d'intégration sociale en permettant la communication entre les individus et les groupes au plan du mythe, du jeu ou de la fête, de l'inconscient. L'institution conjointe de la production industrielle et de la démocratie politique tend à liquider ces formes traditionnelles de la communication collective. C'est en ce sens, sans doute, qu'il faut entendre l'annonce faite par Hegel de la mort de l'art. La rationalité du système ne détermine pas seulement la technologie et l'ordre de la production matérielle. Ramenant les significations artistiques à des thèmes de morale sociale et politique, elle tend à intégrer la totalité des énergies psychiques, en particulier celles qui trouvent à se réaliser dans le champ de l'art.

Jusqu'à l'apparition de l'art contemporain, la notion de beau idéal reste centrale dans les débats qui se veulent purement artistiques. Elle perd au XIXe siècle ses dernières connotations religieuses et mythiques ; elle se trouve effectivement rattachée à l'intuition des valeurs sentimentales et moralisantes qui ont pris corps au siècle précédent. Mais ces nouvelles attitudes d'exaltation morale et affective n'excluent que les formes collectives de l'accès au sacré. Elles constituent le nouveau mode d'une initiation tout individuelle aux nouveaux mystères d'un art dont les références et les légendes sont modernisées et laïcisées, mais dont la pratique implique, contradictoirement, une nouvelle forme de sacralisation des objets et des conduites esthétiques dans l'institution du musée. En réalité, dans ses contradictions, cette idéologie est cohérente pour autant qu'elle justifie une ségrégation culturelle radicale. L'univers artistique, dans son actualité même, n'est plus accessible en droit qu'à ceux-là qui auront reçu, comme un don prétendu naturel, comme une grâce, la capacité d'accéder à l'héritage culturel du passé. Les conflits idéologiques qui opposent l'artiste à la société, depuis l'âge romantique jusqu'à l'actualité présente où ils prennent des formes politiques plus caractérisées, peuvent être rapportés à cette pression réductrice et ségrégatrice ainsi qu'aux résistances qu'elle suscite. A la fin du XIXe siècle, la querelle du réalisme fait encore apparaître qu'une même idéologie est commune aux adversaires qui s'opposent le plus violemment. Elle demeure fondée sur cette pétition de principe : que l'art transcrit le réel sur le registre de l'idéal. Toute la question étant de savoir si cette idéalisation peut être, en elle-même, un facteur de socialisation ou si elle est un rêve de beauté, si le domaine de l'art est en marge de la productivité sociale (et en quel sens dit-on alors qu'il l'est, comme épiphénomène de l'histoire, comme luxe de l'esprit ?).

La question du statut de la pratique picturale dans le système qui s'instaure au XIXe siècle, celle des relations de la peinture et du machinisme, ne peut donc être réduite à la mise en balance de deux séries dont la distinction n'est qu'un des aspects de l'idéologie artistique de l'âge industriel : distinction ou opposition de l'art et de la technique, du beau et de l'utile, de l'esthétique et de l'ustensile. Il faut, au contraire, présumer que l'analyse des réalités artistiques conduite pour elle-même fera apparaître l'efficace propre de l'art et son mode d'insertion dans la société machiniste.

Les premières démarches de cette analyse seront descriptives. Il faut d'abord repérer dans les apparences sous lesquelles l'art se donne, les marques les plus évidentes, les plus délibérément exhibées de son appartenance à un ordre social qui définit essentiellement son efficience par sa haute technicité. Ces repères seront les images que la peinture a données de la machine elle-même et plus généralement des objets produits par la technique industrielle. Cette catégorie de signes iconiques présente ici l'intérêt de renvoyer explicitement aux déterminations esthétiques, pratiques et idéologiques qui ont présidé à leur élaboration. Ces signes ont subi nombre de transformations au cours du demi-siècle environ qui fut décisif pour l'art contemporain ; ils ont été l'objet des spéculations d'artistes très différents. Tout porte à penser que, dans les conditions particulières du machinisme, l'élaboration multiple d'images de la machine fut une des modalités de leur travail qui parut nécessaire aux peintres pour mener à bien l'entreprise de remaniement auquel l'appareil figuratif est constamment soumis et qui constitue son histoire.

De l'étude circonscrite dans un premier temps à cette catégorie d'images, ressortira aussi une délimitation historique de la recherche. Le processus d'instauration du machinisme, en tant que système social, a créé les conditions d'une crise de tous les secteurs d'activité et ce processus est déchiffrable du point de vue que donne chacun d'entre eux. Du point de vue de la peinture, le moment décisif de cette crise semble atteint au cours du premier quart environ du XXe siècle. Il se produit alors une série de transformations systématiques qui touchent à la structure même de l'image représentative. La question posée dès le XVIIIe siècle d'un art qui soit ouvertement impliqué dans la société machiniste, reçoit pour la première fois une réponse positive, catégorique et surtout globale : la nature même de l'image, ses qualités formelles ont à voir avec les nouvelles pratiques scientifiques, techniques, quotidiennes. Ces transformations réglées sont en outre le fait d'un ensemble réellement lié de productions artistiques qui sont contemporaines les unes des autres et où l'image de la machine figure comme un élément essentiel. Apollinaire les range empiriquement dans leurs différences sous la catégorie unique de l' « avant-garde ».

La guerre mondiale de 1914-1918 (elle n'est pas un accident tragique dans l'histoire ; mais elle intervient au plan politique comme transformation matérielle des rapports sociaux à l'intérieur de chacune des formations sociales existantes ainsi que dans leurs relations hiérarchiques), la Grande Guerre marque un seuil au-delà duquel se perd bientôt la première cohérence des recherches constitutives de l'art contemporain. Dès les années 1920, celles-ci se diversifient en séries particulières, beaucoup plus indépendantes, sinon étrangères les unes aux autres. Le temps est passé où l'exposition de l'Armory-Show à New York (1913) réunissait symboliquement pour la première et pour la dernière fois dans un même ensemble des œuvres représentatives de tous les travaux des artistes européens jugés antitraditionalistes ou, comme l'on disait alors, « futuristes ».

Pendant une vingtaine d'années, les idéologies qui se réclament de l'avant-garde ou du futurisme et qui créent autant de liens concrets entre les peintres, sont les indices de l'existence d'une problématique figurative qui est à ce stade, sinon entièrement commune à tous, du moins assez cohérente sous ses divers aspects. Après la guerre, la notion même d'une avant-garde de la modernité perd bientôt sa valeur distinctive. Elle devient un mot d'ordre généralisé ; c'est-à-dire que le temps est venu où les premiers principes une fois définis, la peinture a devant elle un nouveau champ d'exploration, de recherches qui ne se définissent plus d'abord par leur opposition au passé. L'art a, lui aussi, effectué une sorte de révolution, qui est une mutation dans l'ordre du système figuratif. Et dans le même temps que la notion idéologique d'avant-garde perd ainsi sa valeur distinctive, le terme de machinisme tombe en désuétude : l'industrialisation étant accomplie, la société actuelle ne se reconnaît plus dans cette dénomination. Du point de vue de l'art, l'âge du machinisme, celui des violences et des transformations qui se sont produites alors dans tous les domaines de la pratique sociale, s'achève lorsque les contradictions internes de l'esthétique du XIXe siècle se trouvent dépassées au cours de la crise des valeurs figuratives que signale l'existence de l'idéologie de l'avant-garde dans sa phase offensive. Au cours de cette crise, de nouvelles formes et conditions positives de la visibilité ont été définies et, par conséquent, les conditions les plus générales d'une insertion et d'une fonction nouvelles de l'art dans la nouvelle structure sociale.

TECHNOLOGIE ET REPRÉSENTATION RATIONNELLE.

> « Il ne s'est point encore fait et il ne se fera pas de longtemps une collection aussi considérable et aussi belle de machines. » (DIDEROT, article « Encyclopédie », dans l'*Encyclopédie*).

Au premier stade du machinisme, celui que le XVIIIe siècle a connu (1), la production d'images est immédiatement impliquée dans la transformation des rapports sociaux. Mais elle l'est sous des formes que l'histoire de l'art n'a pas reconnues parce qu'elles n'entrent pas dans les catégories académiques de l'époque, qui seront aussi celles du musée. D'un point de vue sociologique, il s'agit d'images gravées dont la production est donc sérielle. Leur diffusion, comme celle de toutes les gravures, est relativement grande. Toutefois, elle se fait ici dans le cadre de publications scientifiques. Ces images échappent donc aux circuits institutionnels propres à la circulation des œuvres d'art et, du même coup, elles n'entrent pas dans la catégorie des objets qui relèvent directement d'un jugement de goût. D'un point de vue esthétique, du point de vue de leur signification, elles donnent aussi peu de prise à un tel jugement. En tant qu'illustrations, elles ont une finalité très particulière. Elles répondent strictement à certaines exigences qui sont nées en effet de la modification en cours de la struture sociale. Ces images font partie du nouvel outillage à la fois intellectuel et technique qu'implique cette modification. Elles interviennent dans le traitement et dans la communication d'un certain type d'information ordonné au développement technologique. En même temps, elles forment les bases premières d'une idéologie de la technicité. En marge de l'art authentifié par les circuits institutionnels et par les catégories du discours critique ou historique, apparaissent ainsi, à l'intérieur même du domaine de la représentation figurative, à la fois

1. Paul MANTOUX, *La révolution industrielle au XVIIIe siècle,* Paris, G. Bellais, 1906. — John U. NEF, *La naissance de la civilisation industrielle et le monde contemporain,* Paris, A. Colin, 1954.

une nouvelle forme de réduction logique de l'information qui utilise les propriétés de la perception visuelle, et une contradiction interne à l'idéologie humaniste qui cherche à définir un lien de complémentarité entre progrès technique et progrès social.

Le machinisme, à ce stade premier, réalise l'expansion de la production grâce au traitement quantitativement très élevé des matières premières et grâce à la mise en place de la fabrication en série. Ces deux aspects, qui vont de pair, ont suscité une recherche proprement technologique et une multiplication des inventions en ce domaine. La recherche a porté à la fois sur l'outillage traditionnel et sur le nouvel outillage lourd. Dans les deux cas, on cherche à mieux connaître les procédures du travail productif et la structure de ses instruments, afin de les rationaliser. On exclut les pratiques de caractère individuel qui sont le propre de l'artisanat. Les mêmes exigences du système social qui poussent à la division du travail, conduisent à décomposer les procédés artisanaux de fabrication et à imaginer des agencements d'éléments mécaniques qui permettent d'obtenir une productivité accrue au terme de procédures de travail différentes. La machine industrielle va se caractériser par des opérations qui ne consistent pas à simplement prolonger ni même à accroître l'énergie initiale. Cette fonction est celle de l'outil. La machine, transformant une énergie dont la puissance tient au fait qu'elle est elle-même produite artificiellement, se distingue de l'outil par sa complexité. La structure de celui-ci est liée à la nature du geste humain ; celle de la machine ressortit à une mécanique abstraite, c'est-à-dire à une capacité d'imagination qui va produire des effets absolument neufs, tant dans la conception des formes elles-mêmes que dans la transformation de la nature et du mode d'application des forces énergétiques. Ce nouvel univers de formes et de mouvements entrera par palliers en communication avec les autres aspects de l'activité sociale, singulièrement avec les autres registres de l'imaginaire à l'occasion de rencontres qui marquent l'histoire des rapports entre peinture et machinisme.

La révolution industrielle a déjà placé le XVIIIe siècle devant certaines formes neuves : moins celles des lieux que ne modifie guère encore l'implantation des fabriques, que celles des nouveaux instruments dus aux progrès très rapide de la recherche technologique (2) et celles des comportements de l'homme aux prises avec de nouveaux mécanismes instrumentaux. Sous ces aspects, les prodromes du machinisme deviennent une réalité visible. Il est de fait que cette réalité est perçue, mais sous

2. Roland MOUSNIER, *Progrès scientifique et technique au* XVIIIe *siècle*, Paris, Plon, 1958.

des conditions restrictives. Elle ne l'est pas dans le cadre de cette sorte d'enquête générale sur les mœurs qui est la fonction de la peinture de genre. La catégorie de « pittoresque » concerne alors des scènes de la rue, de la vie paysanne et militaire, ainsi que le cadre de l'existence quotidienne de la bourgeoisie et des princes. C'est seulement vers 1840 que la peinture de genre et la peinture de paysage mettront en scène des éléments de l'univers industriel en formation.

Au XVIIIe siècle, seuls en percevront et en noteront les signes d'apparition, sur un mode qui n'est pas entièrement réductible à celui de la représentation artistique, des esprits dont les intérêts intellectuels sont liés, par une volonté de coopération, aux nouvelles formes de la production sociale des richesses : au premier rang d'entre eux, de façon exemplaire, les encyclopédistes, théoriciens et critiques optimistes du progrès et de la modernité. Ils ont su comprendre que l'Europe était en voie de transformer son économie et ils ont voulu contribuer à cette transformation. L'économie européenne avait été une économie de l'eau et du bois qui exploitait les produits végétaux et animaux. Elle devient une économie du charbon et du fer exploitant les minerais. L'intelligence qu'ont eue les encyclopédistes des faits économiques fondamentaux, fût-elle implicite, était nécessaire pour que l'œil en distinguât les premiers signes déjà perceptibles et pour que la recherche intellectuelle entreprît d'utiliser systématiquement les pouvoirs d'information de l'image, qui vont être mis au service de la technologie.

Les onze volumes de planches de l'Encyclopédie, publiés de 1762 à 1772, sont les principaux témoins des formes, des objets, des comportements qui sont liés directement aux progrès techniques accomplis pendant la première moitié du XVIIIe siècle, et indirectement à l'industrialisation en voie de formation dans cette production technologique accrue. Ils témoignent pleinement de ces phénomènes, puisque cette documentation porte en principe, exclusivement et exhaustivement, sur la totalité des objets et conduites techniques. Surtout leur témoignage, parce qu'il est systématique et exhaustif, possède une intentionalité qui le distingue de tous ceux qui l'ont précédé.

Les premiers traités techniques méthodiques datent du XVIe siècle — à l'exclusion, ici, des traités d'architecture dont le premier exemple est, au XIIIe siècle, le carnet de croquis de Villard de Honnecourt ; traités qui concernent effectivement la technique constructive comme suite d'opérations réglées en vue d'obtenir un effet matériel et esthétique, qui font effectivement appel à la formalisation abstraite, mais qui ne concernent en rien l'outillage ni, d'une façon générale, les forces et moyens de production. Parmi ces anciens traités du XVIe siècle, Diderot cite lui-même, dans l'article « Encyclopédie » de l'*Encyclopédie,* celui d'Agricola, *De re metallica* (1556), et celui d'Agostino Ramelli, *Le diverse e artificiose machine* (1558). On connaît aussi, de Jacques Besson, un *Theatrum instrumentorum et machinarum* (1578) (3). L'intitulé de ce dernier ouvrage, qui sera souvent repris au XVIIe siècle et au XVIIIe siècle, en particulier par Leupold que Diderot cite aussi parmi ses prédécesseurs immédiats, et par Böckler (4), rend évidente la nature de ce genre de travaux. Il s'agit de « théâtres de machines », c'est-à-dire d'une présentation scénographique d'objets de curiosité.

Cette représentation de « machines » dans des ouvrages illustrés ou dans des recueils de gravures répond aux mêmes besoins intellectuels que l'institution contemporaine des cabinets de curiosité de l'âge classique. Elle est également liée au goût que l'on eut pour les machineries de théâtre et pour les automates. L'intérêt de « curiosité » du XVIe et du XVIIe siècle pour les machineries ou pour leurs représentations, en général, renvoie à la conception cartésienne de l'univers comme d'un mécanisme (5). Ce que les images des théâtres de machines ou les automates donnent à voir — à concevoir, à admirer — c'est que les lois mêmes qui régissent l'univers dans son ensemble et dans chacun de ses éléments se peuvent reproduire, au moins partiellement, dans des constructions artificielles qui sont douées d'un mode d'existence analogue à celui des machines animales. Elles sont à la fois des modèles et des exemples des principes mécaniques qui donnent l'intelligence de l'ordre des choses. Elles

3. Georgii AGRICOLAE, *de re metallica,* libri XII, quibus officia, instrumenta, machinae ac omnia ad metallicam spectantia non modo describuntur sed et per efficies ob oculos ponuntur. Basileae apud H. Frobenium et N. Episcopium, 1556. — Agostino RAMELLI, *Le diverse et artificiose machine* del capitano Agostino Ramelli dal Ponte della Tresia, nelle quali si contengono varii et industriosi movimenti, composte in lingua italiana e francese. Parigi, in casa dell'autore, 1558. — Jacques BESSON, *Theatrum instrumentorum et machinarum* Jacobi Bessoni, cum Francisci Beroaldi figurarum declaratione demonstrativa. Lugduni, apud B. Vincent, 1582 ; *Théâtre des instruments mathématiques et méchaniques,* de Jacques BESSON, avec l'interprétation des figures d'iceluy par François Beroald, Lyon, B. Vincent, 1578.

4. Jacob LEUPOLD, *Theatrum machinarum generale,* Leipzig, C. Zunckel, 1724. — *Theatrum machinarum hydrotechnicarum.* Leipzig, C. Zunckel, 1724. — *Theatri machinarum hydraulicarum* tomus I, Leipzig, C. Zunckel, 1724-1725. — *Theatrum machinarum,* Leipzig, C. Zunckel, 1725. — *Theatri statici universalis, sive theatrum staticum,* pars I, II, III, IV, Leipzig, C. Zunckel, 1726. — *Theatrum aritmetico-geometricum,* Leipzig, C. Zunckel, 1727. — *Theatrum machinarum molarium,* Leipzig, W. Deer, 1735. — *Theatri machinarum supplementum,* Leipzig, B. C. Breitkopf, 1739. — Cf. aussi, du XVIIe siècle, le *Theatrum machinarum novum* exhibens aquarias, alatas, iumentaria, manuarias ; pedibus ac ponderibus versatiles, plures et diversas molas, per Georgium Andream BOCKLERUM, architectum et ingenarium ex Germania in latium translatum, opera R. D. Henrici Schmitz, Coloniae Agrippinae, sumptibus Pauli Principis, 1662.

5. Germain BAZIN, *Le temps des musées,* ouvrage cité.

sont donc liées ici à la spéculation la plus abstraite. Aussi, ce ne sont plus les mêmes images — elles changent de nature et de fonction — celles qui deviennent, en relation avec le projet de l'Encyclopédie, une sorte de lieu commun où se joignent la théorie et la pratique, dans la perspective d'une pédagogie et surtout d'une recherche technologique.

Ce n'est pas un hasard que le seul travail qui préfigure, par son ampleur et par ses implications technologiques, celui des encyclopédistes, ait été entrepris sur l'initiative de Colbert dont l'économie du XVIIIe siècle peut se réclamer, dont Diderot se réclame effectivement dans l'article « Art » de l'*Encyclopédie* (6). Après la fondation de l'Académie des Sciences en 1666, Colbert demande à cette institution d'entreprendre une *Description des arts et métiers méthodique*. Il ne s'agit pas seulement de faire connaître partout des techniques particulièrement efficaces qui ne sont utilisées que localement ; mais aussi de permettre des comparaisons, c'est-à-dire une rationalisation et une normalisation des procédés. En fait, dans un premier temps, l'Académie se contentera de publier, avec soixante ans de retard, les inventions qu'elle aura approuvées, dans l'ordre chronologique de leur approbation (7).

Quant aux dernières réalisations de l'Académie, elles se distinguent sur plusieurs points de celles de l'*Encyclopédie*. Malgré l'impulsion nouvelle que Réaumur donne à ce travail, les volumes composés de façon méthodique (8), selon l'intention de Colbert, ne seront publiés qu'en 1761-1762, près d'un siècle après le commencement de l'entreprise, un an seulement avant les planches de l'*Encyclopédie*, dans la hâte provoquée par la concurrence entre les deux publications. La publication des académiciens n'est pas seulement très inférieure en extension aux onze volumes publiés par Diderot (9). L'élaboration de la *Description des arts et métiers* a aussi duré trop longtemps pour que les résultats acquis ne soient pas lar-

6. Tome I, Paris, Briasson, David, Le Breton, Durand, 1751, p. 714, 1re col.

7. *Machines et inventions* approuvées par l'Académie royale des sciences, depuis son établissement jusqu'à présent, avec leur description. Dessinées et publiées du consentement de l'Académie par M. Gallon, Paris, Martin, Coignard, Guérin, 1735.

8. *Descriptions des arts et métiers,* faites ou approuvées par MM. de l'Académie royale des sciences : *Art de l'épinglier,* par M. DE RÉAUMUR, avec des additions de M. Duhamel du Monceau et des remarques extraites des Mémoires de M. Perronet, Paris, Saillant et Nyon, 1761. — *Art des forges et fourneaux à fer,* par M. le M.is de COURTIVRON et par M. BOUCHU ; — *Nouvel art d'adoucir le fer fondu et de faire des ouvrages de fer fondu aussi finis que de fer forgé,* par M. DE RÉAUMUR. Suite de la 3e section sur le fer ; — 4e section, *Traité du fer,* par M. SWEDENBORG, traduit du latin par M. Bouchu ; — *De la forge, des enclumes,* par M. DUHAMEL DU MONCEAU, Paris, Saillant et Nyon, 1761-1762.

9. « ... nous avons environ mille planches », écrit Diderot en 1750 (article « Encyclopédie » de l'*Encyclopédie,* tome V, Paris, Briasson, David, Le Breton, Durand, 1750, p. 645, 2e col.). Il y en aura en réalité près de trois mille.

gement dépassés au moment de leur divulgation, toute cette période étant marquée par une évolution extraordinairement rapide des techniques. Diderot peut affirmer au contraire à propos de ses planches : « ... nous avons eu l'attention de n'en admettre presque aucune qui ne représentât une machine subsistante et travaillant dans la société... il n'y a rien ici ni de superflu, ni de suranné, ni d'idéal : tout y est en action et vivant » (10). Enfin, une autre différence entre les deux productions tient au fait que les illustrations de l'*Encyclopédie* renvoient au texte du dictionnaire. C'est un instrument de travail de conception et de valeur pédagogique nouvelles ; en outre, bien que sa diffusion n'ait pas été massive au sens actuel du terme, elle a pu toucher l'ensemble de ceux qui disposaient d'un pouvoir de décision en matière d'économie.

Le programme conçu par Colbert, perfectionné et réalisé par Diderot, l'a été hors de toute préoccupation immédiatement esthétique. Dans le *Prospectus* qu'il écrit en 1750 pour l'*Encyclopédie* (11), Diderot justifie d'abord la publication elle-même d'une série de planches : « ... le peu d'habitude qu'on a d'écrire et de lire sur les arts rend les choses difficiles à expliquer d'une manière intelligible. De là naît le besoin de figures. On pourrait démontrer par mille exemples qu'un dictionnaire pur et simple de définitions, quelque bien qu'il soit fait, ne peut se passer de figures, sans tomber dans des descriptions obscures ou vagues ; combien donc, à plus forte raison, ce secours ne nous était-il pas nécessaire ? Un coup d'œil sur l'objet ou sur sa représentation en dit plus long qu'une page de discours ».

Il est difficile de mesurer si le « coup d'œil » en dit vraiment « plus long » que la description verbale. Mais il est vrai qu'il dit autre chose. D'ailleurs, il ne s'agit pas d'un « coup d'œil » ; les images de l'*Encyclopédie* réclament au contraire une lecture discursive. C'est dire que l'image et le discours, le visible et le dicible sont inséparables, ici comme ailleurs. Mais « le peu d'habitude qu'on a d'écrire et de lire sur les arts », la suffisance prétendue de la lecture et de l'écriture à elles-mêmes masquent ordinairement ce que Diderot formule : que l'image véhicule un type d'informations sur l'existence matérielle et formelle des objets, sur les postures du corps et la gestualisation, que la parole ne transcrit pas. Il y a donc un « besoin de figures » ; l'image est intellectuellement indispensable. Cette thèse, posée au seuil de l'âge industriel à propos d'objets techniques, a une valeur générale. Elle justifie que, cherchant

10. *Ibidem*.

11. DIDEROT, *Prospectus* de novembre 1750, repris dans le « Discours préliminaire des éditeurs », *Encyclopédie*, tome I, ouvrage cité, pp. XXXIX et XL.

à saisir des systèmes historiques de la visibilité, on puisse trouver des repères essentiels à une histoire du regard, en dehors de la production proprement artistique.

Le recueil des planches de l'*Encyclopédie* se signale d'abord par son caractère systématique qui répond à l'ordre alphabétique du dictionnaire encyclopédique. Il relève, d'une façon générale, de la même taxinomie qui est l'œuvre dans les nombreux travaux classificatoires auxquels s'est attachée la science du XVIIIe siècle pour des raisons à la fois théoriques et méthodologiques ([12]). Il n'est pas seulement comparable sous cet aspect à plusieurs travaux analogues : les volumes de la *Description* publiée par l'Académie des sciences, la suite très méthodique, mais non encyclopédique, de Jacob Leupold qui paraît dans les années 1720-1730, et même le recueil plus mince, mais très antérieur, de Georg Andreas Böckler (1662) ([13]). Il est aussi comparable à des ensembles illustratifs qui concernent d'autres domaines de la connaissance, comme les planches qui accompagnent les nombreuses éditions contemporaines de l'*Histoire naturelle* de Buffon ([14]). Or de telles réalisations ne peuvent être simplement considérées comme marginales, comme secondaires, dans leur rapport aux tableaux peints et aux gravures qui ont une finalité expressément esthétique. Elles participent réellement du travail figuratif par quoi toute culture produit ses règles de visibilité, qui sont des règles sociales au sens où s'y déterminent pour une part les rapports sociaux : ici, dans ces illustrations d'ouvrages scientifiques, se joue sur un mode symptomatique un nouveau partage social des domaines du savoir et de l'imagination, de ce qui relève distinctement des activités de connaissance et de la participation à certaines valeurs symboliques propres à une culture.

La rationalité classificatoire qui marque au XVIIIe siècle des démarches intellectuelles dont l'objet diffère, mais non la méthode ni les postulats théoriques les plus généraux, trouve en quelque façon son répondant formel dans le caractère d'épures, réalisées à partir d' « esquisses » ([15]), par quoi se signalent au premier regard aussi bien les planches de l'*Histoire naturelle* que celles de l'*Encyclopédie*. Dans l'*Histoire naturelle,* les

12. Michel FOUCAULT, *Les mots et les choses,* Paris, Gallimard, 1966, chapitre V : « Classer », pp. 137-176.

13. Cf. section II, note 4.

14. Les principales éditions de ce travail sont : Georges-Louis LECLERC, comte de BUFFON. *Histoire générale et particulière, avec la description du cabinet du Roi.* Paris, Imprimerie royale, 1749-1804, 44 volumes. — Comte de BUFFON, *Œuvres complètes,* Paris, Imprimerie royale, 1774-1778, 25 volumes.

15. « On a envoyé des dessinateurs dans les ateliers, on a pris l'esquisse des machines et des outils. » (DIDEROT, *Prospectus,* ouvrage cité, p. XL).

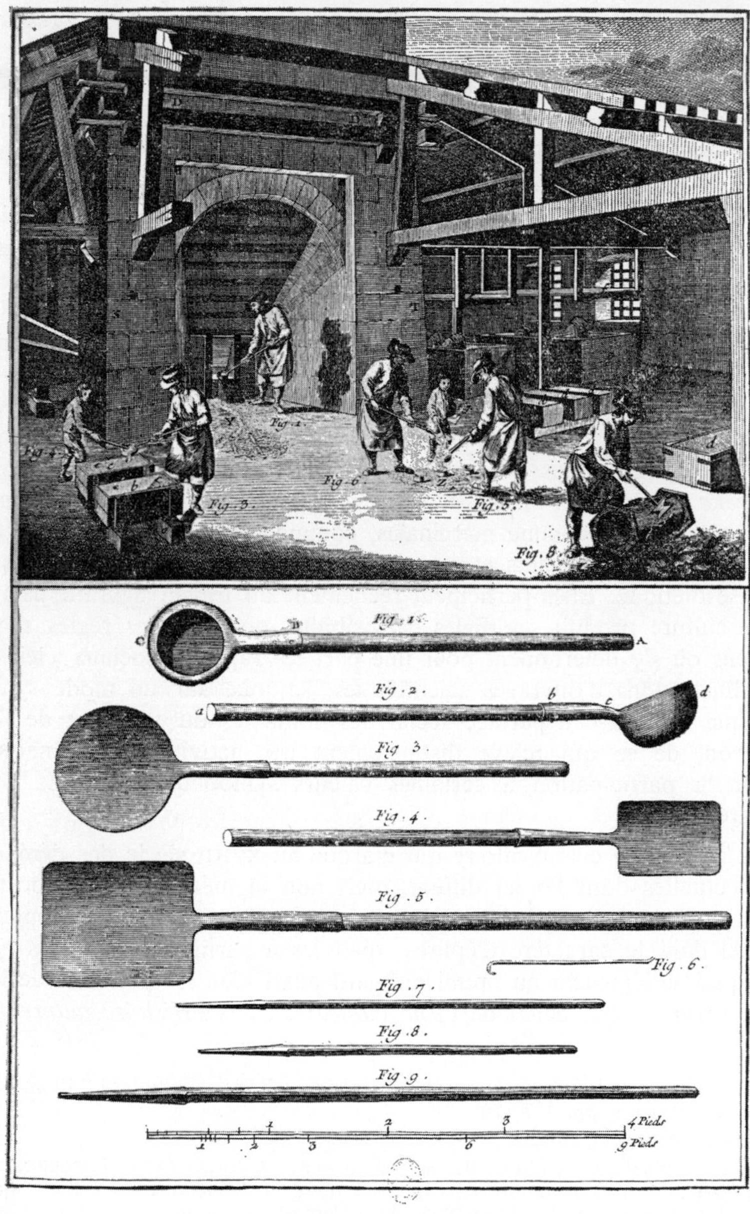

FIG. 1. — ENCYCLOPÉDIE. Forges, 3e section. Fourneau en marchandise. Coulage à la poche (Cl. B.N.)

sinuosités des dessins de minéraux, de fleurs ou d'animaux dont les formes sont les plus complexes, sont faits de tracés parallèles et concentriques qui introduisent un ordre régulateur dans la perception. Dans l'*Encyclopédie,* non seulement les contours des objets matériels, mais les lignes juxtaposées ou superposées qui servent à produire des effets de valeurs dans la gamme des gris, sont tracés à la règle et au compas. Cette pratique de la réduction et du traitement géométrique des formes était constante, depuis l'ouvrage d'Agricola, dans les représentations des « théâtres de machines ». Elle est contemporaine, dès le XVe siècle, des spéculations des peintres sur la représentation perspective de l'espace (16). Elle marque précisément un état d'intrication des recherches artistiques et scientifiques, de l'imagination et du calcul, qui a duré sans rupture jusqu'au XVIIIe siècle, mais qui se trouve alors cantonné dans des travaux de pure application d'où est exclue une initiative quelconque du graveur. Au XIXe siècle, les deux domaines seront entièrement séparés.

Le traitement des planches de l'*Encyclopédie* est donc uniforme et conventionnel ; les graveurs, dont Diderot loue le talent, ont accompli une tâche impersonnelle, s'agissant de constituer un catalogue d'objets techniques et, pour une part bien moindre, un répertoire d'opérations et de conduites pratiques. Les règles plastiques qui ordonnent ces images ne comportent aucune innovation. Ce qui excède ici l'intention pédagogique — l'exactitude et le goût dont Diderot crédite les graveurs — témoigne seulement que les esprits positifs qui ont conçu ces planches, ne pouvaient visualiser les choses en dehors des normes communes de la représentation picturale. Toutefois, ce qu'il y a de conventionnel dans le traitement de l'image illustrative ne vaut que pour ses parties composantes considérées isolément. Beaucoup de ces images comportent en effet deux composantes distinctes : une représentation globale de la machine, souvent en forme de mise en scène ; et une reprise analytique du tout dans une série ordonnée de détails. Ce procédé apparaît, de façon confuse, dès l'ouvrage d'Agricola où les détails sont comme rejetés en vrac dans un coin de la représentation. Au XVIIe et surtout au XVIIIe siècle, une évolution se fait dans le sens d'une bipartition de l'image, toujours plus méthodique ; c'est-à-dire qu'elle va dans le sens de l'attribution à deux catégories d'images de plus en plus distinctes, des pouvoirs symboliques de la figuration et des pouvoirs d'information des messages

16. Pierre FRANCASTEL, « Naissance d'un espace : mythes et géométrie au quattrocento », *Revue d'esthétique,* n° 4, 1951. — Ignace MEYERSON, « Les métamorphoses de l'espace en peinture. A propos des recherches de M. Francastel ». *Journal de psychologie,* 1953-1954. — Pierre FRANCASTEL, « Valeurs socio-psychologiques de l'espace-temps figuratif de la Renaissance », *L'année sociologique,* 3e série, 1953.

visuels rationnels. Cette dichotomie, qui tend à séparer ce que la culture de la renaissance avait associé, produira un effet très remarquable et absolument novateur dans les dernières années du XVIIIe siècle. Bien que cet effet se soit produit en dehors du domaine des planches de classification scientifique et technologique, il est l'élément qui marque le plus évidemment la rupture en voie d'accomplissement entre l'esthétique et le rationnel qu'achèvera le XIXe siècle.

L'intérêt de cette innovation apparaît rétrospectivement. Il s'agit de l'invention d'une nouvelle possibilité de formalisation visuelle, autre que celle des cartes géographiques, des plans d'architecture, de la géométrie, qui va devenir un nouveau véhicule des connaissances. En produisant le premier diagramme, le XVIIIe siècle a inventé l'image la plus abstraite qui soit, comme l'extrême opposé de la représentation picturale, celle-ci soit-elle aussi informée que possible par une ordonnance géométrique. L'image représentative appelle une interprétation globale et toujours équivoque de l'événement ou du spectacle représenté. Au contraire, le graphique transmet des messages aussi rigoureusement univoques que ceux de la géométrie scientifique.

C'est de l'année 1782 que date l'édition d'un *Tableau poléométrique* (17), attribué par le R.P. de Dainville à Charles de Fourcroy, directeur des Fortifications (18). Cette table compare la grandeur de plusieurs villes d'Europe. Or, si l'on supposait « les surfaces de toutes les villes de la table... transformées en autant de carrés... et toutes sur la même échelle ; qu'ensuite on appliquât tous ces carrés l'un sur l'autre, depuis le plus grand jusqu'au plus petit, et se joignant tous par un de leurs angles ; ces carrés se déborderaient l'un l'autre relativement à leur grandeur et leur ensemble formerait une espèce de tableau qui présenterait aux yeux une idée de la proportion réelle qui se trouve entre les surfaces de ces différentes villes. On pourrait aussi, pour découvrir sur ce tableau deux villes d'égale grandeur, couper leurs carrés diagonalement et n'appliquer sur le tableau que la moitié de chacune, ce qui revient au même. Telle est la figure ci-jointe, qui n'a pas besoin d'autres explications » (19). Telle est en effet cette première représentation proportionnelle d'une variable quantitative, qui utilise les deux dimensions orthogonales du

17. *Essai d'une table poléométrique ou amusement d'un amateur de plans sur les grandeurs de quelques villes, avec une Carte ou Tableau qui offre la comparaison de ces villes par une même échelle.* Publié par Dupain-Triel, Paris, 1782.

18. Jacques BERTIN, *Sémiologie graphique - Les diagrammes. Les réseaux. Les cartes,* Paris-La Haye, Mouton ; et Paris, Gauthier-Villars, 1967. — Jacques BERTIN, « La graphique », *Communications,* n° 15, 1970.

19. *Essai d'une table poléométrique,* ouvrage cité, p. 39.

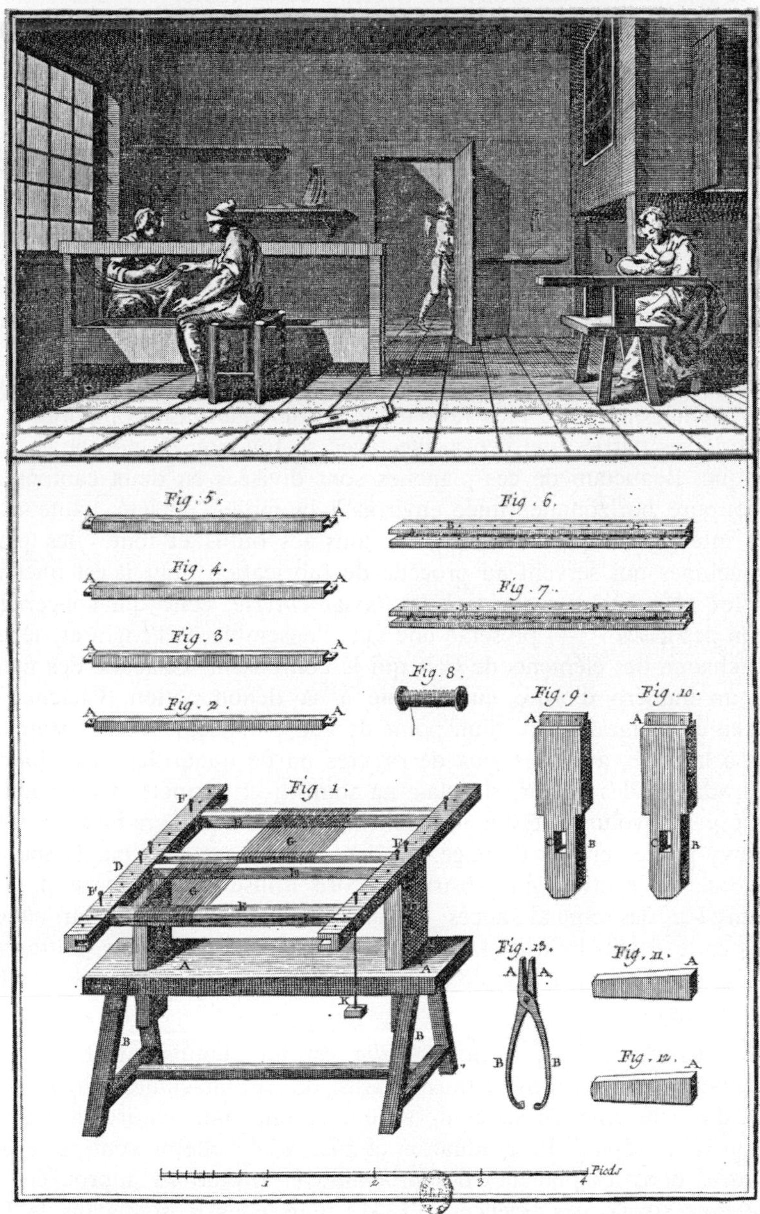

FIG. 2. — ENCYCLOPÉDIE. Passementerie. Façon des lisses (Cl. B.N.)

plan et une gamme arbitraire de teintes ; cette figure, par une sorte de rupture absolue avec toutes images analogiques, appelle à des opérations intellectuelles fondées uniquement sur trois variables abstraites de la perception visuelle : la taille, la forme et la couleur.

De telles procédures perceptives ne sont nullement sans communication avec le registre de la perception esthétique. Cependant, si des correspondances peuvent être trouvées, voire des échanges, en tous cas des références explicites de l'art à ces pouvoirs du regard, ce ne sera qu'avec la peinture dite « abstraite » des premières années au XXe siècle, singulièrement celle de Piet Mondrian. Au XVIIIe siècle, les planches de l'*Encyclopédie* sont en-deçà de cette rupture avec le signe analogique. Mais elles présentent l'intérêt de marquer elles aussi un repère. Elles mettent en œuvre pour la dernière fois dans l'histoire, mais aussi de la façon la plus systématique et la plus rationnelle, cette figuration comparative du tout et de ses parties que l'on a dite, avec sa fonction de pédagogie technologique. Beaucoup de ces planches sont divisées en deux cantons par une coupure horizontale située environ à la moitié de leur hauteur. La partie inférieure représente un à un tous les outils et toutes les pièces des machines qui servent au procédé de fabrication dont il est question. Dans les planches consacrées à la *Passementerie*, celle qui concerne la « façon des lisses » (20) présente une vue d'ensemble de l'engin et, séparément, chacun des éléments de bois qui le composent. Chacune des figures porte un numéro d'ordre qui renvoie à sa dénomination. Chacune est représentée intégralement, d'un point de vue perspectif. Toutes sont dessinées à la règle, avec des jeux de rayures ou de quadrillage qui donnent la dégradation des valeurs du clair au sombre et permettent le rendu du modelé et du volume. Enfin une échelle de grandeur, graduée en pieds, se trouve figurée en bas de page. Ce dernier élément n'est pas le seul qui ressortisse au symbolisme abstrait encore utilisé actuellement pour la transmission des connaissances techniques et scientifiques, particulièrement par le dessin industriel. On trouve dans l'*Encyclopédie*, outre cette réduction des objets à leur épure géométrique, des schémas, des coupes et des plans.

Sur tous ces points, l'*Encyclopédie* est un aboutissement. Agricola représentait déjà certains détails grossis de ses machines ; mais il les situait dans un coin de sa composition, comme une nature morte, non dans un cadre séparé. La graduation et mise à l'échelle ne sont pas encore pratiquées dans les planches des *Machines et Inventions* approuvées par l'Académie royale des sciences (1735) ; mais elles le sont dans la *Des-*

20. Pl. XXVII.

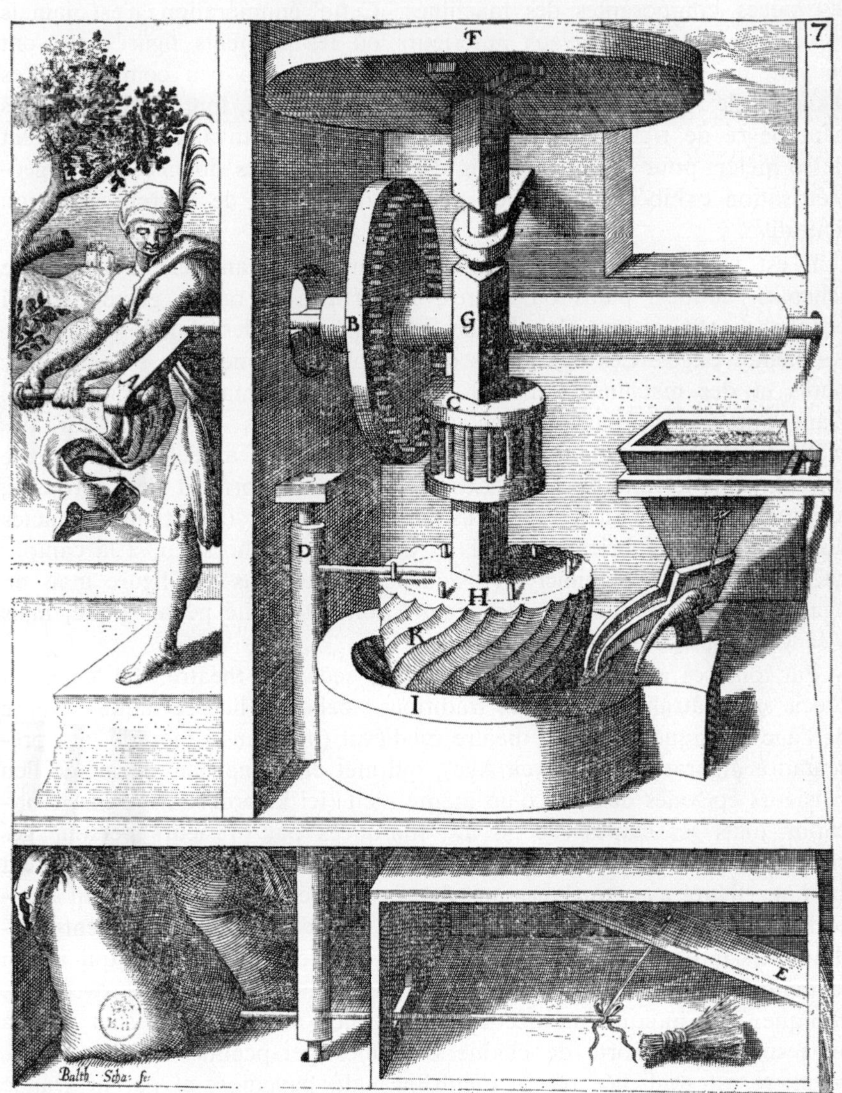

FIG. 3. — Georg Andreas BÖCKLER. *Theatrum machinarum novum,* pl. 7 (1662). (Cl. B.N.)

cription des arts et métiers (1761). Enfin, dans les planches de l'*Encyclopédie,* les éléments figurés en bas de page énumèrent exhaustivement les pièces composantes des machines. Cette énumération n'est jamais exhaustive dans les travaux antérieurs où les éléments figurés ne sont souvent que des détails grossis d'un assemblage un peu complexe. Les planches de l'*Encyclopédie,* continuant une tradition, font preuve du plus haut degré de rigueur atteint par cette sorte de travaux où continuent de se mêler, pour la dernière fois dans l'histoire, les données d'une géométrisation exhibée de l'espace perspectif et celle de la représentation figurative.

Il est vrai que la représentation rationnelle, quand elle a forme de schémas, coupes, plans ou épures, ressortit à la même géométrie qui ordonne les figurations globales des parties hautes des planches ainsi que les pleines pages. Ces figurations d'ensemble sont une mise en scène des outils et des machines qui font l'objet de l'information technologique. Dans l'atelier du passementier, trois personnages travaillent sur des métiers ; un quatrième traverse une pièce située au-delà d'une porte ouverte dans le mur du fond. Les trois premiers forment deux groupes, marqués *a* et *b,* c'est-à-dire qu'ils visualisent deux opérations distinctes du processus de fabrication. Mais le quatrième est hors-jeu, à la cantonnade. Il est là pour animer un spectacle. Il n'est pas une figure mais un figurant, il renvoie donc l'image, non à son ustensilité pédagogique, mais à sa valeur pittoresque.

Par tous ses aspects, cet atelier est une scène de théâtre. Sur un point précis sa théâtralité mêle deux traditions : celle du lieu scénique unitaire de l'âge classique ; celle du théâtre médiéval (mais aussi bien de la représentation figurative au Moyen Age), qui met en scène dans le même lieu plusieurs épisodes distincts d'un même récit (ici la procédure d'une fabrication dans ses étapes successives, marquées par plusieurs personnages en action). Le lieu scénographique unitaire est un espace strictement cubique, figuré avec quelques-uns de ces décrochements qui servent habituellement aux peintres à animer de tels espaces. D'autres éléments traditionnels introduisent de la variété dans le décor : la fenêtre, qui rompt la continuité monotone du mur ; la porte ouverte sur un autre espace cubique, qui indique un découpage régulier de l'espace visuel par la suggestion d'une sorte de chaîne de cubes perspectifs. Cette structure régulière est soulignée par le quadrillage du pavement et par la grande ouverture de l'angle que forment virtuellement les deux côtés de la pièce, figurés comme des portants ou des décors théâtraux. Ces procédés appartiennent aussi à la tradition de la représentation classique. Dans le *Theatrum machinarum novum* de Georg Andreas Böckler, au XVIIe siècle, les personnages sont même des nus académiques, drapés à l'antique.

FIG. 4. — ENCYCLOPÉDIE. Forges. Fourneaux à faire. Souder et peser (Cl. B.N.)

Aucun des usagers de l'*Encyclopédie,* ni les graveurs des planches, n'étaient en mesure d'imaginer des normes plastiques qui fussent étrangères à l'ordre figuratif institué par l'humanisme renaissant et classique. Ces images ont pourtant des caractères particuliers : la rigueur constructive et le dépouillement des formes architecturales ; la tendance à exclure les éléments que la critique du temps aurait dits pittoresques, pour éviter autant que possible d'introduire du trouble dans la transmission de l'information technologique. A cet égard, ces images sont formellement apparentées à la rationalité « néo-classique » des *Villes idéales* de Claude-Nicolas Ledoux et des projets monumentaux d'Etienne-Louis Boullée. Mais l'idée que des normes formelles puissent relever d'un ordre combinatoire spécifique d'éléments artificiels, analogue à celui des structures mécaniques de la machine, n'est pas antérieur aux premières années du XXe siècle.

Au stade encore très artisanal qui est le sien au XVIIIe siècle, la machine est un objet de la pratique quotidienne parmi d'autres, sans statut esthétique qui la distingue des autres objets artisanaux ou des objets naturels. Son image a donc une place, en droit, parmi celles des éléments dont l'ensemble constitue alors le décor imaginaire où la peinture met en scène, depuis trois siècles environ, cette dramaturgie des passions individuelles, des situations et des activités sociales qui est l'objet nécessaire de toute représentation. Sur cette scène, la machine apparaît dans l'*Encyclopédie* comme un élément relativement nouveau, mais il ne modifie pas la nature de l'environnement ni, surtout, celle de l'événement qui s'y trouve joué et repris inlassablement, cette Histoire de l'Homme, ce récit infini de la conquête de l'univers naturel, celui aussi des modalités du devenir social. Les *Forges* de l'*Encyclopédie* sont également artisanales. Celle qui représente les *fourneaux à faire* et les opérations de *souder et peser* (21) remplit son rôle informatif. Elle montre les outils nécessaires aux deux opérations et les hommes qui les accomplissent ; on a même supprimé un des murs de l'édifice, dans sa partie haute, pour montrer le soudeur au travail. Mais ce gommage d'un fragment de mur, artifice qui permet la fonction pédagogique de l'image, est figuré de telle sorte qu'il semble que cet endroit est ruiné, à la façon des édicules qui apparaissent dans les *Nativités* du *Quattrocento.* La forge est d'ailleurs représentée au milieu d'un paysage rural ; au-delà des bâtiments et de la cour fermée par un mur, sont représentés des arbres, un chemin creux, des bêtes et un paysan maniant son fouet.

Le moment est loin d'être venu où, au XXe siècle, la machine paraîtra

21. Pl. x, fig. 2.

FIG. 5. — ENCYCLOPÉDIE. Scierie. Calendre vue en perspective et action de calendrer (Cl. B.N.)

contester que le privilège de l'invention formelle appartienne à l'artiste. Aux premiers temps de la renaissance, dans l'œuvre de Léonard de Vinci (22), l'imagination technique, qui met en œuvre des principes mécaniques abstraits et des représentations de machineries, était indissociable des valeurs utopiques de maîtrise de l'espace, qui est une des fonctions propres de l'imaginaire plastique. Au XIXe siècle, s'agissant exclusivement d'art figuratif, les deux activités — la technique et la plastique — seront au contraire entièrement dissociées. Au premier stade de la révolution industrielle, le XVIIIe siècle semble vouloir maintenir l'union des deux disciplines au moment où elle est condamnée. Avec les planches de l'*Encyclopédie,* l'univers industriel ou pré-industriel apparaît comme un élément externe à la pratique figurative ; il s'introduit comme en fraude dans

22. Leonardo DA VINCI, *I libri di meccanica,* nella ricostruzione ordinata di Arturo Ucelli, Milan, Ulrico Hoepli, 1940.

l'imagination, par le biais d'une réflexion sur les techniques. Cette réflexion avait été rendue nécessaire par le développement des forces productives et par celui des connaissances ; elle n'était sous aucun aspect une spéculation plastique. En figurant des fabriques et des ateliers dans des ensembles ruraux ou urbains, les gravures de l'*Encyclopédie* anticipent, pour ainsi dire naïvement, la première forme sous laquelle le XIXe siècle devait percevoir le fait industriel : dans les modifications apportées à l'ordre symbolique du paysage traditionnel. Cet état de choses peut paraître normal. Il ne l'est que si l'on refuse de considérer que l'emploi de certains instruments de production va de pair avec l'institution de certains types de formes. C'est une réalité de fait. Tout changement qui intervient dans les modes d'actions sur la matière est, de par sa nature même, un changement des formes produites. La force des outils que se donne une société et celle de son imagination ne sont jamais dissociables. Mais des faits de cet ordre peuvent être oblitérés longtemps dans la conscience esthétique, celle des artistes reconnus pour tels, à qui échappe toujours une part de l'invention formelle. L'avènement de l'industrie n'a pas d'emblée perturbé l'imaginaire plastique, du moins pour autant qu'il était conscient de lui-même. Les premières formes nouvelles qui furent fonctionnellement adaptées à la double nécessité d'utiliser les modes opératoires de la machine et de produire des objets en série, sont nées par tâtonnements empiriques, hors de toute spéculation plastique systématique. La présence réelle de ces formes qui s'introduisaient dans l'univers visible du quotidien n'empêcha pas qu'elles demeurèrent longtemps presque inaperçues, au XIXe siècle.

MODERNITÉ, RÉALITÉ.

La production artistique sous toutes ses formes, les diverses doctrines qui en sont comme le contrepoint, les débats moraux et politiques qui la prennent pour objet ou pour enjeu, tout témoigne au XIXe siècle d'une sorte d'aversion du regard devant les réalités industrielles concrètes, d'un refus, d'abord inconscient, puis explicite et polémique, qu'un rapport puisse être en principe établi entre les nouveaux modes ou moyens du travail social et les valeurs de culture. La peinture est un des lieux imaginaires où se développe ce conflit dans des conditions spécifiques. Il s'y découvre comment le système figuratif de tradition n'était en mesure de penser selon son ordre propre les données de la nouvelle pratique sociale — les objets, les actions, les conduites intellectuelles — qu'à la condition de les rapporter, en niant toutes contradictions, aux valeurs de l'idéologie humaniste telles qu'elles se trouvent nécessairement impliquées dans le système même de la représentation ; comment le conservatisme artistique — en l'occurrence l'attachement aux valeurs morales, sociales et politiques qui avaient trouvé dans la tradition représentative l'ordre formel qui les fondait — lutta pour garder à cette tradition une valeur de référence absolue, la disant seule « réelle », seule fondée en « nature », seule porteuse de « vérité » ; comment dans le même temps une conjoncture de crise générale des rapports sociaux et des institutions, plaçant l'art et l'artiste en situation de marginalité, a rendu possible que la pratique artistique détermine, selon la logique qui lui est propre, son nouveau mode d'insertion et son efficace dans la nouvelle structure sociale.

Pour l'âge classique, chaque forme artistique participe d'une culture qui est universelle en droit, parce qu'elle est fondée sur des valeurs stables, réputées éternelles. Le XIXe siècle tout entier se persuade au contraire que l'art a pour tâche d'enregistrer le goût changeant des époques, des civilisations. Mais c'est là une ouverture du champ esthétique à l'actualité et à la diversité historique, non pas un rejet des valeurs et des postulats fondamentaux de l'humanisme classique. Dès la renaissance florentine sont énoncées les thèses néo-platoniciennes qui demeureront essentielles à la pensée humaniste dans tous ses avatars historiques ([23]).

23. André CHASTEL, *Art et humanisme à Florence au temps de Laurent le Magnifique,* Paris, P.U.F., 1959. — Erwin PANOFSKY, « Le mouvement néo-platonicien à Florence et en Italie du Nord », *Essais d'iconologie,* ouvrage cité, pp. 203-254.

Elles situent l'homme en position privilégiée dans le système de l'univers et justifient ce privilège par la présence en lui de cette faculté singulière qu'est sa raison : moyen terme entre l'esprit divin et la matière ; lieu de communication entre ces deux instances ; agent de la coordination entre les facultés psychologiques et les vertus morales ; surtout, instrument régulateur de l'expérience quotidienne où se décrit, selon un parcours unique, le cheminement vers la vérité et vers la beauté divine. L'art se trouvait logiquement engagé par cette tradition de pensée dans une sorte d'enquête méthodique et en droit exhaustive sur le vécu psychologique et social des individus et des groupes humains. Les limites réelles et inconscientes de cette enquête étaient celles du jeu, en réalité très restreint, de ses références, empruntées essentiellement à la légende chrétienne et à la légende antique, ou du moins marquées par leurs modèles imaginaires ; plus fondamentalement, celles d'une culture d'élite dans le cadre politique de l'ordre monarchique et des privilèges héréditaires.

La société machiniste n'a pas d'abord rompu avec l'esthétique idéaliste classique de la représentation. Au contraire, elle tend à la conserver. Quand elle devra consentir à cette rupture, ce ne sera que fragmentairement, tentant en chaque occasion de retourner au profit de son idéologie ce qui la nie ; c'est-à-dire que ce ne sera qu'au prix de contradictions, de crises, de scandales successifs qui marquent à la fois les étapes de la constitution de l'art contemporain et sa position critique dans le système.

Dès l'institution d'un nouveau pouvoir d'Etat au cours des dernières années du XVIIIe siècle, la transformation des rapports des classes sociales entre elles déplace les limites qui déterminent l'appartenance de droit des individus et des groupes à l'élite cultivée. Ce déplacement est un élargissement. Il introduit en conséquence une modification du champ des réalités concrètes, socialement reconnues comme esthétiques. La représentation de l'homme à lui-même demeure la fin de l'activité artistique ; plus généralement, celle du monde tel que la conscience humaine le perçoit comme spontanément dans ses agencements et structures immédiatement visibles. Mais l'universalisme des valeurs culturelles ne se fonde plus seulement sur certaines constantes formelles prétendues idéales, à quoi les épigones du néo-classicisme continuent de se référer pendant tout le cours du XIXe siècle, jusqu'à la dernière résurgence de cette doctrine, dans les années qui précèdent immédiatement la guerre de 1914 ([24]). La vocation de la culture européenne à l'universalité, c'est davantage une sorte de

24. Michel DÉCAUDIN, *La crise des valeurs symboliques. 20 ans de poésie française, 1895-1914*, Toulouse, Privat, 1960, quatrième partie, chapitres III et IV, pp. 309-351.

droit de regard, qui l'autorise à interpréter, en fonction d'elle-même, l'ensemble des cultures présentes et passées. Cet ensemble est d'abord nouvellement défini dans le temps : un savoir historique rigoureux inventorie le passé de l'Europe et fournit la peinture d'histoire en sujets anecdotiques. Il l'est aussi dans l'espace géographique : Courbet proteste contre l'imagerie à la mode, qui fait le peintre méconnaître son propre « pays » (25) et décrire des pays lointains en termes de pittoresque et d'exotisme ; curiosité directement liée à la colonisation en pays arabes, que peintres et écrivains désignent du terme générique d'Orient. L'imaginaire pictural ne renonce donc à aucune des références livresques et mythiques de la tradition classique. Il y surajoute, par une démarche d'appropriation extensive que repète celle du musée, un autre jeu de références, de légendes, de récits ou fables puisés aux sources des cultures étrangères méconnues, exclues jusqu'alors comme barbares. Surtout, il est progressivement conduit par la logique de sa démarche à tenter d'intégrer sous une forme acceptable, en dépit d'une réelle contradiction interne à son propre système de valeurs, non seulement l'étrangeté pittoresque, mais l'ensemble des aspects actuels de la pratique sociale — y compris les conditions matérielles du travail social — dans leurs rapports d'exclusion ou d'inclusion réciproques avec le domaine de la culture.

Ce dernier trait de la pensée artistique du XIXe siècle, celui qu'il faut mettre ici en avant, présente deux points de repère principaux : une théorie de la modernité que Baudelaire formule dans son œuvre de critique picturale ; une théorie du réalisme qui se développe essentiellement autour de l'œuvre de Courbet. En 1855, Baudelaire définissait la modernité par un cosmopolitisme du goût (26). Ce premier aspect de sa pensée est le plus proche de l'idéologie du romantisme. En 1860, à propos de Constantin Guys, il s'attache à l'actuel, à l'immédiatement présent. Il demande que les ouvrages de peinture dégagent « de la mode ce qu'elle peut contenir de poétique dans l'historique », qu'ils tirent « l'éternel du transitoire », qu'ils témoignent des « mœurs du présent », de « la morale et de l'esthétique du temps » (27). L'historique, ici, c'est essentiellement la mode, c'est-à-dire les variations des conduites quotidiennes dans les activités de représentation sociale. La pensée neuve de Baudelaire,

25. COURBET : « Pourquoi aller dans vos Orient ? Vous n'avez donc pas de pays ? ...Pour peindre un pays, il faut le connaître. Moi, je connais mon pays, je le peins » (cité par Madeleine DREYFUS-BRUHL, *Romantiques et réalistes au* XIXe *siècle,* Paris, Editions filmées d'art et d'histoire, 1958).

26. Charles BAUDELAIRE, « Exposition Universelle, 1855 », *Œuvres complètes,* Paris, Bibliothèque de la Pléiade, 1954, p. 688 et sq.

27. Charles BAUDELAIRE, « Le peintre de la vie moderne », *Œuvres complètes,* ouvrage cité, p. 881 et sq.

audacieuse, c'est de faire de ces variations de la mode un temps de référence pour la peinture, un temps témoin dont les coupures et les rythmes serviront à scander et à vérifier le développement de l'art, indépendamment de toute idée d'un progrès qui soit mesurable à une norme absolue.

Ceci comporte plusieurs conséquences. La grande peinture d'histoire était, en quelque sorte, événementielle. La peinture de la modernité — dans le système des catégories académiques, elle serait dite peinture de genre — engage à faire une histoire du goût conçu comme le produit d'une créativité sociale anonyme. L'art consacre la valeur des formes qui surgissent dans la quotidienneté ; ou bien il les porte à leur perfection. Il n'est pas coupé de l' « éternité ». Mais il est raccordé à la pratique sociale au plan où se découvre, où se joue l'expressivité du corps, de la parure, de la cosmétique, des rituels mondains, du décor. Il outrepasse ainsi les limites du musée, le cadre du tableau, la fixité des catégories de l'imaginaire mythique et littéraire. Il est présent dans l'existence commune sous des formes toujours renouvelées.

Les débats autour du réalisme sont confus, en regard de la ligne nette qui marque, dans la pensée de Baudelaire, la coupure entre modernité et tradition. Ils relèvent pourtant de la même problématique et d'une logique analogue, que l'on considère les arguments favorables ou défavorables aux thèses de Courbet, les jugements positifs ou négatifs portés sur ses œuvres (28). Ils déplacent en outre le centre d'intérêt esthétique en un point, ici remarquable, où la quotidienneté moderne est fondamentalement celle des rapports sociaux. De ce point de vue, le réalisme semble très opposé au programme de Baudelaire, en apparence étroitement lié à l'anecdotique. En réalité, la peinture de la modernité et le réalisme provoquent une rupture identique, dans sa portée générale, avec l'art antérieur. Ils mettent tous deux en cause la hiérarchie des valeurs qui déterminait traditionnellement le choix des thèmes figuratifs, que ce choix se fît en sélectionnant des répertoires de mythes et de légendes ou en rapportant, de façon discriminatoire, certains aspects de la réalité vécue à un idéal de beauté. Mais il est vrai que les « allégories réelles » de Courbet ne se démarquent pas seulement des ensembles sélectifs qui formaient la

28. Jules Castagnary, *Les libres-propos,* Paris, Librairie Indépendante, 1864. — Jules Castagnary, *Salons 1857-1870,* tome I, Paris, Charpentier et Fasquelle, 1892. — Champfleury, *Le réalisme. Sur M. Courbet,* Paris, Michel Lévy, 1857. — Champfleury, *Grandes figures d'hier et d'aujourd'hui,* Paris, Poulet-Malassis, 1861. — Maxime du Camp, *Les beaux-arts à l'exposition universelle de 1855,* Paris, Librairie Nouvelle, 1855. — Maxime du Camp, *Les beaux-arts à l'exposition universelle et aux salons de 1863-1864-1865-1866-1867,* Paris, Vve J. Renouard, 1867. — Edmond Duranty, *La nouvelle peinture,* Paris, Dentu, 1876. — Théodore Thoré-Bürger, *Salons de 1861 à 1868,* Paris, Vve J. Renouard, 1867.

thématique obligée de la grande peinture. Effectivement, elles se démarquent aussi de la peinture de genre que perpétue un Constantin Guys. Quand Courbet veut constituer à son tour un nouveau jeu de symboles qui emprunte certains de ses sujets à la vie sociale contemporaine, c'est en dégageant de ce donné actuel certains aspects conflictuels qui se trouvent chargés d'une signification critique.

La partie de son œuvre qui relève de cette recherche se présente essentiellement comme une critique de l'idéologie morale et politique dominante. Du moins, elle est tenue pour telle. En réalité, le problème historique qu'elle pose n'est pas purement idéologique. L'écriture figurative de Courbet possède des caractéristiques matérielles qui mettent en cause le rôle des références littéraires, idéologiques, légendaires, anecdotiques, actuelles même, comme éléments essentiels de la cohérence, de la lisibilité, de l'intelligibilité de l'image représentative. Son œuvre a effectivement été combattue ou louée, non seulement en raison de sa thématique, mais en raison de son style. La critique du XIXe siècle, qui s'attache davantage à l'interprétation globale des représentations qu'au déchiffrement de leurs traits formels, prend toujours en particulière considération la manière de Courbet, comme aussi celle de Millet, pour des raisons analogues. On dit de cette manière qu'elle est grossière ou, au contraire, magistrale. Adversaires et sectateurs de ces peintres sont généralement d'accord pour lier avec insistance les deux aspects des choses (29). Certes, ils les lient parce qu'ils les distinguent. Mais l'insistance n'est pas ici à rapporter seulement à un lieu commun de la critique spéculant sur les liens de la « forme » et du « contenu ». Ces spéculations sont elles-mêmes l'indice, aussi bien dans la louange que dans la condamnation, d'une résistance à accepter une pratique picturale et un ordre formel qui mettent en cause la primauté du « sujet » — du référent — dans l'interprétation des significations, au profit des données perceptives.

S'agissant des sujets eux-mêmes, du choix que les peintres réalistes font d'introduire dans le répertoire figuratif un certain type de scènes de travail, une autre résistance se manifeste, dont les classifications académiques de la peinture par « genres » marquent le premier repère doctrinal. On peut penser que, si elle prend au XIXe siècle un tour violent, c'est en raison des caractères spécifiques du travail dans les sociétés industrielles et des conflits sociaux qu'ils provoquent. De tradition, la représentation de scènes de travail dans la peinture, si ces scènes sont le tout ou

29. Edmond et Jules de GONCOURT, *Etudes d'art, Salon de 1852, Exposition de 1855*, Paris, Flammarion, 1893. — Pierre-Joseph PROUDHON, *Du principe de l'art et de sa destination sociale*, Paris, Garnier frères, 1865.

l'essentiel de la représentation, se fait par le biais de la peinture de paysage ou de la peinture de genre. Les conditions restrictives imposées par ces catégories apparaissent à l'évidence au XIXe siècle, en négatif, dans le discours des détracteurs du réalisme. Courbet et Millet furent accusés de démagogie et de socialisme ; c'est-à-dire que le trouble qu'ils apportent dans le système des « genres » est reçu pour ce qu'il est réellement : un effet de la pratique artistique au plan de l'idéologie politiquement dominante. Ils sont vulgaires dans leur style, inconvenants dans le choix de leurs sujets. Baudelaire, dans son Salon de 1859 ([30]), reprend les accusations contre Millet, incapable « d'extraire simplement la poésie naturelle de son sujet ». Il reproche à « tous ces petits parias » leur « monotone laideur ». Il y a là une fausse « prétention philosophique ». Baudelaire ne peut accepter, sans doute, ce qui prend valeur d'un acte d'accusation contre la culture de référence qui demeure la sienne, celle qui domine le musée et les salons, mais qui ne fait pas sa place aux conditions réelles du travail de ceux qui « moissonnent », « sèment », font « paître des vaches », « tondent des animaux ». Camille Lemonnier porte un jugement en partie analogue, en 1877 ([31]). Il reproche aussi au réalisme de Courbet d'être sans fondement philosophique ; il lui oppose le naturalisme qui se réclame de la méthode expérimentale, qui est capable de porter les observations parcellaires à la généralité du type et de conférer, en quelque sorte, de la spiritualité à la matière. Proudhon, en 1865, dans la perspective de son idéologie socialiste, ne soutient Courbet que dans la stricte mesure où une œuvre comme l'*Enterrement à Ornans* peut susciter des réactions d'ordre moral devant une réalité sociale qu'il faut condamner politiquement comme sacrilège ([32]). Emile Zola et Joris-Karl Huysmans situent de la même façon le débat au plan des valeurs morales ([33]) ; par quoi se perpétue, dans des conditions renouvelées par les luttes sociales, la fonction pédagogique et moralisatrice assignée à l'art par Diderot.

Courbet et Millet n'ont cependant jamais rien représenté de la réalité sociale la plus nouvelle : l'organisation industrielle d'une part croissante de la production et le prolétariat des usines. Bien que leurs œuvres traitent intentionnellement de morale sociale et politique, ils n'ont pas fait

30. Charles BAUDELAIRE, « Salon de 1859 », *Œuvres complètes,* ouvrage cité, p. 813.

31. Camille LEMONNIER, *G. Courbet et son œuvre,* Paris, Lemerre, 1877.

32. Pierre-Joseph PROUDHON, *Du principe de l'art et de sa destination sociale,* ouvrage cité.

33. Emile ZOLA, *Mes haines ; Proudhon et Courbet,* Paris, Charpentier, 1866. — Emile ZOLA, *Mon salon,* Paris, Librairie centrale, 1866. — Joris-Karl HUYSMANS, *Certains,* Paris, P. V. Stock, 1898.

référence aux problèmes que soulèvent en cette matière les nouveaux rapports de classes dans la société machiniste. Les engagements politiques de Courbet, l'intention de modernisme et de réalisme sont moins forts que l'ostracisme qui exclut du domaine esthétique les réalités industrielles. S'agissant de représenter des scènes de travail, Courbet n'a peint que *Les Rémouleurs* (1848), *Les Casseurs de pierres* (1849), *Les Cribleuses de blé* (1864), qui mettent en scène des artisans ou des travailleurs ruraux. Il est vrai qu'il arrache ces sujets à un genre jugé mineur ; il les traite comme des sujets de grande peinture, en utilisant des toiles de grand format et, surtout, une composition qui pose les travailleurs en gros plan. Millet obéit à ces mêmes principes. Puisqu'il s'agit presque exclusivement, chez l'un et l'autre artiste, de travailleurs paysans, la mesure de leurs innovations peut se faire par comparaison avec certains peintres de paysages. Les peintres de Barbizon ou Corot restent dans la norme bucolique du paysage classique. Le travail rural — il vaudrait mieux dire : certaines scènes choisies de la vie à la campagne — n'y figure que sous condition de cette idéalisation dont on reproche le manque à Courbet et même à Millet (34). Sa proximité de la nature promet le travail des champs à une sorte de rédemption ; non le travail industriel.

Imagerie et information.

Il était pourtant dans la logique des valeurs esthétiques communément admises au XIXe siècle que la peinture, conçue comme une sorte d'enquête d'actualité, ait droit de regard sur la totalité des situations humaines. Après les très anciennes et nouvelles légendes puisées dans la littérature, après l'exotisme, après la nature de nouveau découverte à travers le paysage idéalisé, après les anecdotes sentimentales ou historiques et la « mode », elle devait nécessairement avoir à connaître des faits industriels modernes. Dans cette même logique, la carence momentanée des peintres ne pouvait signifier qu'un retard de la conscience artistique — sinon son aveuglement — à l'égard de la vie sociale dont elle a pour fonction d'enregistrer toutes les variations. Joris-Karl Huysmans dénonce ce retard dans son compte rendu de l'exposition des Indépendants de 1880. C'est un nouveau plaidoyer pour la modernité, le premier texte de critique picturale qui pose avec force le problème d'une rencontre de la sensibilité esthétique avec les formes issues de l'univers industriel.

34. Cf. Section II, note 30.

« Toute la vie moderne est à étudier encore ; c'est à peine si quelques-unes de ses multiples faces ont été aperçues et notées. Tout est à faire : les galas officiels, les salons, les bals, les coins de vie familière, de la vie artisanale et bourgeoise, les magasins, les marchés, les restaurants, les cafés, les zincs, enfin toute l'humanité à quelque classe de la société qu'elle appartienne et quelque fonction qu'elle remplisse, chez elle, dans les hospices, dans les bastringues, au théâtre, dans les squares, dans les rues pauvres ou dans ces vastes boulevards dont les américaines allures sont le cadre nécessaire aux besoins de notre époque.

« Puis, si quelques-uns des peintres qui nous occupent ont, çà et là, reproduit plusieurs épisodes de l'existence contemporaine, quel artiste rendra maintenant l'imposante grandeur des belles usines et suivra la voie ouverte par l'Allemand Menzel, en entrant dans les immenses forges, dans les halls de chemin de fer, que M. Claude Monet a déjà tenté, il est vrai, de peindre, mais sans parvenir à dégager de ses incertaines abréviations la colossale ampleur des locomotives et des gares ; quel paysagiste rendra la terrifiante et grandiose solennité des hauts-fourneaux flambant dans la nuit, des gigantesques cheminées, couronnées à leur sommet de feux pâles ?

« Tout le travail de l'homme tâchant dans les manufactures, dans les fabriques ; toute cette fièvre moderne que présente l'activité de l'industrie ; toute la magnificence des machines, cela est encore à peindre et sera peint, pourvu que les modernistes vraiment dignes de ce nom consentent à ne pas s'amoindrir et à ne pas se momifier dans l'éternelle reproduction d'un même sujet » (35).

Huysmans entend continuer de promouvoir cette sorte d' « études » portant sur les mœurs tout actuelles que Baudelaire assignait déjà comme but à la peinture vingt ans plus tôt. Il en complète le programme, dans un esprit relativement nouveau. Depuis 1877, l'année de l'*Assommoir,* on parle d'une « école naturaliste », dont le chef de file est Zola. L'année 1880 est celle précisément où Huysmans participe à la publication des *Soirées de Médan* (36). L'intérêt du naturalisme se porte de préférence sur les milieux populaires et les faits urbains. Il y a là toute une mode, un goût en particulier pour les « bas-fonds », pour les lieux prétendus crapuleux. La peinture et la littérature témoignent ainsi d'un sentiment mêlé de curiosité, d'attirance, de crainte aussi, à l'égard de la nouvelle classe

35. Joris-Karl HUYSMANS, « L'exposition des Indépendants en 1880 », *L'art moderne,* Paris, Stock, 1902, pp. 99 à 139.

36. Emile ZOLA, Guy de MAUPASSANT, J. K. HUYSMANS, Henry CÉARD, Léon HENNIQUE, Paul ALEXIS, *Les soirées de Médan, ... (1er mars 1880),* Paris, G. Charpentier, 1890.

sociale, le prolétariat. Engagée dans cette direction, la recherche artistique prend un tour positiviste, avec cette objectivité prétendue sans exclusive. Mais elle ne rompt nullement avec le principe esthétique traditionnel de l'image témoin, de l'image doublet des réalités observables. Le champ d'observation s'est seulement déplacé, agrandi, puisqu'on prétend l'étendre vraiment à la totalité sociale. Pris dans la logique de la représentation, Huysmans continue d'accorder la première importance à la désignation des données positives sur quoi doit porter l'enquête picturale : l'écrivain propose au peintre de traiter une nouvelle catégorie de sujets.

A travers une infinité de variantes idéologiques, se manifeste ainsi une attitude intellectuelle ancienne, une conception de l'image qui est strictement liée à sa fonction représentative. De cette attitude, Diderot a été le premier à formuler catégoriquement la thèse centrale. Comme poussé à bout par l'obstination de Falconet à mettre en avant le travail de fabrication matérielle de l'œuvre — ce que l'on évacue du champ de signification en le nommant « technique » — Diderot incline à croire que l'homme de pensée, le « philosophe », est meilleur juge que quiconque, meilleur juge que l'artiste, de ce qu'il nomme du même terme que Huysmans : la vérité de l'art ([37]). Ce qui implique que les significations, les « vérités » artistiques existent antérieurement au travail de transformation du matériau signifiant opéré par l'artiste, ou qu'elles existent indépendamment de lui. Le terme de vérité est effectivement le mot-clef de la critique au temps du réalisme et du naturalisme ; il le reste jusqu'à la guerre de 1914 ([38]). La fonction du peintre est d'observer dans la vie commune les faits psychologiques et sociaux — voire « physiologiques », comme on parle aux soirées de Médan — et de les « rendre ». Le même critère de véracité, applicable à toute production artistique, qu'elle soit littéraire ou plastique, autorise Huysmans à juger à la fois de Raffaëlli, de Forain et de Degas, qu'il compare aux Goncourt : « Quelle vérité ! Quelle vie !... L'observation est tellement précise que, de ces séries de filles, un physiologiste pourrait faire une curieuse étude de l'organisme de chacune d'elles. »

Le texte de Joris-Karl Huysmans lie aussi la représentation des « épisodes de l'existence contemporaine » à celle de leur décor et met en cause la peinture de paysage. En bonne logique naturaliste, directement

37. DIDEROT et FALCONET, *Le pour et le contre, Correspondance polémique sur le respect de la postérité, Pline et les anciens,* Paris, les Editeurs Français Réunis, 1958.

38. Marc LE BOT, *Francis Picabia et la crise des valeurs figuratives,* ouvrage cité, chapitre I, pp. 17-37.

empruntée à la biologie contemporaine, c'est encore là une question de vérité, celle des rapports réels de l'« organisme » humain avec son « milieu ». Huysmans condamne le paysage traditionnel, même débarrassé de ses personnages mythiques ou légendaires, ce qu'on appelle alors le « paysage composé ». Il demande que la peinture représente une nature qui ne soit pas « distinguée » ni « noble ». Or, sans que Huysmans en soit conscient, c'est surtout dans la peinture de paysage que se joue, au même moment, le sort de l'art contemporain. L'allusion aux « incertaines abréviations » de Claude Monet rappelle qu'en 1880 la peinture impressionniste avait déjà déplacé le point central de la problématique plastique. Pour Huysmans, le problème est de savoir quoi peindre, quels épisodes et quels paysages ; c'est un problème de sujet. Monet pose une tout autre question : comment peindre ? En regard de ce bouleversement opéré par Monet dans la hiérarchie des questions et des éléments constitutifs de l'activité figurative, le texte de Huysmans peut être lu comme une réplique de l'idéologie artistique alors dominante, celle qui interprète la « vérité » ou la signification des œuvres en fonction des éléments de réalité qui constituent leur référent. Huysmans dit des impressionnistes qu'ils sont des « fous de l'œil ». Ils sont comme frappés de daltonisme, puisqu'ils font un usage sélectif, donc arbitraire, de certaines couleurs, par exemple le bleu. Huysmans refuse ainsi les spéculations des impressionnistes sur la nature des formants picturaux, parce qu'elles entraînent effectivement des modifications du système figuratif lui-même. Il est assez conscient de ce dernier point. Il félicite Caillebotte de rejeter « le système des taches impressionnistes, qui forcent l'œil à cligner pour rétablir l'aplomb des êtres et des choses ». Le seul mérite qu'il reconnaisse aux impressionnistes en général, c'est de peindre clair. Il réduit leurs initiatives stylistiques à des procédés d'atelier qui permettent d'échapper à la monotonie que produit l'emploi des bitumes.

Plus exactement, lorsqu'il compare Monet et Menzel, c'est bien une question de style que soulève Huysmans. Mais cette question ne se pose pas pour lui en termes d'écriture plastique, de système formel. Il se réfère seulement aux catégories de l'ancienne rhétorique. Il sait que depuis Michel-Ange la peinture dispose d'un répertoire assez stable de formes capables de signifier « la colossale ampleur », « la terrifiante et grandiose solennité » d'un lieu ou d'une activité humaine quelconque. Cet acquis n'est pas à remettre en question. Il importe seulement qu'on définisse, dans l'actuel, les nouveaux ensembles concrets qui ressortissent au grandiose, au colossal, au terrifiant, et qu'on les substitue aux mythes de la tradition. L'usine et ses ouvriers peuvent prendre la place qui était autrefois celle des enfers et des damnés. Huysmans a peut-être le mérite d'attirer l'attention de ses contemporains sur les modifications qui affectent leurs conditions et leur cadre de vie. Mais il n'envisage pas que l'art puisse se vouloir contemporain de telles modifications, d'une façon autre que par cette sorte de répétition grandiloquente ; qu'il tâche à produire de lui-même un ordre de visibilité, ordonnateur de formes matérielles, de conduites perceptives, mentales, qui soient solidaires, positivement ou négativement, du système social du machinisme. Selon le mot d'Albert Thibaudet, sa revendication est celle d'un « naturalisme épique » ([39]). Il veut en somme que l'on continue de raconter cette grande *Légende des siècles* qui aura été le projet le plus commun à l'ensemble des artistes du XIXe siècle. Il ne s'agit pas pour lui de regarder autrement le visible, mais de modifier certains jugements de valeur, en découvrant du « grandiose » et du « terrifiant » dans des secteurs jusqu'ici ignorés de la vie sociale tout actuelle. Voici donc le nouveau programme esthétique : que les « paysagistes » découvrent de nouveaux lieux mythiques pour la légende de l'industrie ; qu'ils fassent l'inventaire des nouveaux objets qui les peuplent : les machines ; enfin, que le peintre mette en scène les nouveaux démiurges, héros ou damnés, de l'épopée moderne.

L'appel que lance Huysmans ne pouvait pas ne pas être entendu. Adolf Menzel, qu'il cite en exemple, n'a laissé que quelques tableaux qui traitent du travail industriel ([40]). Par contre, Constantin Meunier, à dater de 1878, Maximilien Luce, à dater de 1896, réaliseront des séries d'œuvres qui ont trait à l'industrie. Les publications que Camille Lemonnier a consacrées à Constantin Meunier, dès avant 1888 ([41]), lui ont fait une réputation d'initiateur en ce domaine. Mais Henri Focillon rappelle que l'initiative vint de François Bonhommé, dont la presque totalité des travaux, à dater de 1838, traite de thèmes industriels ([42]). En réalité, cette initiative ne fut pas le fait des peintres, mais celle des maîtres de forge. Ils la prirent dans la perspective culturelle que leur traçait l'idéologie qu'ils partageaient avec les artistes de leur temps. Mais, si la stricte tradition académique empêchait que l'intérêt des peintres se tournât vers cette sorte d'actualité, la même censure par omission ne jouait pas pour

39. Albert THIBAUDET, *Histoire littéraire de la France, de 1789 à nos jours,* Paris, Stock, 1936, p. 375 et sq.

40. Une peinture à l'huile : *Le laminoir* (*les Cyclopes modernes*) (1875) ; une aquarelle : *la Forge de Hof-Gastein* (1875) ; et quelques dessins préparatoires. Il faut ajouter des travaux comme *La Forge de campagne, Le train Berlin-Potsdam, Cinq minutes d'arrêt,* qui font aussi intervenir des machines.

41. Camille LEMONNIER, *Histoire des Beaux-Arts en Belgique,* Bruxelles, imp. Weissenbruck, 1881. — *Les peintres de la vie,* Paris, A. Savine, 1888. — *Etudes sur quelques artistes originaux,* Paris, H. Floury, 1904. — Cf. aussi section II, note 69.

42. Henri FOCILLON, *La peinture au* XIXe *et au* XXe *siècle,* Paris, H. Laurens, 1928.

les industriels. Ils voulurent les premiers que l'art témoignât des nouvelles réalités matérielles et sociales dont ils étaient les promoteurs. En 1838, Paul Delaroche fut sollicité d'envoyer l'un de ses élèves peindre les mines de Fourchambault dans le Nivernais. Ces établissements métallurgiques avaient été fondés en 1821. Ils achevaient de se constituer. On pouvait désormais les voir, les donner à voir, dans la mesure, très inégale, où leur importance apparaissait aux différents corps d'une société consciente ou inconsciente de jouer là son avenir. Le choix du maître Delaroche, peintre d'histoire, c'est-à-dire peintre d'accessoires, de costumes, d'anecdotes du passé, montre qu'en 1838 on a la même conception étendue de la peinture d'histoire qui demeure celle de Huysmans en 1880. Dans un article datant de 1913, J.-F. Schnerb écrit encore au sujet de Bonhommé : « L'histoire n'était-elle pas, en 1830, la réalité immédiate ? » (43). La tâche n'en parut pas moins très secondaire à Delaroche. Choisissant Bonhommé, il engage son élève dans une carrière discrète, effacée. Pendant plus de quarante ans, celui-ci va être le témoin historique — le « feuilletonniste » plutôt, comme on disait — du développement industriel.

Selon Béraldi, Bonhommé avait été un jeune homme pauvre, laborieux, voué aux travaux médiocres (44). Il était entré à l'Ecole en 1928, malgré ses origines modestes. Il expose sa première toile au Salon de 1833. Elle représente un chien de Terre-Neuve. En 1835, ce sont des aquarelles. Rien en 1834, 1836, 1837. En 1838, la *Tôlerie des Forges d'Ablainville,* première œuvre à sujet industriel. Par la suite, chaque fois qu'il exposera au salon, dix-sept fois en une cinquantaine d'années, ce sera pour montrer des travaux sur ce sujet, à l'exception d'un *Portrait de Richelieu,* peint en 1841 pour le Conseil d'Etat, d'un *Amour* en 1847 et de l'*Envahissement de l'Assemblée nationale, peint d'après nature et lithographié par Bonhommé, dit le Forgeron,* en 1849. Sa production de peintures consacrées à l'univers de l'industrie est nombreuse. En 1835, il remporte une troisième médaille pour des œuvres exécutées au Creusot et représentant toute la série des travaux métallurgiques. L'Etat lui passe la commande d'une *Histoire de la métallurgie* qui est ainsi présentée au Salon de 1859 : « Le marteau-pilon ; la houille, la fonte, le fer, les machi-

43. J. F. Schnerb, « François Bonhommé », *La Gazette des Beaux-Arts,* janvier et février 1913. — Et Courbet : « Aucune époque ne saurait être reproduite que par ses propres artistes, je veux dire par les artistes qui ont vécu en elle... L'art historique est par essence contemporain. Chaque époque doit avoir ses artistes qui l'expriment et la reproduisent pour l'avenir » (*Courrier du Dimanche,* du 25 décembre 1861).

44. Henri Béraldi, *Les graveurs du* XIXe *siècle,* Paris, L. Conquet, 1885, tomes I-III.

nes ; les laminoirs à rails (dessin des types français choisis dans le personnel des ingénieurs, contremaîtres et ouvriers, dans un grand établissement métallurgique, pour les salles d'étude du dessin de l'Ecole impériale des Mines) ». En 1867, Bonhommé procède d'une façon qui est symptomatique de la finalité générale de son œuvre. Il montre côte à côte une « vue d'ensemble d'un paysage géologique, d'une cité et d'un grand établissement français, spécialement houiller et ferronnier (état de 1856) » et une aquarelle montrant « la même cité, le même établissement, après le traité du libre échange (état de 1867) ». L'année suivante, c'est une série de lithographies intitulée : *Les soldats de l'industrie ;* en 1873, une aquarelle, *Les gueules noires,* dont le titre reprend l'expression que Camille Lemonnier vient d'inventer. Toutes ces œuvres ne sont plus repérables que par l'information écrite. En 1913, J.-F. Schnerb signale qu'à cette date les deux seules peintures que l'on connaisse de Bonhommé sont la propriété de la famille Schneider au Creusot (45). En 1905, le directeur de l'Ecole des Mines fait détruire l'*Histoire de la métallurgie.* C'est qu'on se sert des services du peintre, comme on le ferait, comme on le fera de ceux du photographe. Les images qu'il produit sont détruites lorsqu'elles ne sont plus conformes à la réalité des outils employés et des opérations effectuées : elles ne répondent plus aux besoins pédagogiques ou même publicitaires qui les avaient suscitées. Cette réaction est dans la logique du projet du peintre. Bonhommé a toujours pensé que la « peinture d'histoire » était essentiellement une peinture documentaire.

Pour fournir la documentation qu'on lui demande, Bonhommé enregistre des faits qui ne sont pas tous visuels ; sur ce point, au moins, ses nombreuses gravures, souvent réalisées par lui-même d'après ses propres tableaux, donnent des renseignements suffisants (46). Lorsqu'il grave les *Mineurs français du Creusot ; puits d'extraction* (*la benne*), il ne se contente pas de ce titre informatif. Il inscrit sous l'image, comme une notice explicative, les fonctions des cinq personnages qu'il présente (l'ingénieur chef ; le marqueur ; le mineur aux pompes d'épuisement ; le chef mineur rouleur ; le crieur), il note la cote de profondeur du puits (220 m) et le cri de l'homme qui dirige la manœuvre (« Ahu au jour doucement ! »). *La Fonderie de Toulon* (1866) présente une composition en deux registres superposés, qui font coïncider exactement la surface de l'image et la structure de la machine représentée : dans la partie haute, on charge le minerai ; dans la partie basse, on surveille la fusion. L'image ainsi cadrée a un caractère documentaire, dont l'intérêt historique est indéniable. Plastiquement, Bonhommé adopte un parti qui est devenu

45. J. F. Schnerb, article cité.
46. Bibliothèque Nationale, Cabinet des Estampes, vol. AA 3.

celui de la documentation photographique, avec un aspect strictement utilitaire qu'on ne trouve jamais dans les vues d'ensembles mécaniques données par l'*Encyclopédie*. Ce caractère de reportage, au sens journalistique du terme, que prend l'image, ressortit à une sorte d'idéologie positiviste. Elle semble exclure tous les jugements de valeur et les réactions sentimentales qui prendront une place de premier plan dans les images consacrées à l'univers industriel, à la fin du siècle.

Ces intentions documentaires apparaissent aussi lorsque Bonhommé montre des paysages ruraux transformés par l'industrialisation. Avec les nouveaux moyens de transport, cette transformation de certains terroirs, antérieure à celle des villes, est un des éléments les plus spectaculaires qui soient apparus dans le premier tiers du XIXe siècle. C'est un des premiers signes visibles de la révolution intervenue dans les moyens de production. Il provoquera la réaction de Ruskin qui voudra laver l'humanité de cette souillure du paysage industriel (47). Les mêmes intentions sont manifestes encore dans les grandes compositions de Bonhommé, telles qu'il les a gravées. Elles sont inscrites dans le seul intitulé d'œuvres comme : *Le forgeage au marteau-pilon, dans les ateliers d'Indret, de l'arbre coudé d'une frégate à hélice de 600 chevaux, moment d'une tournée de four, grandes manœuvres ;* ou *Les forges d'Indret : coulée d'un cylindre en fonte de fer d'une machine navale de 1.300 chevaux*. Le détail des machines y est enregistré avec minutie ; celui aussi des gestes et des vêtements, notations dont Bonhommé voulait expressément qu'elles fussent les éléments d'une typologie sociale. Dans le même esprit d'exactitude descriptive, plusieurs groupes distincts d'ouvriers sont représentés, qui exécutent les différentes opérations de la coulée. Les ingénieurs civils et navals portent les attributs de leur fonction ; leurs épures sont étalées devant eux. Ces éléments symboliques communs aux deux œuvres sont, dans les deux cas, pris dans une même composition plastique axée sur une diagonale et présentant une perspective légèrement biaise. Les structures métalliques des hangars soulignent le caractère cubique et la mise en perspective de l'espace imaginaire. Dans les deux cas aussi, Bonhommé utilise un éclairage orienté, en situant les fours à l'une des extrémités de ses diagonales. L'espace plastique trouve donc un autre élément de cohésion dans le jeu clair-obscur des valeurs. Mais il est sans effet spectaculaire, sans ce flou lumineux qui sera censé signifier le mouvement des personnages et qui sera surtout chargé de connotations épiques ou dramatiques chez des artistes comme Menzel et Constantin Meunier. Le

47. John Ruskin, *L'art et la vie,* Paris, Nelson, sd. — *Conférences sur l'architecture et la peinture,* Paris, H. Laurens, 1910. — *The lamp of Beauty,* Londres, Phaidon Press, 1959.

dessin de Bonhommé fixe, au contraire, ces personnages raidis dans des attitudes qui caractérisent schématiquement leur activité. Bonhommé vient en un temps de bonne conscience sociale. Il n'est poussé par aucun sentiment du tragique de la condition ouvrière, à solliciter ses moyens picturaux pour tirer d'eux des effets émotifs. Il lui suffit d'informer. Il énumère gestes et objets dans des compositions inspirées d'une très ancienne tradition scénographique, lieux cubiques préconçus où peuvent être mis en scène, comme tout autre événement actuel ou passé, réel ou imaginaire, les ouvriers contemporains dans le décor de leurs outils.

Bonhommé est cependant un personnage moderne, pour autant qu'il prend l'initiative de faire de sa production le véhicule d'une information d'actualité, parfois transcrite au jour le jour. Le rôle qu'il tente de faire jouer à sa peinture l'apparente à ces illustrateurs que les journaux commencent d'employer comme des reporters d'actualité — ce furent d'abord des périodiques illustrés ([48]) puis, vers la fin du siècle, les *yellows papers* américains à grand tirage — jusqu'au jour où ils pourront imprimer des photographies ([49]). Mais, comme tout « besoin » social, le besoin d'information relève du système. Il apparaît ici dans sa dépendance d'un projet politique : celui des maîtres de forges, celui d'un pouvoir qui se veut lié, en principe, à un *consensus* général. On voit aussi que c'est le projet qui détermine la technique ; c'est lui qui peut susciter l'innovation technique, non l'inverse : Bonhommé est à peu près contemporain de Daguerre. De la même façon qu'il décrit les diverses opérations de la fabrication du métal et qu'il fait une typologie de l' « ouvrier français », il grave trois aspects ou moments de l'érection de l'Obélisque sur la place de la Concorde. Le premier est daté du « 25 novembre 1836, à midi ». Il montre le monument encore incliné. Le second le montre dressé, à 15 h. Un troisième document présente le même événement observé d'une autre extrémité de la place. Bonhommé grave aussi le *23 juin 1848, dédié à l'Assemblée nationale ;* sous cette image, il place la silhouette des principaux personnages et il indique leur nom, ainsi que la nature des bâtiments et le nom des rues où a eu lieu l'affrontement révolutionnaire. Puis il dessine, « d'après nature », les portraits de tous les représentants du peuple à cette assemblée ([50]). Mais ce n'est pas seulement le souci qu'il affiche d'une enquête objective ni son talent médiocre qui l'empêchent

48. Jean WATELET, *Périodiques illustrés français, 1814-1914,* Paris, B.N., 1970.

49. Peter POLLACK, *Histoire mondiale de la photographie,* Paris, Hachette, 1961.

50. *Les Représentants du Peuple, collection de portraits en pied dessinés d'après nature au palais de l'Assemblée Nationale,* par François BONHOMMÉ, peintre, gravés sur acier sous la direction de M. Péronnard, accompagnés de notes biographiques, Paris, 1848.

d'atteindre au « grandiose » et au « terrifiant » que réclame Huysmans. En fait, sa prétendue objectivité est, sans doute, l'élément clef de son idéologie politique et sociale. Ce fils d'un peintre en voitures signait : « François Bonhommé, dit le Forgeron ». Il fut forgeron comme d'autres orientalistes ; témoin de la conquête, non de pays exotiques, mais du sous-sol et du métal. A cause de son origine et de ce qu'il jugeait être une forme de conscience professionnelle, il s'identifiait à ceux qu'il nommait les « soldats de l'industrie », voyant en eux des « conquérants », non des damnés de la terre. Cet « homme de 48 », lorsqu'il grave un épisode du *23 juin,* observe les barricades en se plaçant derrière Cavaignac et Lamartine. Quant à son *Histoire de la métallurgie,* elle appartient peut-être en droit à la légende du XIXe siècle. Mais elle est écrite pour offrir le spectacle de l'ingéniosité et de l'effort humains, qui portent ici une leçon de morale optimiste et surtout parfaitement conformiste, c'est-à-dire conforme aux intérêts de ses commanditaires.

L'introduction des réalités industrielles dans l'imaginaire du XIXe siècle s'effectue ainsi dans l'œuvre de Bonhommé, en liaison avec une modification du statut sociologique d'un certain type d'images, avec la création d'une imagerie. L'âge classique avait ses colporteurs de gravures. Le journal fait entrer la gravure dans un circuit de communication de masse (51) que marquent à cette date deux caractères solidaires : l'information transmise est d'actualité immédiate et souvent d'intérêt éphémère ; le rythme nécessairement rapide de la transmission de cette information actuelle implique à son égard la curiosité qu'on accorde au fait-divers, c'est-à-dire à l'événement et à la situation insolites. Cette sorte d'intérêt laisse au second plan, valant dans la représentation comme accessoires, les formes nouvelles elles-mêmes des conduites, des objets et des lieux, toujours reprises dans une formalisation de l'espace et du geste stéréotypée. Les séries liées ou consécutives à l'initiative de Bonhommé sont ces publications périodiques de tous caractères et de toutes périodicités, dont l'examen (52), s'il est mené aux périodes correspondant aux expositions universelles qui se succèdent de 1851 à 1900, parce que ces expositions posent explicitement le problème de l'*Union de l'art et de l'industrie* (53), fait apparaître plusieurs traits caractéristiques. On y trouve relativement peu de représentations de machines considérées pour elles-mêmes, mais davantage des scènes de travail où la machine est partie du décor. L'infor-

51. Walter BENJAMIN, « L'œuvre d'art au temps de ses techniques de reproduction », *Œuvres,* tome I, Paris, Julliard, 1959.

52. Cf. section II, notes 55, 56 et 57.

53. C'est le sous-titre du rapport établi en 1851 par le comte de LABORDE concernant l'*Exposition universelle de Londres en 1851,* ouvrage cité.

mation porte essentiellement sur les « mœurs du présent » ([54]), y compris les grèves et les problèmes sociaux ([55]), c'est-à-dire sur des comportements humains plutôt que sur un univers de formes. L'intérêt que soulèvent ces expositions, où la place de l'industrie est prépondérante, est bien celui qu'on a pour l'anecdote, pour le fait-divers. « Nous ne connaissons jusqu'à présent, Monsieur, aucun journal ou revue qui rende compte de l'exposition universelle... Quant à nos journaux français, ils en parlent d'une manière charmante ; ils ont confié la besogne à leurs plus spirituels feuilletonnistes » ([56]). Les descriptions que ces feuilletonnistes font, dans le texte, des « machines en mouvement », c'est-à-dire des engins industriels, pointent les effets de surprise, en dehors de toutes considérations économiques ou sociales : la régularité, le vacarme des bruits ; et surtout, de la matière brute au produit, la métamorphose ([57]). Le pittoresque dont rend compte le crayon du dessinateur a pour ressort l'insolite ; l'introduction de la machine dans l'imagerie a pour garant esthétique le charme de la découverte.

Machinisme et humanisme.

Le découpage de la gamme des émotions — du charmant au tragique — est au XIXe siècle le principe de jugement le plus commun aux idéologies artistiques ; il le restera jusqu'au moment où les doctrines d' « avant-garde » s'imposeront. L'art est essentiellement le domaine de l'émotivité ; le sentiment du beau est lié à la capacité que l'on possède de participer affectivement à toutes situations, à toutes activités où des hommes sont impliqués. Il est vrai que « l'univers des images, histoires et allégories » ([58]) continue de faire l'objet d'un classement qui distribue ses contenus selon les catégories académiques. Mais cette hiérarchie n'institue pas d'opposition réelle entre les genres ou entre les sujets : tous — les « sujets » mêmes de Courbet et de Millet — pouvant être traités

54. Charles BAUDELAIRE, « Le peintre de la vie moderne », *Œuvres complètes,* ouvrage cité, pp. 881 et sq.

55. *L'illustration,* tome XVIII, juillet-décembre 1851, Paris. A. Le Chevalier, 1851, à la date du 15 novembre 1851, p. 319. — *Livre d'or de l'exposition 1900,* Paris, Cornély, 1899, p. 149.

56. *L'illustration,* tome XVII, ouvrage cité, à la date du 10 mai 1851, p. 303.

57. *L'illustration,* tome XVIII, ouvrage cité, à la date du 29 novembre 1851, pp. 343-346.

58. Erwin PANOFSKY, *Essais d'iconologie,* ouvrage cité, pp. 31 et 25.

de façon à émouvoir sans outrepasser cette gamme émotionnelle reconnue pour esthétique, c'est-à-dire de façon à plaire. Il n'y a d'opposition véritable qu'entre ce qui fait de n'importe quelle représentation l'occasion des plaisirs de l'esprit et ce qui tente d'arracher l'art au divertissement pour en faire une pratique sociale positive ; du moins pour mettre en cause son mode d'insertion dans le social au titre de luxe intellectuel, de domaine culturel réservé.

La critique du XIXe siècle et des premières années du XXe siècle félicite beaucoup Corot et les peintres de Barbizon d'avoir renoncé aux paysages « héroïques » de la campagne romaine. Ils ont renouvelé la tradition classique en représentant, dans leur réalité familière, les bois et les étangs de l'Ile-de-France (59). Réalité que ne savent percevoir, exalter comme elle le mérite, les peintres soi-disant réalistes. Ils refusent de voir la beauté des choses, d'éprouver la charge émotive qu'elles possèdent naturellement. Là où la personne humaine peut et doit se trouver en harmonie avec la nature, ils ne découvrent que la laideur, la souffrance, c'est-à-dire la dureté du travail social. Baudelaire incrimine Millet : « ... Ses paysans sont des pédants qui ont d'eux-mêmes une trop haute opinion. Ils étalent une manière d'abrutissement sombre et fatal qui me donne envie de les haïr » (60). Millet, en se défendant contre l'accusation d'être socialiste, marque la vraie nature du débat (61). Sa peinture ne ressortit à aucune idéologie politique. Il a vécu parmi les paysans ; il sait que le travail de la terre n'a rien de « folâtre » ni de « gai ». Le travail, c'est en effet l'abrutissement du corps dont parle Baudelaire et rien d'autre. On comprend la « haine » que suscite sa peinture et les paysans mêmes qu'elle représente. Millet et Courbet ont dénoncé l'un des mythes qui jouent un rôle essentiel dans l'idéologie des sociétés industrielles : celui de la nature et de la vie rurale, comme lieu et occasion d'une reconciliation de l'homme avec son destin.

Au contraire, ni Bonhommé, ni Menzel, ni plus tard Constantin Meunier et Maximilien Luce n'ont fait scandale. Ils ont pourtant représenté un aspect du travail social, le travail industriel, qui sans doute ne produit pas un abrutissement moindre que le travail paysan. Mais ou bien ces peintres ont exalté ceux que le premier d'entre eux nommait « les soldats de l'industrie » ; ou bien ils ont apitoyé sur leur sort, créant une nouvelle dramaturgie sans remettre en cause, tout au contraire, ni la fonction

59. Marc LE BOT, *Prancis Picabia et la crise des valeurs figuratives,* ouvrage cité, chapitre I, pp. 17-37.

60. Charles BAUDELAIRE, « Salon de 1859 », *Œuvres complètes,* ouvrage cité, p. 813.

61. Alfred SENSIER, *La vie et l'œuvre de J.-F. Millet,* Paris, Quantin, 1881.

idéologique de cette sorte d'appels à l'émotivité qualifiée d'esthétique, ni les repères formels qui les signalent traditionnellement.

Exaltation et pitié offrent toutes deux une garantie de véracité et de réalité. Ainsi les raisons que Duranty a de louer Menzel s'inscrivent dans la perspective du réalisme. Elles se réfèrent plus précisément aux théories en vogue du positivisme, que peuvent accepter ceux-mêmes qui refusent ce que l'œuvre de Millet et de Courbet contient de dénonciation idéologique. Menzel n'est pas un polémiste. Duranty lui reconnaît « le don de vie et de vérité... La vérité ! La vérité en tout, en art, en science, en histoire, voilà le devoir... L'art n'est pas en dehors des nécessités, des lois de l'esprit humain ; il ne repose pas sur d'autres faits que la science et la philosophie ; comme elles, il n'est digne d'estime, de respect, de foi, que lorsqu'il dit vrai... Le monde, passé ou présent, il le voit tel qu'il est, sans jamais le dénaturer, l'altérer... Il a la *névrose* du vrai... Je ne sache pas qu'on ait jamais fait plus nature » ([62]).

Après le succès, signalé par Huysmans, d'une de ses œuvres au Salon de 1880, on organisa pour Menzel une exposition à Paris, en 1885 ([63]). F.-G. Dumas présente le catalogue en reprenant l'ensemble des idées à la mode. Il qualifie Menzel de réaliste ; cependant, il mêle sous ce terme deux notions qu'un théoricien comme Duranty cherche à distinguer. Il estime que Menzel est un créateur de types contemporains, au sens où ses figures d'ouvriers et de soldats présentent des caractères de valeur générale. Mais il relève aussi que Menzel fait preuve d'une exactitude « photographique », c'est-à-dire de fidélité minutieuse dans le rendu des détails. F.-G. Dumas reprend, en outre, les interprétations « épiques » proposées par Huysmans. Il écrit, à propos du même tableau qui avait déjà séduit en 1880 : « C'est la plus intense représentation que nous connaissions de la lutte de l'homme moderne contre la matière et de sa victoire, mais au prix de quels efforts, de quel affaissement de l'être, de quelle déchéance de sa beauté native. Que d'idées parentes de celle-ci éveille chaque personnage, tendu et absorbé dans sa tâche, à deux doigts de la mort ou de la mutilation, ou goûtant pendant quelques minutes un repos sans pensée, un morne loisir. Telle est la valeur morale de l'œuvre. Et le peintre a rehaussé cette valeur par une science consommée des mouvements, des raccourcis, de la dynamique corporelle, des lumières. Cette lumière terne, qui traverse les carreaux poudreux de la fabrique, vaincue par l'éclat aveuglant du bloc incandescent, la vapeur ardente qui pénètre et dessèche les poitrines, ces torsions des corps, ces saillies des muscles,

62. *La Gazette des Beaux-Arts,* mars-août, 1880.

63. *Exposition des œuvres* d'Adolphe MENZEL, ouverte du 26 avril au 15 juin 1885, Pavillon de la Ville de Paris, Jardin des Tuileries.

ces postures qui décèlent l'extrême effort, saisies avec la précision d'une photographie instantanée, nous font voir en une fois tous les dangers de cette lutte inégale entre l'homme et la matière. »

Cette interprétation du tableau de Menzel fait appel à deux réactions affectives : le sentiment de grandeur épique que Huysmans avait seul retenu en 1880 et dont François Bonhommé avait été le premier à vouloir jouer ; un sentiment misérabiliste qui s'est manifesté beaucoup plus récemment dans les interprétations contemporaines des peintures à thèmes industriels. Le misérabilisme est un des ressorts que tâche toujours de toucher la description naturaliste. Il constitue, à cette date, l'élément de réponse le plus commun de l'idéologie artistique à la pression des idées et des luttes politiques qui accompagnent le développement du syndicalisme ouvrier, des groupes socialistes et anarchistes. F.-G. Dumas s'exalte à croire que l'industrialisation est l'avatar du combat intemporel qui affronte l'homme à la matière. Il n'est, selon lui, que de regarder : cette interprétation ressortirait à l'évidence d'un constat « photographique » de la réalité ; et l'effet de « photographie instantanée » serait le produit de cette « science consommée » dans le maniement du trait et de la pâte colorée que Dumas analyse, mais qui n'est que l'habileté éclectique de Menzel à manipuler les artifices enseignés par la tradition picturale.

Il y a en effet chez ce peintre tout un savoir-faire et aussi tout un savoir traditionnels qui sont rassurants ; une double référence aux techniques conformistes de la couleur, de la lumière, du dessin et à cette conception qui fait de l'image l'élément d'une iconographie de l'aventure humaine, iconographie dite ici réaliste ou naturaliste et indéfiniment remise à jour. Dans son ensemble, l'œuvre de Menzel ressortit à un projet très commun en cette seconde moitié du XIXe siècle : un inventaire des paysages et des scènes de mœurs observées pendant son « tour d'Europe » et ses déplacements en Allemagne, dès le temps de son apprentissage. Comme Bonhommé et plus tard Maximilien Luce, il est né pauvre et sera d'abord un besogneux. Il n'a pas eu d'emblée accès à la grande peinture. Mais il paraît à l'aise dans le personnage du peintre observateur de la vie sociale, critique des mœurs, que lui offre l'idéologie artistique de son temps. Ainsi semble-t-il défier les néo-classiques et les académiques sur leur terrain, lorsqu'il va en Grèce pour copier les antiques. En fait, il ramène les formes grecques classiques au rang d'un matériel exotique. Parmi l'infinie variété des choses existant réellement dans le monde, elles font aussi l'objet de sa curiosité universelle. La curiosité dans la recherche documentaire donne prise à Menzel sur tous les aspects du visible. Elle prend chez lui une valeur symptomatique. Elle porte sur un noyé à peine sorti de l'eau, dont il fait un croquis, sur les bêtes d'un zoo, sur les rues de

Paris, les monuments, les motifs décoratifs d'une architecture, sur les uniformes du passé et les armures. Il peint des scènes intimistes, des paysages, des batailles historiques, des fêtes mondaines. C'est le programme de Huysmans qui se trouve rempli. Kugler lui ayant demandé d'illustrer sa *Vie de Frédéric le Grand,* il devient le visionnaire des petits côtés de la grande histoire. Il entreprend une enquête étendue, précise, sur le décor et le costume du XVIIIe siècle. L'Etat prussien lui commande les illustrations des œuvres historiques, politiques et littéraires de Frédéric le Grand. Il tire de cette accumulation de notations historiques, des tableaux de genre comme *La Table ronde de Sans-Souci* (1850) ou le *Concert de flûte* (1852). Il publie, de lui-même, un recueil des uniformes de l'armée du Grand Frédéric (64). Duranty note avec satisfaction qu'il en « a mesuré au compas les boutons... » (65).

Il y a dans l'énorme production de Menzel (66), dans le type de travaux qu'il a réalisés, dans la minutie de ses enquêtes, un caractère obsessionnel qui marque les limites de son projet, du fait même de son illimitation virtuelle dans la recherche du détail authentique, au sens du pittoresque. Cette prétendue peinture de l'histoire présente ou passée l'apparente à Meissonier. Menzel a rencontré Meissonier à Paris en 1855 et 1867. Il rivalise sciemment avec lui. Leurs succès sont comparables et révélateurs de l'idéologie artistique dominante dans la fraction la plus fortunée de ceux qui revendiquent la possession de la culture, ceux-là que Baudelaire ou Flaubert traitent de bourgeois. En concevant l'enquête « réaliste » comme la description détaillée des choses, ils permettent une sorte de régression mentale : il s'agit de substituer une manie collectionneuse à l'inquiétude intellectuelle qui est née de la pensée de l'histoire ; d'immobiliser la mouvance et la transformation des grands ensembles temporels, dans le présent ou dans le passé, par le rendu méticuleux de détails sélectionnés. La manie peut passer ici pour une attention sélective aux qualités esthétiques des choses, puisqu'elle est affaire de « connaisseur » et presque d' « antiquaire », dans l'acception ancienne de ce terme. L'histoire du passé étant une sorte de résurrection des morts tels qu'ils furent, Menzel est invité à observer celle du présent vivant tel qu'il est, du même regard curieux, amoureux de bibelots, de meubles, de toilettes. Il est admis à observer et à peindre les fastes de la cour de Prusse sous Frédéric-Guillaume IV et sous Guillaume Ier. Au cours de ses enquêtes historiques, géographiques et « morales », Menzel rencontra la machine à Hof-Gastein.

64. Renate WEINHOLD, *Menzelbibliographie,* Leipzig, E. A. Seeman, 1959.

65. Article cité.

66. Karl SCHEFFLER, *Menzel, der mensch, das werk,* München, F. Bruckman, 1955.

La toile qui avait enthousiasmé Huysmans en 1880 s'intitule : *Le laminoir* (*les Cyclopes modernes*) (1875). Le sous-titre dit l'essentiel. Les « Cyclopes » forment trois groupes allégoriques : celui du Travail des ouvriers qui servent la machine ; celui du Repos des hommes qui mangent ou se lavent dans un coin ; celui de la Conscience ou du Savoir qui est dans le regard de quelques spectateurs. Ces allégories sont autant de scènes distinctes distribuées dans un espace scénographique analogue à celui des « soupers » et des « concerts » berlinois. Les structures métalliques de l'usine font le même usage de décor scénique que les lambris de Sans-Souci. Avec certains éléments des machines, elles tracent schématiquement le réseau des lignes perspectives. Au premier plan, afin que les jeux de clair-obscur n'en détruisent pas l'effet, une nature morte composée d'outils. Puis, échelonnés dans l'espace biais d'une façon toute traditionnelle, les groupes de figures, les objets, les sources de lumière, formant points de repère. Les personnages font des gestes spectaculaires qui sont censés signifier l'effort ; les postures sont celles du modèle dans l'atelier, par quoi l'on prétend conserver vivante la plastique de Michel-Ange ; le métal en fusion rougeoie, comme dans les récits légendaires ; l'éclairage violent venant des fours estompe les détails des machines et les formes humaines, il crée un jeu d'ombres et de lumières où les gestes de l'homme s'inscrivent comme saisis dans leur mouvement. Ainsi, la cohérence plastique de la composition tient à la fois à la construction spatiale perspective et à son caractère de spectacle lumineux. C'est une anthologie des recettes de l'école. Menzel a élaboré progressivement une manière qui veut séduire par le travail des pâtes et le scintillement des touches colorées ; elle lui permet d'obtenir des effets analogues pour la représentation des salons de la Cour de Prusse et pour l'usine de Hof-Gastein. On comprend que Huysmans et la critique en général lui ait fait la réputation de réussir là où Claude Monet échouait, puisqu'il plaque un vernis de modernisme — petitesse des touches, effet de brillant — sur un ensemble plastiquement tout conformiste.

Ce tableau a plu parce que le public ne pouvait le voir que comme un élément qu'il n'isolait pas de la totalité d'une œuvre conçue pour plaire. Menzel annule ce que le « sujet » aurait pu avoir d'insolite, de vulgaire, de provocant, selon les reproches faits à Courbet. Il le dénature par le glissement vers des significations allégoriques qui en appellent à des symboles convenus. Plasticien, Menzel a aussi ses habiletés : il relie des « morceaux » et des éléments de composition académiques (scènes de genres ou groupements de figures, nature morte, espace biais) par cet effet de lumière dont la qualité possède, elle aussi, une signification symbolique. Lumière des lustres ou des forges, le monde que représente Menzel est lumineux pour se donner en spectacle comme une fête ; cette sorte de lumière permet à la peinture un effet d'ostentation qui ne diffère pas, en son principe, des épiphanies de la peinture religieuse.

Mais cette notion de spectacle touche à l'essentiel. On a fait aussi à Menzel la réputation d'être un rival de Daumier (67) parce qu'il aurait été à son égal un observateur lucide des scènes de mœurs contemporaines. *Les cinq minutes d'arrêt* de Menzel et le *Wagon de troisième classe* de Daumier permettent une comparaison ici pertinente. Dans l'un et l'autre cas, la « machine » fournit le cadre de la scène. Menzel représente un homme et une femme qui s'éveillent après un voyage de nuit ; Daumier, cinq rangées de personnages populaires. Daumier a pris pour sujet un regroupement d'individus, que permet seul le nouveau mode de transport ; ce regroupement est une situation moderne. Au contraire, en toutes circonstances, un Menzel ne verra, ne peindra jamais qu'un *Eveil* ou des *Forges de Vulcain* modernisés, dans une formule luministe à tout faire. Mais surtout, ce n'est pas le regard inquisiteur de Daumier qui joue réellement le premier rôle dans la production et la signification de l'œuvre, lorsqu'il délimite dans le concret de l'expérience quotidienne des « sujets » vraiment modernes. C'est son travail même de plasticien, parce qu'il produit des formes qui sont, elles, sans aucun modèle concret. Les « caractères » — le statut social — de personnages populaires se trouvent signifiés ici dans l'ordre du figurable par ce trait appuyé et simplifié, par ces formes elliptiques que Daumier a élaborées au cours de sa production autodidactique de caricaturiste, attirant l'attention sur un détail en gros plan, sur un geste, une attitude expressifs.

L'expressivité du trait chez Daumier est, entre autres, un fait plastique original. Mais il ne rompt pas avec le système traditionnel de l'image, même s'il en exploite certaines virtualités de façon inédite. Cette invention formelle, par son caractère caricatural, a une signification critique qu'établit la référence de l'œuvre à une réalité objective : dans ce wagon, c'est d'une troisième classe sociale qu'il s'agit. Pour saisir le lien significatif qui fait une image cohérente de cet assemblage d'éléments visuels, il faut les rapporter à une somme de connaissances touchant aux réalités sociales et politiques du temps. Ainsi, cette œuvre de Daumier participe à l'une des recherches générales de la peinture du XIXe siècle, s'agissant d'agrandir le champ de ses références, de l'étendre aux formes les plus actuelles des relations sociales, y compris celles que remodèle l'industrialisation. Elle est une scène de la « comédie humaine ».

67. En une occasion, Menzel a pris directement à Daumier (*Le drame*) le sujet et la mise en page d'une de ses œuvres (*Le Théâtre du Gymnase*). Mais on n'imite pas un style, ou mal. Menzel n'a pas placé en « gros-plan » le dos des spectateurs ; il n'a pas compris la valeur plastique du détail elliptique et significatif.

Peintre « moderne », Daumier pose cependant le problème de la forme : on peut produire des significations autres dans le contexte de ce monde nouveau. Mais la conscience qu'il en prend est comme obnubilée par sa démarche de critique sociale. La remise en cause de l'ancien ordre représentatif et du système de valeurs qu'il sous-tend nécessairement de par son lien de nature avec l'idéalisme humaniste, passe chez lui par une autre contestation qui bloque la première, pourtant fondamentale, dans son développement. Les distorsions de l'ordre figuratif classique n'atteindront un point de rupture qu'avec la peinture des impressionnistes.

A cause de ses « incertaines abréviations » stylistiques, il apparaissait à Huysmans que Claude Monet était incapable de donner à voir « la colossale ampleur des locomotives et des gares ». Il cherchait dans l'œuvre une pensée qui ne s'y trouvait pas. Monet n'a pas la tête épique : sa *Gare Saint-Lazare* conduit à des villages de banlieue ; la voie ferrée et la locomotive appartiennent à son univers poétique au même titre que le fleuve et le canot à voile. Cet univers, Monet le situe sciemment en marge des luttes et tensions sociales, au lendemain de la Commune et à la veille de l'affaire Dreyfus. Les lieux de son bonheur de voir sont ceux où la petite bourgeoisie urbaine prend ses plaisirs du dimanche ; la machine n'y trouve son insertion que de façon occasionnelle. Huysmans méconnaît donc le fait plastique, essentiel, et se heurte à Monet sur le terrain de l'idéologie.

Cette méconnaissance de l'intérêt réel de l'œuvre de Claude Monet par Joris-Karl Huysmans conduit donc à opérer une distinction, dans la production artistique, entre l'idéologique et le plastique. Dans la perspective ouverte par cette distinction, les travaux de Constantin Meunier et ceux de Maximilien Luce, les deux peintres de l'univers industriel à la fin du XIXe siècle, ont pour intérêt de poser avec une sorte d'évidence simplificatrice un problème théorique dont les termes sont apparus et se sont précisés au cours de l'enquête empirique : quels rapports dans leurs développements temporels peut-on déterminer entre les innovations d'ordre formel, d'une part, et les doctrines artistiques qui relèvent directement des conflits sociaux et politiques propres à la société machiniste ?

Constantin Meunier et Maximilien Luce ont réalisé une grande part de leurs œuvres au moment de la plus grande cohésion du groupe impressionniste (68), au moment où ce groupe, auquel Luce adhère pendant quelques années, joue pour l'ensemble des jeunes peintres le rôle d'un pôle d'attraction ou de répulsion. Luce et Meunier ont aussi en commun

68. John Rewald, *Histoire de l'impressionnisme,* tome II, Paris, Albin Michel, 1965.

une même expérience de la vie quotidienne et de milieux sociaux particuliers. L'un est belge, l'autre picard. Ils appartiennent à l'aire géographique que transfigure l'industrialisation. Ils ont parcouru tous les deux la Hollande et le Hainaut, surtout le Borinage. Meunier est lié à Verhaeren et à Camille Lemonier, l'inventeur des « gueules noires » (69). Luce connaît aussi Verhaeren ; il est l'ami de Jules Vallès, de Georges Darien, surtout de Tabarant (70) qui fonde son Club d'Art Social en 1889, au moment où le Congrès Socialiste International institue la grève générale du 1er mai. Comme plusieurs de ses amis, il collabore à des journaux anarchistes et socialistes ; en 1894, il sera l'un des trente intellectuels emprisonnés à Mazas (71) sous l'inculpation d'association de malfaiteurs. Un milieu d'artistes se constitue, directement engagé dans l'action politique : Pissaro, Signac, van Rysselberghe, Vallotton en font aussi partie. Il n'est pas sans analogies avec le mouvement à peu près contemporain des peintres ambulants en Russie (72) et avec celui qui regroupe les reporters-illustrateurs des *yellow-papers* américains autour de Robert Henri et de l'Asch-Can School (73). Les circonstances et les motivations diffèrent. Mais, dans tous les cas, ces engagements sont repérables au plan du système des œuvres dans le choix des sujets de référence : une nouvelle dramaturgie y prend forme ; l'épopée glisse vers la tragédie morne. On élabore tout un répertoire d'objets, de lieux, de figures, d'activités, pour mettre en scène la vie des « humbles », leurs souffrances, plus rarement quelque chose de leurs révoltes.

Constantin Meunier fut peintre et sculpteur. Il a commencé par travailler avec de Groux, c'est-à-dire dans un milieu empreint d'humanitarisme chrétien. Ses premières œuvres sont des peintures religieuses ; puis des portraits, des scènes de la vie de famille, des tableaux d'histoire représentant des épisodes de la *Guerre des paysans*. Dans les années 1850-1870, c'est à travers la paysannerie qu'on prend d'abord conscience de l'existence de classes sociales pauvres, misérables. Meunier s'engage après de Groux dans une entreprise analogue à celle de Millet dont il ne connaîtra directement l'œuvre que plus tard. Mais, vers la

69. Camille LEMONNIER, *L'école belge de peinture, 1830-1905,* Bruxelles, G. van Oest, 1906, pp. 162-166. — Camille LEMONNIER, *La Belgique,* Paris, Hachette, 1888.

70. Adolphe TABARANT, *Maximilien Luce,* Paris, G. Grès, 1928.

71. LUCE a réalisé une série de lithographies : *Mazas*. Imprimé par Taillardat, édité par André Marty, s.l.n.d.

72. Alain BESANÇON, « Un grand problème : la dissidence de la peinture russe (1860-1922) », *Annales E.S.C.*, 17e année, n° 2, mars-avril, 1962.

73. Marc LE BOT, *Francis Picabia et la crise des valeurs figuratives,* ouvrage cité, chapitre II, p. 38-63. — Milton-W. BROWN, *American painting from the Armory Show to the depression,* Princeton, Princeton University Press, 1955.

fin des années 1870, il « découvre », comme on disait, le prolétariat industriel. Il peint un tableau qu'il intitule *La fonte de l'acier.* Camille Lemonnier jugea que cette œuvre, la première, « avait signalé l'avènement d'une humanité presque insoupçonnée jusque-là dans l'art. On connaissait bien de Menzel, le maître allemand, une toile qui avait fait sensation : *L'usine* ([74]), d'une observation aiguë ; mais ici se décelait un enfer où les machines sont investies d'une puissance démoniaque en lutte avec l'effort humain, où l'homme lui-même, dans le formidable déchaînement d'un monde de fer et de feu, n'est plus que le servant passif du machinisme ». Camille Lemonnier veut distinguer Menzel et Meunier pour affirmer le rôle initiateur de ce dernier et son originalité. C'est ce qui ressort aussi d'un texte qu'il avait écrit en 1878, à propos déjà de *La fonte de l'acier,* et qu'il cite lui-même : « L'effort est si puissant qu'il engendrera peut-être enfin la peinture de l'ouvrier. Millet a raconté le paysan ; qui donc va nous raconter les mystères de l'usine, ces demi-fauves, ces parias, ces machines humaines dont les courroies de transmission sont les muscles, dont l'arbre de couche est la colonne vertébrale et qui meuvent leurs bras en guise de pistons ? » ([75]).

C'est la même doctrine que celle de Joris-Karl Huysmans. On demande à la peinture de découvrir de nouveaux « mystères », de « raconter » de nouveaux récits. Quant à la référence faite à Millet, Constantin Meunier a reconnu qu'il avait subi l'influence de ce peintre avant d'avoir vu ses œuvres — à travers l'enseignement et l'exemple de son maître de Groux. Il n'a d'ailleurs jamais cessé de peindre de nombreux tableaux à thèmes paysans. Mais cette filiation reconnue entre ce qu'on pourrait nommer le populisme de Millet et l'ouvriérisme de Meunier, prouve surtout que l'intérêt de celui-ci va exclusivement aux faits humains. L'enfer de l'usine est un des cadres pittoresques où peuvent être mis en scène les drames individuels et sociaux. L'univers du machinisme est ici considéré pour autant qu'il produit des « damnés de la terre », des « parias », des machines ou des bêtes humaines ; non pas en tant que producteur de formes nouvelles. Ce sont donc les catégories instituées pour caractériser le roman social contemporain qui ont servi aux critiques pour nommer cette sorte de faits artistiques. Constantin Meunier est dit « naturaliste » ; comme tel, il est soutenu par Octave Mirbeau dans les années 1880 ([76]). Camille Lemonnier distingue le dramatisme

74. Il s'agit sans aucun doute de : *Eisenwalzwerk* (« *Modern Cyclopen* »), peint en 1875 et exposé à Paris en 1880 sous le titre : *Le laminoir* (*les Cyclopes modernes*).

75. Camille LEMONNIER, *L'école belge de peinture* (*1830-1905*), ouvrage cité.

76. Lucien CHRISTOPHE, *Constantin Meunier,* Anvers, Sikkel, 1947.

de Constantin Meunier, du sentimentalisme humanitaire qui caractérise de Groux et il lui accorde bien plus que le don d' « observation aiguë » dont il faisait crédit à Menzel. La capacité de « notation exacte » chez Meunier va jusqu'à une vérité nue : « Ce fut l'observation d'un esprit très moderne. Nulle trace de sensiblerie dans l'ouvrier tel qu'il le peignait, héroïque et grossier, accomplissant ses périlleuses besognes sans penser à la mort qui est au bout. Il n'en eût point été ainsi chez un de Groux : la matière brute de la vie, sous le coup de pouce de l'artiste, s'altérait encore alors d'un alliage sentimental et conventionnel où la réalité perdait de son accent et de sa spontanéité. Au contraire, Meunier ne s'en rapportait qu'au témoignage âpre de ses yeux, maniait cette chair humaine avec sang-froid, assumait, au contact du peuple, une sorte d'endosmose qui l'égalait à sa vie élémentale et bourrue, dans le décor brutal et splendide de ses palais d'or et de sang. Cette tendance nouvelle manifeste l'énorme déplacement qui s'était opéré dans le sentiment de l'art et, par-dessus les captieuses déformations du réel, faisait triompher toute nue la vie. »

« Captieuses déformations » ou « incertaines abréviations », une même crainte, qu'on cherche à exorciser, hante l'ensemble de la critique contemporaine des premières productions impressionnistes ([77]). Le travail proprement formel est suspect pour autant qu'il peut saper les bases logiques d'un ordre représentatif qui tend à identifier les significations esthétiques aux valeurs morales ; pour lequel les significations artistiques ont, de ce fait, une réalité extérieure et antérieure à la pratique de l'artiste. Le jour où Camille Lemonnier cherche un illustrateur pour les ouvrages qu'il consacre au « pays noir », il monte avec Constantin Meunier sur la terrasse du château de Mons. Il lui montre ce que le peintre n'avait jamais vu, ni au cours de ses voyages ([78]), ni au musée, ni dans son atelier : un paysage entièrement transformé par les implantations industrielles, la capitale du Hainaut et sa campagne, dans la fumée des usines. Meunier se sent appelé à devenir le peintre des ouvriers. Camille Lemonnier, son mentor, son confident, son complice, cherche des formules pour témoigner de cette révélation : « Celui qui allait devenir le pensif et sensible introducteur des plèbes dans l'art à peine connaissait le pays pathétique qui devait être pour lui la cause d'une expression

77. Jacques LETHÈVE, *Impressionnistes et symbolistes devant la presse,* Paris, Armand Colin, 1959.

78. En 1882, Constantin Meunier a été envoyé en Espagne par le gouvernement belge pour copier une *Descente de croix* de Campaña. Il en revient avec *une Procession du vendredi-saint à Séville* et une *Fabrique de tabac à Séville.* C'est l'époque où la *Carmen* de Bizet (1875) a beaucoup contribué à mettre à la mode le tourisme « culturel » dans ce pays.

nouvelle d'humanité... Ce moment dans sa vie eut une gravité émouvante : il décida de sa gloire ; il ouvrit l'art à tout le peuple farouche qui attendait dans l'ombre. De sombres et puissants dessins tout à coup firent voir le grandissement qu'à travers une forme d'art pouvait prendre le labeur industriel. »

La réciproque ne fut pas vraie. La découverte de l'univers industriel n'a rien changé aux formes de l'art de Meunier. Il a peint et surtout dessiné des paysages miniers, en valeurs très contrastées. Sous la neige, le noir du charbon est plus noir. Il a fait, comme Bonhommé, une enquête sur les activités, les lieux, les outils, les attitudes. Mais s'il s'agit de peinture ou de sculpture, son *Monument au travail* ([79]), qui passe pour son chef-d'œuvre, ressortit anachroniquement à une plastique de la musculature et de la gesticulation et fait appel à des significations allégoriques. Meunier y représente symboliquement *L'Industrie, La Mine, La Mer et La Terre*. Comme pour les *Cyclopes* de Menzel, les figures de Michel-Ange font ici fonction de modèles idéaux. C'est aux mêmes modèles plastiques, transmis par le dessin académique, que renvoie la pratique de Meunier lorsqu'il fixe un moment de la vie populaire dans les corons, une attitude d'homme ou de femme au travail. Les paysages des bassins miniers sont marqués par la présence symbolique des fumées ; ce sont des compositions construites sur des oppositions fortes du clair et de l'obscur, où se retrouve le goût d'une certaine tradition romantique. Toutefois, les significations sont moins d'ordre tragique que misérabiliste. Meunier dédie le dessin d'un puddleur à Tolstoï ; Tolstoï est le défenseur des « humbles », leur porte-parole, le révolutionnaire non violent, l'homme de justice et de pitié ; c'est du moins l'interprétation qu'on donne de sa doctrine, sous l'impulsion d'Emile Verhaeren, dans le milieu artistique belge directement affronté aux problèmes sociaux de l'industrialisation. Ce qu'il y a d'enquête documentaire dans l'œuvre de Meunier est infléchi en ce sens. Contrairement à Bonhommé, lorsque Meunier peint les hommes manipulant leurs outils, c'est une image de la peine physique. Lors d'une catastrophe qui survient à La Boule, il veille à la morgue avec les familles des mineurs morts ; mais la sculpture du musée de Bruxelles intitulée *Le grisou* est une reprise formelle du motif de la *pietà*. De la même façon, pour renouveler l'allégorie, il fait porter des vêtements populaires à la figure de *La douleur*. Eclectique dans la forme, Meunier n'a jamais introduit de nouvelles significations dans l'art qu'en en modifiant le contexte de référence.

79. Réalisé à Laeken après sa mort.

C'est à un contexte analogue que se réfère en partie Maximilien Luce dans la part de son œuvre antérieure à la guerre de 1914. « Vous aimez mieux les sites du Nord que ceux du Midi, les aspects âpres de la nature que ses décors riants et la sombre Hollande que la claire Italie... Vous vous êtes complu — il y a quelques années déjà — à traduire le tumulte des pays de flamme et de charbon : les usines compactes, les hauts fourneaux aux briques calcinées, les cheminées géantes, les terrils géométriques. Vous montriez ainsi, non seulement votre application à revêtir de la parure des couleurs et des lignes, des fragments du monde que la beauté semblait bannir de son domaine, mais vous prouviez surtout quel talent âcre, puissant, farouche était le vôtre... Vous viviez parmi nous comme un ouvrier de choix qui ne veut rompre aucun des liens qui le rattachent à la foule et qui instaure dans son travail la manière plébéienne et robuste des tâcherons.

« En Hollande, d'où vous revenez avec ce beau lot d'œuvres qui rehausse votre exposition d'aujourd'hui, vous avez recherché, comme jadis au pays minier belge, tout ce qui caractérise le travail sombre. Voici : *Les travaux du port, La grue, Le remorqueur, Delfshaven, Les environs de Rotterdam,* voici les docks et les môles et les aspects tristes et brumeux de là-bas... vous avez de la vie des contrées maritimes la vision puissante de l'obstiné et violent effort moderne » (80).

Le commentaire d'Emile Verhaeren risque d'induire en erreur au moins sur un point. On ne peut dire vraiment que Luce préfère le Nord au Midi, les « aspects âpres » de la nature à ses « décors riants » ; ni surtout que cette alternative soit déterminante dans sa pratique de peintre. Il peint le Vexin avec le même outillage plastique que la Hollande, le port de Saint-Tropez de la même façon que celui de Rotterdam. D'ailleurs, cet « ouvrier de choix », comme parle Verhaeren, représente des artisans plus souvent que des prolétaires (peinture de genre ; mais aussi ses amis anarchistes se recrutent parmi les cordonniers, terrassiers, poseurs de rails, charretiers, davantage que dans les usines). Si ce que l'on peut nommer le message social de son œuvre n'est pas sans ambiguïtés, l'observation d'autres équivoques s'impose. Elles sont autant d'indices d'une des contradictions qui sont au fondement de la pratique artistique contemporaine — ses premières formulations doctrinales devant être, vingt ou trente ans plus tard, celles du futurisme italien (81) et celle de l'avant-

80. Lettre-préface d'Emile VERHAEREN à l'*Exposition Maximilien Luce.* Du lundi 19 avril au samedi 1er mai 1909, chez MM. Bernheim Jeune et Cie.

81. René JULLIAN, *Le futurisme et la peinture italienne,* Paris, Sedes, 1966, chapitres II et VI. — Maria DRUDI GAMBILLO e Teresa FIORI, *Archivi del Futurismo,* Roma, De Lucca, 1958, 2 vol.

garde russe ([82]). Cette contradiction, liée à la structure des sociétés dites industrielles ou machinistes, au statut et à la fonction de l'art dans ce type de formations sociales historiques, est celle de la pratique artistique et de la pratique politique. Elle emporte la question des rapports entre un art qui se veut révolutionnaire au sens de la politique, et une révolution de l'ordre artistique — faux problème peut-être au plan de la théorie, mais vrai problème dans le vécu de la destinée d'un artiste.

Ainsi pour Maximilien Luce : dans les années 1880-1890, il prévoyait la publication d'un album de lithographies intitulées *Les coins de Paris* — travail de paysagiste ou de peintre de genre. Mais ce sont ses prisons qu'il gravera en 1894 à Mazas ([83]), où l'ont envoyé les dessins qu'il publie dans les journaux anarchistes ([84]). C'est, d'autre part, dans le même temps qu'il se lie avec certains peintres impressionnistes et qu'il se trouve amené à exposer avec eux ([85]). Luce a connu Monet dès 1880, à l'occasion d'une exposition à *La vie moderne,* boulevard des Capucines. Il suit les travaux du groupe impressionniste aux expositions de 1881, 1882 et 1886. En 1887, au Salon des Indépendants, il expose un *Homme à sa toilette,* qui représente un ouvrier se lavant dans un coin de chambre. Le sujet est populiste. La manière, à certains égard, va dans le sens de la nouvelle peinture : Luce peint clair sur clair ; ses tons, dans les roses, les oranges et les bleus, sont proches de ceux des œuvres impressionnistes. Son tableau est remarqué par Seurat, Signac et Pissarro. Luce se lie d'amitié avec ce dernier. A son tour, il s'initie aux théories de Chevreul, à la « loi du contraste simultané des couleurs ». Il pratique la division des tons et la technique pointilliste. Mais il semble qu'il n'ait pratiqué cette technique de façon systématique que pendant un laps de temps court, entre 1888 et 1897. Par la suite, il ne la reprendra que rarement ou partiellement. Il reviendra, pour l'ensemble de son œuvre, au mélange des pigments sur la palette et donc à des tonalités souvent ternes, ainsi qu'aux traînées de couleurs étalées sur la toile. Il n'est pas douteux que Maximilien Luce se soit voulu impressionniste, en ce

82. Angelo Maria Ripellino, *Maiakovski et le théâtre russe d'avant-garde,* Paris, L'Arche, 1965. — A. V. Lounatcharsky, *Théâtre et révolution,* Paris, François Maspéro, 1971. — *Rassegna sovietica,* n° 1, janvier-mars 1969. — Cf. aussi section II, note 72.

83. Ouvrage cité, section II, note 71.

84. *Les temps nouveaux ; Le chambard ; La feuille, ; La bataille syndicaliste ;* et plus de cent dessins au *Père peinard.*

85. Luce n'a pas participé aux expositions du groupe impressionniste. Dans son *Histoire de l'impressionnisme,* ouvrage cité, John Rewald ne parle pas de lui. Il faut se reporter aux ouvrages d'Adolphe Tabarant, *Maximilien Luce,* ouvrage cité ; *La vie artistique au temps de Baudelaire,* Paris, Mercure de France, 1963.

sens qu'il s'efforça lui aussi de « rendre », comme on disait, les impressions qu'il avait subies devant la nature avec les moyens d'une palette claire. C'est d'ailleurs dans cette catégorie ou « école » qu'on l'a toujours rangé. Il est également certain qu'il a tenté de reprendre à son compte une certaine poétique de la nature, présente en effet dans l'œuvre de Claude Monet, de Renoir, de Camille Pissarro, mais en tentant d'y mêler une thématique liée, non plus aux loisirs de la petite bourgeoisie urbaine, mais à la révolution sociale. Par contre, il ne semble pas que Luce ait jamais compris que les questions de technique picturale tenaient, dans l'œuvre des impressionnistes, la place du premier plan, puisqu'il les utilise et les abandonne à l'occasion.

D'autres ont été plus clairvoyants, peut-être parce qu'ils combattaient la nouvelle peinture. Sur les bases d'une hostilité déclarée contre l'impressionnisme, J.-C. Holl a consacré une étude à Maximilien Luce, en 1912 ([86]). Il approuve que Luce soit révolté par ce qu'il nomme les « malentendus sociaux ». « Ce caractère apparaît ici et là dans son œuvre sans en être cependant la dominante ; car l'artiste ne se laisse convaincre que par les réalités desquelles il dégage un symbole ou une idée... Cette *Rue de Paris en 1871* n'indique-t-elle pas l'évolution logique de la peinture d'histoire en peinture sociale ?... Si, un jour, un *art social* doit naître, cette belle œuvre serait la source tout indiquée où les artistes devraient puiser le sens de sa conception. » Pour définir cette « évolution logique », J.-C. Holl s'appuie sur l'analyse d'un autre tableau de Maximilien Luce : « *Le samaritain* est le symbole de la charité populaire, de ce bon cœur peuple dont nous avons de si beaux exemples dans la misère des faubourgs... Mais pourquoi cette lumière factice et froide ?... Le sentiment de la scène en est diminué, amoindri par la composition de tons placés avec méthode, sans la fougue spontanée du sentiment qui poétiserait joliment l'acte de charité. » De ce passage de la réalité politique au symbolisme évangélique, J.-C. Holl conclut que Maximilien Luce possède « un sens véritablement social de la légende ». Réciproquement, son interprétation par la peinture confère au fait social une valeur légendaire : la guerre civile et les conflits sociaux eux-mêmes, dans l'œuvre de Maximilien Luce et de Constantin Meunier, viennent à prendre un caractère mythique, inactuel. Or l'un et l'autre peintre ont une pratique de plasticien sensiblement différente, principalement dans le traitement de la couleur. Mais ni le conformisme sans défaut de Meunier, ni les incursions de Luce dans la technique divisionniste ne sont liés de façon

86. J.-C. HOLL, *La jeune peinture contemporaine,* Paris, éditions de la Renaissance Contemporaine, 1912.

nécessaire aux références sociales et politiques qui sont communes à leurs œuvres. La peinture n'élabore pas ses propres significations : elle reprend à son compte des vérités auxquelles elle apporte un surplus de « sentiment ». Cette dissociation de la pensée et de l'affectivité, du contenu et de la forme, du donné sensible-intelligible et de son traitement pictural, est essentiel à la conception traditionnelle de l'art humaniste. Les contradictions de cette idéologie déterminent une première ébauche d'une problématique scientifique de l'histoire de l'art.

La temporalité de l'art.

Ce que dit avec insistance le discours qui parle d'art en cette seconde moitié du XIXe siècle, ce n'est pas d'abord par quels détours l'art atteint le lieu de la beauté ; mais quel est ce lieu, son extension, sa configuration, son peuplement — comme si depuis l'âge classique rien n'y eût changé des règles d'existence, mais tout de son implantation et de sa composition matérielles. Il dit aussi s'il faut concevoir que le domaine du beau, le domaine de l'enquête artistique, circonscrit un ensemble limité et hiérarchique d'objets, de situations, d'événements ; ou bien s'il faut faire en sorte que toutes choses — en particulier les choses actuelles de l'existence quotidienne — révèlent la part de poétique que cache la gangue de l'histoire telle qu'elle se vit au jour le jour. Et lorsque vers la fin du siècle on voit les doctrinaires s'accorder souvent à vouloir qu'on renonce aux reconstitutions des styles du passé, qu'on élabore un style du présent, c'est encore pour définir des contenus, pour dire si l'objet de l'art c'est non seulement la mode et la vie quotidienne, mais les mœurs populaires, les événements politiques, peut-être les aspects nouveaux du travail industriel. L'ordre des questions demeure inchangé sous un déplacement de surface ; inchangé et cohérent. L'évolution, qui mène du goût romantique pour l'épopée au goût naturaliste pour la « tranche de vie », ne modifie en rien le rapport d'expressivité qui subordonne, dans le procès de signification, le travail de l'art à la valeur qui est socialement attribuée aux référents des images — l'objet esthétique n'étant que le prétendu reflet du réel en un miroir fait d'une matière plus ou moins lisse et diversement orienté.

Ce dont ne peut pas ne pas parler aussi le discours qui parle d'art — mais souvent ce ne sera qu'allusivement ; en tous les cas, ce sera sans argumenter, car le style n'apporte qu'un supplément d'âme qui fait l'objet d'un pur jugement de goût — c'est de l'écriture figurative des peintres dits impressionnistes, de tous ceux qui font un usage insolite de la forme et de la couleur, qui transgressent les règles du code pictural académique. Ces nouveautés ne perturbent pourtant pas l'ordonnance du discours critique qui les a rejetées bien à l'avance, depuis toujours, dans l'inessentiel ; elles n'y figurent que comme indices de mode, jeux techniques (prouesses ou au contraire négligences), innovations affectées.

Parce qu'il n'utilise le divisionnisme que de façon épisodique, comme un procédé parmi d'autres, Maximilien Luce donne prise, à l'avance, à la condamnation du critique qui l'interroge sur la nécessité de lier une technique analytique de la couleur à des thèmes sociaux et politiques. Au contraire, les impressionnistes avaient toujours choisi des sujets qui fussent, sinon réellement, du moins dans leur intention, idéologiquement neutres. Les significations critiques que Maximilien Luce confère à ses images, ne permettent donc pas qu'on retienne en sa faveur l'interprétation par quoi l'on rend souvent compte, vers 1910, des recherches impressionnistes, disant qu'elles visent à un réalisme de l'instant lumineux. D'ailleurs, la rigueur particulière du système divisionniste, jointe à celle du procédé pointilliste, fait juger à J.-C. Holl qu'il s'agit d'un codage artificiel — en quoi il a raison — contraire à la véritable finalité de l'art. Il reproche à Maximilien Luce de manquer de cette « spontanéité surprise et conquise sur le pittoresque » qui pourrait et devrait marquer au sceau de la beauté les éléments de son enquête psychologique et sociale.

Toute la critique de J.-C. Holl, en fait, est fondée sur la valeur qu'il attribue à la spontanéité et sur la condamnation des recherches dites techniques qui tuent la sensibilité artistique. Il est conséquent avec lui-même pour autant que ses interventions, qu'elles concernent Luce ou d'autres peintres, visent à combattre la mutation artistique en cours avec l'impressionnisme. Mais spontanéité et sensibilité sont des notions qui intéressent la psychologie, non l'activité figurative. S'agissant de bloquer l'invention dans l'ordre de l'imaginaire, il faut que cette critique conservatrice occulte l'idée qu'une révolution en matière d'art ne peut se concevoir que comme invention formelle. Il est de fait que cette occultation a trouvé un complice involontaire chez un esprit moralement aussi bien intentionné que l'est Maximilien Luce. Tabarant le qualifie de naturaliste parce qu'il approuve ses partis pris politiques et son engagement polémique aux côtés des théoriciens du socialisme anarchisant. J.-C. Holl oppose à cet idéalisme social une conception de l'art comme médiateur entre la sensibilité humaine et la nature. Il tire Maximilien Luce et les impressionnistes du côté d'une idéologie naturiste, d'un autre idéalisme, celui de la réconciliation de l'homme avec son destin dans un univers sensible où l'individu aura trouvé un équilibre affectif. Les uns et les autres cherchent les conditions morales du bonheur ou de la justice sociale, non pas un art nouveau.

Du naturalisme au naturisme, on joue sur les mots. Ou plutôt on se querelle sur les lieux mythiques — la forêt de Fontainebleau ou la campagne de Charleroi — où s'enracine ce qu'on nomme la vérité de l'art, qui n'est réellement que l'idéologie sociale des artistes. On ignore l'impressionnisme authentique qui remettait en cause les règles, les procédures, les moyens de la figuration. La description indéfiniment poursuivie depuis la Renaissance des rapports vécus de la personne humaine avec ses partenaires et avec le décor et de ses actions, n'a pas cessé d'être la référence obligée de l'image, l'origine ou le fondement de son sens et la condition de sa lisibilité.

Quand la machine impose sa présence dans le champ du visible, elle est prise comme symbole d'un aspect de la réalité sociale et des conflits que cette réalité suscite. Sa représentation permet de porter des significations idéologiques différentes, opposées, variables selon les modifications de la conjoncture politique et dans la dépendance directe de celle-ci. En aucun cas, pas même chez Daumier, cette catégorie d'objets figuratifs n'est liée nécessairement à un fait stylistique radicalement nouveau. De tels objets, dans leur nouveauté, ne peuvent s'inscrire dans l'univers des images que comme les éléments de l'environnement humain toujours changeant. C'est dire que, même si elle n'est lue que pour ses significations idéologiques, la figure de la machine, comme toute catégorie de signes iconiques, n'a aucune valeur propre en dehors du système où elle apparaît. En tant qu'élément nouveau, insolite, elle n'a aucun pouvoir de changer par elle-même l'ordre systématique qui est toujours premier, logiquement et chronologiquement. Si dans le cas de l'art contemporain cette figure a été liée, au début du XXe siècle, à la définition d'un nouveau système formel au moins pour certains de ses aspects, c'est essentiellement parce qu'elle renvoyait à un type nouveau d'expériences perceptives et non pas seulement d'expériences sociales. En outre, si l'objet technique offrait des occasions en quelque façon privilégiées pour cette sorte d'expériences, c'est l'ensemble des formes récentes de la peinture qui avait entrepris de les élaborer en se référant à des domaines de la pratique sur lesquels l'emprise de la technologie et des modes de production industriels n'étaient certes pas immédiats.

Cependant, cette distinction entre l'élément idéologique et l'élément plastique, constitutifs entre autres de toute production artistique, ainsi que la considération des rapports variés qu'ils entretiennent entre eux dans une œuvre singulière, ne concernent pas seulement la théorie de l'objet figuratif. Elles impliquent certaines conséquences pour la connaissance historique. Quelque œuvre ou série d'œuvres que l'on considère, chacun de ces deux éléments apparaît toujours poussé à des degrés de développement différents, qu'on peut apprécier si l'on se rapporte respectivement à l'histoire propre des idéologies sociales et à celles des formes de la figuration plastique. Bonhommé, Menzel, Meunier, Luce, lorsqu'ils peignent l'univers de la machine, ont cette sorte de mérite que Huysmans est prêt à louer, de collaborer à l'activité idéologique du temps présent, de façon pour ainsi dire militante, mais en prenant d'ailleurs des partis plus ou moins novateurs. En tant que plasticiens, tous n'usent que de très anciennes formules, parfois teintées de modernisme, alors qu'un Daumier, un Courbet font positivement preuve d'invention dans l'un et l'autre domaine, sans pourtant jamais sortir du cercle des questions que posait au peintre la fabrication d'une image traditionnelle.

Que les premiers peintres qui aient ébranlé l'ancien système aient été les peintres impressionnistes, l'« avant-garde » de 1910 le croit. Fernand Léger écrit d'eux en 1913 : « Ils n'ont considéré la peinture que dans sa couleur, négligeant presque, dans leurs efforts, toute forme et toute ligne » ([87]). Cette prise de position critique définit un aspect de ses propres recherches. Mais c'est aussi la reconnaissance, sinon d'une filiation, du moins d'une certaine communauté d'intentions ; opinion partagée par l'ensemble de l'avant-garde. Fernand Léger précise que les impressionnistes ont libéré la peinture des sujets à connotations psychologiques et morales : dans leurs œuvres, le thème n'est qu'un prétexte à l'analyse des sensations colorées et à la recherche formelle. Il n'est donc pas venu à l'esprit des jeunes peintres de 1910 de regretter que la *Gare Saint-Lazare* de Monet n'ouvre pas sur d'autres perspectives de l'activité sociale que sur celles du loisir ; que par opposition à la thématique classique, celle des impressionnistes rattache l'art aux divertissements, selon l'idéologie de la petite bourgeoisie du XIXe siècle, et non à la religion, aux mythes et récits littéraires, à l'histoire politique. La machine semblait pourtant à Fernand Léger, au moment où il portait ce jugement, riche de tout autres possibilités. Mais lui-même et le groupe qu'il fréquentait dans les milieux du cubisme étaient capables d'observer, dans les œuvres de Claude Monet du type de ses *Gare Saint-Lazare,* comme l'irisation des fumées corrode les formes de la machine réelle pour lui substituer des formes picturales de la lumière, significatives d'une nouvelle ordonnance et d'une nouvelle qualification de l'espace. Ils avaient conscience que leurs propres travaux continuaient précisément à définir les modalités de cette même recherche. En ce sens, la plas-

87. Fernand LÉGER, « Les origines de la peinture et sa valeur représentative », *Fonctions de la peinture,* Paris, Gonthier, 1965, p. 12.

tique des impressionnistes fut d'« avant-garde », tournée vers l'avenir, bien davantage, du point de vue de la peinture, que les idéologies sociales qu'on pourrait dire progressistes de Constantin Meunier et de Maximilien Luce. C'est cette plastique qui, modifiant absolument les conditions et la finalité de l'activité figurative, rendit possibles les développements ultérieurs de l'art contemporain.

Mais dans les œuvres des impressionnistes, le rapport entre le développement de l'élément idéologique et celui de l'élément plastique présente un caractère remarquable. En dehors de tout jugement doctrinal, on constate objectivement qu'à l'égard du machinisme et des réalités sociales nouvelles en général, leur position fut faite, sinon de refus, du moins de dégagement. Cela ne fut vrai ni de l'esprit d'épopée ou de tragédie, ni postérieurement de l'esprit critique de Marcel Duchamp ou de la nouvelle apologie de la modernité des théoriciens du futurisme. Or la nature du commentaire critique au XIXe siècle montre que le rôle reconnu de la peinture était en premier lieu de porter témoignage des valeurs morales ; de fait, on voit que le conformisme académique gardait de façon beaucoup plus vigilante le secteur du symbolisme des images, où ces valeurs se lisent clairement, que celui des formes de l'expression picturale. Les peintres impressionnistes ont en quelque sorte refusé de mettre les questions de morale ou d'idéologie sociales au premier plan de la peinture ; ils leur ont substitué, à cette place, des problèmes proprement picturaux. Sur la base d'une modification d'un troisième élément constitutif de toute œuvre peinte, celui de la technique qui se renouvelle chez eux par le travail analytique de la touche, ils ont créé ce système de formes colorées où s'organise sous leurs yeux la totalité des apparences et qui définit leur style. Ce faisant, ils ont effectivement inventé — ou plutôt produit — certains des « besoins » esthétiques du nouveau public de l'art suscité par les nouvelles conditions économiques du capitalisme industriel : ils ont créé une peinture à usage pour ainsi dire privé, par le choix de leurs sujets certes, mais essentiellement parce que ce fut une peinture vouée au culte de la sensation pure, c'est-à-dire à la réflexion sur ses expériences premières et les plus subjectives. Il faut penser qu'en cette conjoncture particulière c'est en se détournant ainsi de l'histoire sociale qu'ils ont donné chance à la peinture de changer le cours de sa propre histoire. Ils ont réalisé ce que les violences de Courbet n'avaient pu réussir, faisant céder l'ancien système en frappant à son point le plus mal gardé, qui est aussi le point où les peintres seuls peuvent intervenir.

Ces observations imposent une première conséquence : le temps où s'organise le développement de l'art apparaît comme un faisceau composite. Son histoire n'est pas intelligible si l'on procède à un découpage qui suit l'apparition toujours surprenante des œuvres, des « écoles », des

« mouvements » ou « tendances », dans leur succession ou leur recouvrement chronologiques. Chaque œuvre surgit comme d'elle-même, en effet, mais au point de rencontre connaissable de déterminations temporelles différentes et articulées entre elles selon des décalages toujours caractérisés. Il y a une histoire des mythes et idéologies artistiques qui font partie intégrante de l'idéologie d'une époque en général et sont, comme elle, en liaison directe avec les changements intervenant dans les rapports sociaux, qu'ils permettent avec leur outillage propre d'enregistrer, d'assimiler, de contredire ou de reproduire au contraire sous les apparences d'une nécessité objective. Il y a une autre histoire des formes, non moins riche de significations, mais celles-là spécifiquement artistiques, où se réalise, dans la matérialité visible des œuvres, un travail d'expérimentation systématique sur la base de principes figuratifs relativement stables, modifiables cependant et pour une part inconscients. L'art est également déterminé par l'état présent de ses techniques, lié lui-même au développement des connaissances et des moyens de production des formations sociales historiques (88). Il l'est encore par les conditions économiques ou politiques qui règlent les circuits de distribution des biens de culture et déterminent en conséquence la commande sociale.

L'étude des faits reconnus socialement pour artistiques fait apparaître effectivement plusieurs catégories d'événements historiques, relatifs à l'histoire particulière de telles composantes de la totalité sociale. A strictement parler, il faut donc considérer qu'interviennent des événements historiques spécifiquement artistiques lorsque se trouvent modifiés les rapports structurels qui articulent les différentes fonctions des messages artistiques et, en conséquence, leur mode d'insertion dans des contextes idéologiques, scientifiques, politiques, techniques, économiques déterminés. Or, de telles modifications ne s'inscrivent et ne se lisent nulle part ailleurs que dans l'ordonnance formelle du champ figuratif d'œuvres singulières.

La structure des premiers ouvrages picturaux qui ont visé le contexte social de l'industrialisation, du machinisme tel qu'il se constitue au XVIIIe siècle et au XIXe siècle, demeure celle de l'image représentative classique. Ces premières images contribuent bien à introduire une novation dans le système — à la catégorie académique de la peinture d'histoire, on substitue celles de modernité ou de réalité — mais sans que son ordre structurel en soit modifié. Cet ordre est demeuré inchangé tant que les messages iconiques ont donné la prévalence, dans le procès de signifi-

88. Concernant les relations qui ont existé entre l'analyse impressionniste de la couleur par le jeu des touches et les recherches scientifiques sur la structure de la lumière, cf. Pierre FRANCASTEL, *Art et technique*, ouvrage cité, p. 145, et sq.

cation, à leur fonction référentielle ou cognitive ([89]) par quoi le sens de l'image est rapporté à son contexte objectif. A ce niveau d'analyse, rien ne change lorsque l'univers industriel prend la place de l'univers mythologique, par exemple, ou celle des paysages « composés ». La relation fondamentale qui constitue l'image est celle de la figure (absente peut-être, mais toujours virtuellement présente) au lieu : celle d'un acteur au théâtre de ses activités. Cette relation proprement théâtrale est interne à l'image dont elle rend solidaires les éléments ; mais c'est une relation identique, celle d'un spectacle, qui fonde également l'image dans ses rapports d'extériorité avec ceux que l'on nomme ses spectateurs.

L'image représentative se donne donc comme objectivité, réalisme, reprise imitative du spectacle offert par les êtres et les choses vus ou rêvés ; mais elle fonctionne réellement comme un jeu de reflets en miroirs, définissant l'acteur ou le spectateur par leur relation à l'action ou au spectacle, et réciproquement. Cette structure doublement tautologique donne, en particulier, pour une sorte de constat objectif, pour un savoir immédiatement évident, les illusions de la perception — tous les illusionnismes d'un espace imaginaire dont le trompe-l'œil serait une sorte de modèle logique. En se donnant comme représentations d'une Nature, concrète ou idéale, cette sorte d'images font apparaître que leur espace imaginaire est celui de l'illusion. De cette notion fondamentale de représentation, l'art contemporain va faire la critique dans sa propre pratique ; et les débats doctrinaires du début du XXe siècle vont lui substituer celle de création.

89. Roman Jakobson, « Linguistique et poétique », *Essais de linguistique générale,* Paris, éditions de Minuit, 1963, pp. 209-248.

III

IDEOLOGIES DE L'AVANT-GARDE

La rupture.

La culture humaniste a rapporté une part essentielle des significations et de la valeur de l'œuvre d'art à la personne de son producteur. L'importance prise par les problèmes d'attribution en histoire de l'art est liée à cette exigence de nommer tout objet esthétique du nom propre d'un artiste. Au-delà de l'existence matérielle de cet objet, de sa configuration visible et significative, cette dénomination de l'œuvre semble nécessaire pour fonder sa valeur et sa qualité. Il arrive souvent qu'on cherche moins à connaître son sens qu'à atteindre son créateur, ce personnage mythique qui serait comme l'origine absolue, la raison dernière d'un fragment de réalité. Cette conception mythologique est importée de la pensée religieuse dans l'idéologie artistique. Elle fait du peintre, non seulement le sujet absolu de sa création, mais celui qui peut légitimement revendiquer un droit de possession ou de maîtrise sur une part du domaine de la beauté.

Cette caractéristique de la culture européenne moderne, posant que tout produit artistique est pour ainsi dire grevé originellement d'un droit de propriété et de paternité, rend compte de ce que les innovations stylistiques ou thématiques figurent souvent dans l'histoire de l'art comme des complicités ou, au contraire, comme des rivalités de personnes, de groupes, de générations ; souvent aussi, comme des accords heureux ou des conflits qui opposent ou unissent l'artiste à son public. Telles de ces innovations semblent être acceptées d'emblée parce qu'elles étaient attendues, préfigurées en quelque façon par la logique de l'ordre antérieur. D'autres suscitent des réactions de défense ou de rejet ; elles sont perçues comme anormales. Ce qui implique dans l'un et l'autre cas qu'en matière d'art l'antécédent joue le rôle de la norme et qu'un écart puisse être jugé comme une atteinte à la communauté du groupe, pour autant que celle-ci est fondée sur ses traditions.

Le soupçon ou l'accusation de folie qui pèse sur l'art contemporain à ses origines, prend d'abord son sens dans ce contexte culturel général. L'art classique avait à la fois imposé un ordre qui se donnait pour stable, universel, éternel ; et il avait conçu les valeurs artistiques comme un patrimoine transmissible. Or, la rupture de l'art contemporain avec la tradition n'a pas porté sur un point particulier, mais sur l'ensemble des règles figuratives classiques. Elle a donc été aussitôt perçue comme refus d'un héritage et perversion de la beauté. Elle a doublement été jugée comme attentatoire à l'ordre esthétique et à l'ordre social établis ; elle a fait l'objet d'une condamnation morale et politique. En outre, cette rupture s'est radicalisée rapidement : en l'espace environ des cinquante années qui chevauchent à peu près également le XIXe et le XXe siècle, chacun des éléments constitutifs de la peinture traditionnelle s'est trouvé à son tour ruiné. En raison de ce double caractère, cette rupture radicale et brusque a causé une série de scandales et de violences sans précédent dans l'histoire de l'art occidental.

D'autres aspects généraux, moins immédiatement évidents parce que fondamentaux, de cette crise des valeurs figuratives ont joué pour surdéterminer cette violence. L'art contemporain n'est pas seulement apparu comme produit de la déraison parce que la rupture est intervenue dans la continuité d'un système vieux de quatre siècles. Il s'est aussi défini lui-même par opposition à une forme d'art qui revendiquait son appartenance à la pensée rationnelle, se prétendant soumise dans sa logique profonde à l'ordre de la science. L'art classique est le premier dans l'histoire qui se soit considéré lui-même comme l'aboutissement, fût-il provisoire, d'un progrès. Et surtout il a jugé que le progrès consistait en ceci : qu'une longue recherche historique avait permis l'élaboration de règles figuratives qui fussent rigoureusement fondées en nature.

Ce qui confère à l'image représentative un fondement apparemment objectif dans la nature des choses, est en effet ce lien réel, historique, qu'elle a établi avec la mathématique et l'optique scientifique. La perspective linéaire, principalement, peut être considérée comme la structure régulatrice de l'ensemble du système de la représentation classique. Or ce lien de l'image avec l'optique géométrique révèle dès son origine un caractère équivoque. Erwin Panofsky note que le traitement perspectif de l'espace de la représentation dans l'œuvre de Giotto et de Duccio, dès le XIVe siècle, est une manifestation à la fois d'empirisme et de subjectivisme. Empirisme, parce que la notion de réalité qualifie les seules choses concrètement perçues ou perceptibles par les sens ; subjectivisme, parce que la perspective fait de la surface peinte un plan de projection immatériel où n'est jamais figuré que ce qui est visible, sous des conditions toujours particulières, du point de vue d'un regard singulier. Par quoi, ajoute Panosfsky, le subjectivisme esthétique va de pair, historiquement, avec le subjectivisme religieux de Maître Eckart, par exemple, et avec le subjectivisme épistémologique de l'empirisme nominaliste (1).

De cette équivoque initiale découlent les traits constitutifs de l'espace imaginaire classique, dont la destruction sera l'entreprise commune la plus systématique de l'art contemporain, le point central même de la rupture. Les objets — les signes iconiques — qui prennent place sur la surface peinte, ne doivent plus dans l'art classique ni leur configuration propre, ni leur ordonnance et situation relatives, aux règles qui répondaient dans la peinture médiévale aux hiérarchies et aux valeurs symboliques postulées par la théologie ; ils ne sont plus empruntés à un répertoire déterminé de signes immuables ni soumis à une combinatoire abstraite. Ils acquièrent deux caractères nouveaux : l'analogie toujours plus exacte du signe iconique et de son référent devient un critère et une exigence de son pouvoir signifiant ; d'autre part, ces signes sont figurés de façon illusionniste, tels qu'un sujet agissant percevrait les objets matériels auxquels ils réfèrent, s'il les rencontrait dans l'espace de sa pratique quotidienne. Ainsi, le rapport du spectateur au spectacle de peinture, parce qu'il cesse d'équivaloir par homologie aux relations canoniques que les textes sacrés chrétiens établissaient entre le monde terrestre et le monde divin, devient un rapport moins symbolique que spatial ; il n'a de réalité que dans un acte de perception individuel, toujours unique, et jouant comme si la perception s'appliquait à un objet matériel ou prétendu susceptible de se matérialiser.

Ces présupposés impliquent que le spectateur construise un espace imaginaire de telle sorte qu'il se donne à lui-même l'illusion d'être situé à sa limite externe. Sa place y est marquée au point central des lignes de projection de la construction perspective. Le système implique nécessairement aussi que cet espace apparaisse comme soumis aux mêmes lois qui régissent la perception de l'univers physique : plus précisément, la représentation sera soumise — en droit, mais non rigoureusement en

1. Erwin PANOFSKY, *Architecture gothique et pensée scolastique,* Paris, éditions de Minuit, 1967, pp. 75-79.

fait — aux mêmes lois de l'optique qui ont permis à la science de l'âge classique de penser la structure de l'univers immédiatement visible. Erwin Panofsky montre ainsi que les seules contradictions entre espace figuré et espace physique que puisse tolérer le système de la représentation, sont celles qui concernent l'apparition d'éléments symboliques ou surnaturels (2), à quoi il faut ajouter des éléments oniriques (3).

Or, c'est bien sur ce double plan — relations spatiales entre un sujet et un objet dans le cadre d'un acte perceptif singulier et homogénéité de cet espace relationnel — que l'art contemporain va contredire de façon absolue à la tradition classique. La relation du sujet de la perception à l'objet esthétique ne sera plus faite de cette sorte de reflet en miroir par quoi une conscience individuelle se réfléchit dans l'unité du spectacle du monde — unité conçue comme objective, mais en réalité unité construite à partir du point de vue du sujet lui-même et consacrant la conscience individuelle dans l'illusion d'une unicité qu'elle s'est d'abord donnée. Ce sont les fondements mêmes de la pensée humaniste qui se trouvent ainsi ruinés. L'accusation d'irrationalité portée contre l'art contemporain repose effectivement sur ce que les images qu'il produit instituent un autre ordre de raisons s'agissant de définir le statut des images dans l'activité mentale, c'est-à-dire les rapports de l'homme au monde visible.

Ces caractéristiques de la crise ouverte par l'art contemporain sont internes à la pratique artistique ; elles ont à voir avec le travail même de l'art. Le revers de cette réalité concerne les conditions sociologiques de la rupture. La fonction sociale traditionnelle de l'art et de l'artiste est mise en cause dans la société machiniste et ce second aspect des choses est celui qui retentit le plus évidemment sur la pratique artistique parce que ses conséquences jouent au plan du vécu des artistes et de leur public.

L'histoire de la peinture classique pourrait s'écrire comme celle de son accession au rang des grandes disciplines intellectuelles. Mais à peine parut-elle avoir atteint ce rang qu'elle en fut aussitôt déchue, au moment précisément où s'instaure la civilisation industrielle. Concrètement, l'histoire de cette ascension et de cette déchéance a été débattue jusqu'en plein XVIIIe siècle, dans les termes qui avaient permis à la société médiévale de découper le champ tout entier des activités humaines en « arts

2. Erwin PANOFSKY, *Essais d'iconologie,* ouvrage cité, p. 23 et sq. — L'analyse porte sur l'apparition de l'Enfant Jésus dans *Les Rois Mages* de Rogier van der WEYDEN.

3. Par exemple, dans les fresques de Giotto en l'église haute d'Assise, le *Songe d'Innocent III.* — Cf. Emilio CECCHI, *Giotto,* Paris, Gallimard, s.d., pp. 52-55.

mécaniques » et « arts libéraux ». La dernière occasion où il est fait usage systématique de ces catégories médiévales dans une conjoncture culturelle décisive se situe à l'aube du machinisme. Diderot utilise les termes d'art et d'artiste dans des acceptions entièrement différentes selon qu'il rédige ses *Salons,* son *Traité du Beau* et son *Essai sur la peinture* (4), ou au contraire l'article « Art » de l'*Encyclopédie.* Dans le premier cas, art et artiste désignent le plasticien et son activité ; c'est leur acception toujours actuelle. Mais dans le *Dictionnaire raisonné des sciences, des arts et des métiers,* Diderot reprend l'opposition entre arts libéraux et arts mécaniques ; de plus, il introduit une opposition interne à la seconde de ces deux catégories : opposition qu'il formule en utilisant les deux notions distinctes et liées d' « arts » et de « métiers ». Les artistes, les hommes de l' « art », ce sont les « ouvriers » qui excellent dans ceux des arts mécaniques dont l'exercice réclame une grande part de réflexion ; ou bien aussi les hommes de science qui « en entendent très bien la partie pratique ». Les hommes de « métiers » sont les artisans : « ouvriers qui professent ceux d'entre les arts mécaniques qui supposent le moins d'intelligence ». On dira d'un cordonnier qu'il est un bon artisan ; d'un horloger qu'il est un grand artiste (5).

La permanence de la distinction médiévale entre arts libéraux et mécaniques recouvre donc vers la fin du XVIIIe siècle un glissement de sens. Le Moyen Age opposait l'emploi, réglé par une tradition, de procédés qui mettent en œuvre des outils et des engins, à un ensemble de savoirs. Dans cette seconde catégorie, il ne rangeait qu'une seule des activités que l'on a depuis considérées comme artistiques : la musique, à cause de cette parenté avec la mathématique qu'on lui attribuait depuis Pythagore. Quant aux arts plastiques, ils occupaient une place déterminée dans ce classement, parmi les arts mécaniques. Dans l'intitulé de l'*Encyclopédie,* le nouveau découpage des activités humaines que propose Diderot comporte, au contraire, une imprécision au sujet du plasticien ; elle est symptomatique de la difficulté que la civilisation industrielle éprouve à situer le travail de l'artiste — au sens actuel du terme — dans la hiérarchie des pratiques. D'où découlent les aspects sociaux de la crise qui a marqué l'instauration de l'art contemporain.

L'activité du plasticien se trouve décrite par Diderot dans les *Salons* et hautement valorisée comme discipline intellectuelle ; mais l'article « Art » de l'*Encyclopédie,* où Diderot rend manifeste la nécessité de réhabiliter les arts mécaniques pour provoquer le progrès technologique qu'exige

4. Denis DIDEROT, *Œuvres complètes,* Paris, Garnier, 1875-1877.
5. *Encyclopédie,* ouvrage cité, articles « artiste » et « artisan ».

l'institution du capitalisme industriel, cet article fait apparaître une lacune : « Rendons enfin aux artistes la justice qui leur est due. Les *arts libéraux* se sont assez chantés eux-mêmes ; ils pourraient employer maintenant ce qu'ils ont de voix pour célébrer les arts mécaniques. C'est aux *arts libéraux* à tirer les *arts mécaniques* de l'avilissement où le préjugé les a tenus si longtemps ; c'est à la protection des rois à les garantir d'une indigence où ils languissent encore. Les artisans se sont crus méprisables, parce qu'on les a méprisés ; apprenons-leur à mieux penser d'eux-mêmes : c'est le seul moyen d'en obtenir des productions plus parfaites. Qu'il sorte du sein des Académies quelque homme qui descende dans les ateliers, qui y recueille les phénomènes des *Arts* et qui nous les expose dans un ouvrage qui détermine les artistes à lire, les philosophes à penser utilement et les Grands à faire usage utile de leur autorité et de leurs récompenses. » ([6]).

Si l'intitulé du *Dictionnaire* énonce que le savoir encyclopédique porte sur trois domaines : les sciences, les arts — au sens qu'y reçoit ce terme de pratique manuelle réflexive — et les métiers ; si c'est bien un nouveau rapport entre théorie et pratique que Diderot cherche à instituer, il apparaît que l'art — à prendre ce mot dans son acception actuelle — n'est pas nommément inclus, ici, comme producteur de biens matériels ou de valeurs intellectuelles ; qu'il ne partage pas nommément les responsabilités dans la cité où ne figurent que trois pouvoirs : les artisans, les philosophes, les Grands. La société médiévale intégrait le plasticien dans le système des corporations comme travailleur manuel. L'âge classique en fait un intellectuel et les commentaires de Diderot sur la peinture et la sculpture montrent que lui aussi, sans doute, range les plasticiens dans cette catégorie. Mais sous une réserve, marquée dans le texte par une omission, qui donne à comprendre comment la société industrielle placera les arts plastiques, plus encore que les arts de littérature, dans un statut de marginalité. Plutôt qu'un « philosophe » de plein titre, le peintre ou le sculpteur sont des auxiliaires de la « philosophie », c'est-à-dire de l'idéologie des lumières. Diderot a toujours pensé — témoin sa querelle avec Falconet ([7]) — que le travail proprement artistique ne concerne directement ni l'organisation de l'ordre économique et politique, ni le développement de la connaissance ; il se définit par ses rapports avec la morale sociale, c'est-à-dire comme œuvrant à la préservation et à l'enrichissement du trésor accumulé par une certaine tradition de la beauté.

Cette relation d'exclusion, ou plutôt de complémentarité inessentielle,

6. *Encyclopédie,* ouvrage cité, article « Art ».
7. DIDEROT et FALCONET, *Le pour et le contre,* ouvrage cité.

entre l'art et les autres fonctions sociales, est au fondement de l'idéologie artistique dominante dans l'ensemble des sociétés industrielles. Dans ces sociétés, comme l'analyse Pierre Bourdieu, l'autonomisation économique et politique d'un champ intellectuel se traduit par une sorte de déclaration d'indépendance, sous la forme des diverses théories de l'art pour l'art dont les premières formulations datent du début du XIXe siècle. Mais cette rébellion ou cette « secession des intellectuels et des artistes... n'est sans doute que l'envers d'une exclusion et même d'une relégation » ([8]). L'autonomie relative du groupe des intellectuels — avec les bénéfices secondaires que ce groupe tire de son autonomie — est un effet de la division du travail. A ce stade de la spécialisation discriminatoire, la division du travail tend à séparer absolument travail intellectuel et travail manuel ; elle réserve la propriété des « biens symboliques » à la classe dominante, parce que la possession des signes de la distinction culturelle est nécessaire pour justifier le monopole des fonctions de décision ; mais, en conséquence, elle fait aussi que « les producteurs de biens symboliques constituent désormais une fraction (dominée) des classes dominantes » ([9]).

La marginalité sociale de l'artiste à l'intérieur même des classes dominantes, marginalité inscrite dans les lacunes du texte de Diderot, dénoncée au XIXe siècle comme une injustice sous le couvert du mythe à double face du philistin bourgeois et de l'artiste maudit, se trouve particularisée dans le cas des arts plastiques par deux catégories de conditions objectives. Les premières sont inhérentes aux modalités pratiques du travail de l'artiste plasticien : la matière, les instruments et le procès concret de sa production, la haute spécialisation de celle-ci dans ses aspects techniques, la rareté relative et, par conséquent, la cherté de ses produits, toutes ces données sont la base de la dépendance économique de l'art à l'égard des nouveaux possesseurs de la richesse et du pouvoir à l'intérieur du nouveau circuit marchand. Quant à sa dépendance idéologique, elle a aussi ses caractères propres. En tant qu'instruments de la communication sociale, les arts plastiques sont soumis à des conditions internes qui sont celles de la non-discursivité de leurs messages. Dans une culture dominée par le discours — principalement, à l'âge du machinisme, par les discours scientifique, philosophique, littéraire et politique — l'image apparaît étroitement soumise aux injonctions de l'idéologie artistique dominante, telles que les actualisent les institutions académiques et les stricts codages que celles-ci imposent aux ouvrages de peinture ; l'image semble peu apte, en regard du texte littéraire, à faire par elle-même la

8. Pierre BOURDIEU, « Disposition esthétique et compétence artistique », *Les temps modernes*, n° 295, février 1971, pp. 1350-1359.

9. *Ibidem*.

critique de cette idéologie et de ces institutions (mais l'art contemporain renversera cette situation : ses démarches analytiques prendront valeur d'une critique et d'une élaboration théorique de ses conditions d'exercice).

Cette conjoncture, à la fin du XIXe siècle, peut rendre compte de ce que les luttes antiacadémiques se soient alors placées sur le terrain de l'idéologie (celui des valeurs morales, sociales, politiques que véhicule la peinture), plus directement que sur celui des modalités spécifiques de la communication artistique. Le réalisme de Courbet marque le point aigu de ces luttes : on voit bien qu'il combat la conception de l'art la plus commune, celle qui fait de l'image peinte l'occasion d'un repli hors du monde de l'action, un prétexte utopique à la rêverie, le support de l'affectivité ; cependant, le réalisme social ne fait que substituer à l'utopie l'univers de la pratique quotidienne comme élément où se détermine en dernière instance le sens de l'œuvre, dès avant sa réalisation en image.

Ces conceptions n'ont certainement pas disparu au moment où se manifestent les premières formes de l'art contemporain. Mais celui-ci les a moins combattues pour elles-mêmes, par voie d'argumentation doctrinale, qu'il ne les a disqualifiées par sa pratique. Ses modalités d'exercice font apparaître que l'art n'est nullement la reprise, sur le registre du beau formel, de valeurs élaborées en dehors du travail de production des images et antérieurement à lui. Le romantisme, le néo-classicisme et le réalisme, dont le débat triangulaire occupe l'histoire de l'art du XIXe siècle, avaient fait porter la question d'un art moderne, adapté aux nouvelles conditions d'existence de la société machiniste, essentiellement sur le choix des « sujets » — des référents — de la représentation. Sur ce dernier point, la rupture de l'art contemporain avec la tradition est décisive. Il déporte les problèmes posés par les arts plastiques et par leur statut dans la pratique sociale en général, sur le terrain de ce que l'on en vient à nommer la peinture « pure ». Mais cette dernière notion n'est pas un avatar des théories de l'art pour l'art. Elle est l'indice d'une véritable mutation dans l'ordre de la pratique figurative. C'est à ce titre qu'elle devient comme un mot d'ordre employé par Apollinaire concurremment avec la notion d' « avant-garde » (10).

10. Guillaume APOLLINAIRE, *Les peintres cubistes, Méditations esthétiques*, Genève, Pierre Cailler, 1950.

La peinture pure.

L'intérêt prioritaire, sinon exclusif, des peintres pour les modalités formelles de la constitution d'une image ; la recherche, qui fut d'abord jugée gratuite ou vide de sens, de formes nouvelles passant par la destruction-dérision des formes traditionnelles et de leurs significations convenues ; le refus, en conséquence, que les significations d'une image se trouvent d'abord déterminées ou orientées par le choix d'un « sujet » de référence, c'est-à-dire que ces significations soient d'emblée rapportées à l'univers des représentations psychologiques, morales, légendaires, qui forment ce qu'on pourrait nommer le fonds iconographique commun d'une culture, ces caractéristiques sont les marques les plus générales de l'art qui fut qualifié d' « avant-garde », sous toutes ses formes particulières, dans les premières années du XXe siècle.

Le phénomène qui se signale de la sorte est d'une autre nature que la recherche, dès les débuts du romantisme littéraire, d'un « art pour l'art » réservé idéalement à l'artiste et à ses pairs, dont les secrets essentiels soient inaccessibles aux « bourgeois ». Les productions plastiques dont on peut estimer qu'elles relèvent d'une esthétique de l'art pour l'art, ou celles qui s'en réclament explicitement, font certainement apparaître au XIXe siècle une part d'innovations formelles. Mais aucune de ces innovations ne contredit aux normes académiques les plus générales de la représentation. Delacroix — répétant dans son *Journal* qu'il est un pur classique (11) — est le porte-parole de l'idéologie romantique commune lorsqu'il demande que l'œuvre se referme sur soi, que s'établisse une relation purement duelle entre le créateur et sa création (impliquant qu'une relation du même type s'instaure entre le spectateur privilégié et l'œuvre). Le véritable « sujet » de l'œuvre, dit-il, c'est l'artiste lui-même, ses « impressions », ses « émotions devant la nature ». Le peintre doit regarder en soi et non autour de soi (12). Une telle relation est proprement fantasmatique ; c'est à la limite une pseudo-communication où l'objet (l'image) tient pour ainsi dire la place d'un écran immatériel

11. Eugène Delacroix, *Journal,* Paris, Plon, 1960.

12. « Tous les sujets deviennent bons par le mérite de l'auteur. Oh ! jeune artiste, tu attends un sujet ? Tout est sujet, le sujet, c'est toi-même, ce sont tes impressions, tes émotions devant la nature. C'est en toi qu'il faut regarder et non autour de toi » (Eugène Delacroix, *Œuvres littéraires,* Paris, Grès, 1923, vol. I, p. 76). Cité par Pierre Bourdieu, *ibidem.*

sur quoi se projette la personnalité de l'artiste ou de celui qui peut s'identifier à lui. Cependant, si la communication s'établit — ne soit-elle ouverte qu'à un nombre infime de privilégiés — c'est toujours essentiellement en liaison avec une certaine thématique propre au peintre. L'univers imaginaire de Delacroix — « ... lac de sang hanté des mauvais anges... » (13) — est partiellement censuré par la critique du XIXe siècle, il est dans son ensemble difficilement accepté en raison de ses violences obsessionnelles. Delacroix finit pourtant par imposer sa vision des choses ; il la fait reconnaître et se fait reconnaître par l'Académie. Sa mythologie, dans ce qu'elle a de plus personnel, communique avec l'ensemble des mythes du temps. L'artiste visionnaire, séparé de la foule, a au moins une fonction prophétique. Il intervient effectivement — de loin, de haut — dans la formation de l'imaginaire collectif par quoi une société (dans sa totalité, virtuellement) prend une certaine conscience de soi.

Quant aux recherches formelles qu'implique un art pour l'artiste et pour les privilégiés de l'art, si Delacroix s'inquiète dans son *Journal* de ce qui se trouve obscurément signifié par certains effets de la couleur au stade de l'esquisse, au moment où le « sujet » de la représentation est pour le peintre moins significatif que l'ébauche globale des rapports formels et que les traits pour ainsi dire spontanés de l'écriture plastique, cet ordre de questions ne sera repris de façon systématique, théoriquement (14) et pratiquement, que par les peintres nommés plus tard « néo-impressionnistes » (15). Ce sera le moment d'une inversion de la démarche traditionnelle, celle qui va de la saisie globale d'un ensemble légendaire à l'observation détaillée des traits figuratifs ; de l'interprétation générale du sujet de la représentation à l'analyse du travail pictural dans sa matérialité.

Ce moment où les expériences formelles de l'art contemporain deviennent assez cohérentes pour donner lieu à une élaboration théorique de la part des peintres eux-mêmes, est précisément celui des réactions les plus violentes de la critique et du public. La dérision, l'insulte, la condamnation par campagnes de presse et même, en 1911, une interpellation au parlement visant à provoquer la répression policière, ces violences présentent au moins deux traits, d'ailleurs complémentaires, qu'on n'observait pas au temps des querelles du néo-classicisme, du romantisme, du réalisme, même lorsque les altercations prenaient un tour politique et qu'intervenait éventuellement le pouvoir d'Etat, comme ce fut le cas en

13. Charles BAUDELAIRE, « Les phares », *Œuvres complètes. Les fleurs du mal*, ouvrage cité, p. 89.

14. Paul SIGNAC, *D'Eugène Delacroix au néo-impressionnisme*, ouvrage cité.

15. Marc LE BOT, « Delacroix et la tradition », article cité.

particulier sous le second empire. La critique d'art, dans sa presque totalité, a d'abord condamné en bloc ces premières œuvres où se découvrent quelques-uns des aspects essentiels de l'art contemporain. Contrairement à sa pratique habituelle, à la fin du XIXe siècle, elle ne cherche pas à y relever une somme plus ou moins grande de « fautes » contre le « goût » ou contre les « règles ». Elle isole ce groupe d'œuvres, du reste de la production artistique d'actualité. Elle les rejette globalement et reconnaît ainsi de façon implicite que ses critères ne leur sont pas applicables. Elle cesse donc d'être une critique plus ou moins compréhensive ; elle devient une censure qui mêle les considérations esthétiques, morales et politiques.

De ce fait, elle est peu discriminatoire. Elle reprend les mêmes arguments généraux, elle adopte la même attitude de rejet sans examen à l'égard des formes les plus différentes de l'art contemporain. Elle contribue de la sorte à faire apparaître en négatif ce que des recherches diverses, disparates à certains égard, avaient de fonds commun. Par ses refus inconsidérés, elle est comme l'envers des conduites artistiques propres à ce qui devait bientôt se vouloir une « antitradition » (16) systématique, celle de l'art d'avant-garde dont on dira aussi, plus tard, qu'il institua une « tradition du nouveau » (17). Ainsi les peintres impressionnistes, les fauves, les cubistes ont été les premiers groupes d'artistes à recevoir une dénomination par dérision. Mais ces qualificatifs qui leur avaient été appliqués comme des marques de refus, tous les revendiquèrent par une réaction identique comme leur nom propre. En 1916, Dada se nommera lui-même d'un nom dérisoire, dont André Gide dira qu'il est un « insignifiant absolu » (18). Ce double mouvement de violence et de défi est l'indice que la rupture avec la tradition n'est pas cette fois une querelle de personnes ou de générations, qu'elle ne renvoie pas à un changement de « style », au sens d'un changement de goût ou de manière.

Plus fondamentalement, cette crise ouverte par l'art contemporain intervient au moment d'un bouleversement des conditions matérielles — des bases économiques et institutionnelles — de son existence. Relativement à l'économie de la production des biens matériels, ce bouleversement s'effectue avec un retard dû à la permanence des structures

16. Le manifeste de *L'anti-tradition futuriste,* à cause de son titre, peut faire repère chronologique. Il est daté par Guillaume APOLLINAIRE du 30 juin 1913.

17. Harold ROSENBERG, *La tradition du nouveau,* Paris, éditions de Minuit, 1962.

18. André GIDE, « Dada », *La nouvelle revue française,* 7e année, n° 79, nouvelle série, 1er avril 1920.

traditionnelles dans un type d'activité qui fut caractérisé, pendant l'âge classique, par sa fonction idéologique de conservation, de généralisation, de reproduction des rapports sociaux existants, très précisément par la mise en œuvre des valeurs morales, religieuses et politiques inhérentes à l'idéalisme humaniste.

Ces bouleversements sont d'abord perceptibles dans des débats qui portent précisément sur le statut social de la pratique artistique. Ils portent sur les rapports de l'art et de la vie quotidienne ou publique dans une société urbaine et machiniste ; sur le rapport de chacun des arts avec les autres arts dans la perspective d'un art « total », c'est-à-dire d'un art qui participe de tous les aspects de la pratique humaine ; sur les traits spécifiques d'une activité artistique que l'on dit « pure », parce qu'on veut la concevoir comme un mode majeur et autonome de la communication.

Ces débats sont très généraux. Ils s'expriment d'abord avec le plus de rigueur dans les revues littéraires ([19]). C'est là que l'on trouve les démarches critiques les plus élaborées, concernant à la fois chacune des pratiques artistiques spécifiées et leurs liaisons réciproques dans la perspective que l'on a dite d'un art « total », assumant globalement une fonction sociale particulière. Il est vrai que cette dernière idéologie a pris sa forme moderne, en France, avec le mouvement wagnérien et que les deux pôles artistiques majeurs ont été longtemps, pour la plupart des théoriciens, « la musique et les lettres » ([20]). Ce n'est que vers la fin de la première guerre mondiale, avec les doctrines de De Stijl, principalement, avec celles de Mondrian, puis avec celles du Bauhaus ([21]), que l'architecture apparaîtra à son tour comme le lieu possible d'un art total, c'est-à-dire d'un art capable, en l'occurrence, de modeler non seulement l'environnement social dans ses structures spatiales, mais aussi, en conséquence, la vie quotidienne des individus et des groupes.

19. Michel DÉCAUDIN, *La crise des valeurs symbolistes,* ouvrage cité.

20. *Revue wagnérienne,* fondée par Edouard DUJARDIN, 1885-1888. — Stéphane MALLARMÉ, « La musique et les lettres », *Œuvres complètes,* Paris, Bibliothèque de la Pléiade, 1945, p. 635 et sq.

21. *De Stijl,* tome I : 1917-1920 ; tome II : 1921-1932, complete reprint, Amsterdam, Athenaum ; den Haag, Bert Bakker ; Amsterdam, Polak and Gennep, 1968. — Les principaux textes des théoriciens de De Stijl, en particulier ceux de Mondrian et de van Doesburg, ont été traduits du néerlandais dans Hans L. C. JAFFÉ, *De Stijl,* Londres, Thames and Hudson, 1970. — Pour Mondrian et van Doesburg, cf. aussi les notes 93 et 112 de la section III-6. — Pour le Bauhaus, l'ouvrage de base est celui de Hans M. WINGLER, *The Bauhaus. 1919-1933, Weimar, Dessau, Berlin,* Cambridge, Harvard, University Press, 1968, — Cf. aussi *Bauhaus,* catalogue de l'exposition du Musée National d'Art Moderne et du Musée d'Art Moderne de la ville de Paris, Paris, Réunion des Musées Nationaux, 1969.

Vers 1922-1925, S. M. Eisenstein et les jeunes réalisateurs soviétiques soutiendront des thèses analogues sur le rôle totalisateur du cinéma ([22]).

Mais au tout début du XXe siècle, le rôle des arts plastiques dans le renouveau artistique, perçu comme un fait global, n'apparaît pas — au plan des doctrines — comme décisif en quelque façon. Cela est particulièrement vrai de la peinture. Bien que les journaux quotidiens consacrent des pages très nombreuses aux « Beaux-Arts », il n'existe d'ailleurs pas à cette époque, pour les arts plastiques, de publications spécialisées dont la conception et la diffusion permettent l'ouverture de débats comparables par leur portée et leur généralité à ceux qui se mènent dans les revues de littérature. Toutefois, ce mélange des domaines est par soi un signe de ce que le groupe social constitué par les écrivains, les musiciens, les artistes plasticiens, a pris conscience de cette nouvelle cohésion et de cette autonomie relative qu'il a réellement acquises au cours du XIXe siècle, dans le cadre de la transformation politique de la société machiniste. Ce groupe, revendiquant son unité et définissant des intérêts communs, soient-ils surtout formulés au plan d'une idéologie commune, prend acte aussi, du fait même de cette revendication, de ce que cette autonomie n'est effectivement que l'envers d'une relégation sociale dont la réalité s'inscrit d'abord dans son statut économique.

La révolution politique de 1789 avait prétendu laïciser et démocratiser la culture. L'Eglise en tant qu'appareil d'Etat et le pouvoir politique lui-même abandonnent alors une part de leurs moyens d'intervention directe dans la production des biens culturels. Mais c'est au bénéfice des agents économiques d'un nouveau circuit qu'il faut rendre homologue à celui qui se trouve constitué pour commercialiser les produits industriels de série, dans un système économique fondé sur la productivité. L'institution d'un « marché » de l'art, privé, concurrentiel, spéculatif, répond à cette contrainte généralisée du système. L'ensemble des agents culturels vont se trouver solidairement liés par leurs connivences et par leurs rivalités à l'intérieur d'un ensemble dont la structure et l'existence même sont matériellement fondées sur l'organisation de ce nouveau marché. En prenant en mains le pouvoir d'Etat, le capitalisme industriel n'a libéré l'art de la tutelle politique et religieuse directe que pour le soumettre économiquement à l'entreprise privée dans le cadre des galeries et des collections.

De ce fait, les produits de l'art deviennent aussi des marchandises. En tant qu'ils sont pris dans le circuit marchand, abstraction est faite de

22. Sergei EISENSTEIN, *Film form and the film sense,* New York, Meridian Books, 1957. — Cf. Georges SADOUL, *Histoire du cinéma mondial, des origines à nos jours,* Paris, Flammarion, 1966.

leur valeur symbolique. Car l'objet esthétique a valeur de symbole, au sens le plus large de ce terme, pour autant qu'il fonde un certain type de relations sensibles entre les membres d'un groupe social. Il est alors cet objet où se signifie et s'accomplit symboliquement un désir de communication, au plan des relations spatiales au monde et à autrui. Il est marchandise lorsque le système en fait un objet défini par sa seule valeur d'échange, substituable à tout autre objet d'un prix équivalent. Il devient alors un objet par soi insignifiant ; il n'est plus rien, puisque la marchandise ne se définit que comme élément indifférencié, soumis à une logique qui reconduit toute valeur à la valeur abstraite de l'argent : personne ne se trouve impliqué dans une relation concrète au monde et aux autres, par la possession et la manipulation d'une marchandise.

Du statut d'objet symbolique au statut d'objet marchand, le processus d'abstraction auquel se trouve soumis le produit de l'art, lui fait perdre sa réalité concrète à la fois comme produit d'un travail et comme signe plus ou moins transparent des rapports sociaux dans une relation de groupe. Ce déplacement affecte la nature même et la fonctionnalité de l'objet esthétique. Dans les années 1910, la critique d'art a formulé la notion d'une beauté « abstraite ». Ce terme ne permet pas seulement de repérer un détour stratégique de la pratique artistique d'avant-garde, détour qui vise à instaurer une nouvelle fonction sociale de l'art qu'il faudra définir. Il faut aussi le prendre au pied de la lettre. Il est — cette fois du point de vue de l'artiste — l'indice certain d'une frustration : le rapport nouveau du plasticien au produit de son travail et au champ social de son activité n'est qu'une émancipation formelle. Par cette purification de l'art « pur » — cette « abstraction », cette coupure qui tend à séparer absolument l'art du travail, à le priver de son efficacité concrète dans la transformation des rapports sociaux — on prétend que l'artiste échappe aux pressions idéologiques des commanditaires et des acheteurs traditionnels. Il est censé acquérir une entière liberté de décision — de « création » — à l'intérieur du pur domaine des significations esthétiques.

Liberté, elle aussi, tout abstraite. Et pourtant, il est d'une importance décisive dans l'histoire de l'art que la créativité artistique ait été ainsi « libérée » par l'autonomisation de son champ d'exercice et par son dégagement des contraintes idéologiques directes. C'est la condition de possibilité essentielle de l'institution d'un art dit d'avant-garde, d'une peinture prétendue pure. Cette libération et cette abstraction sont en effet comparables à celles de la force de travail du prolétaire dans la production des biens matériels. Comme la force de travail, la force productive de l'art « libéré » n'échappe nullement à l'exploitation économique et à la sujétion idéologique dans le cadre du marché de l'art.

Mais elle dispose, du fait de son autonomie, d'une possibilité, nouvelle dans l'histoire, de contester l'ordre esthétique établi, au même titre que l'existence du prolétariat comme classe sociale « autonome » introduit la société machiniste dans un nouveau type de contradictions et de conflits. Effectivement, c'est au moment exact où s'institue le système des galeries qu'est posée avec violence la question réellement vitale pour l'artiste de son inexistence sociale, de la perte de tout statut stable dans la communauté ; qu'il devient urgent pour lui de se rétablir, par d'autres moyens et détours, comme producteur de significations spécifiques dans l'abstraction de rapports sociaux capables de réduire l'objet le plus sensible à sa seule valeur d'échange économique.

C'est ce déplacement dans l'économie du système qu'interprètent, sur un mode polémique d'une rare acuité dans l'histoire, les nouvelles idéologies de l'art dit d'avant-garde. Pratiquement, la réduction des productions artistiques à leur valeur d'échange, dans le système lié de la marchandise et de la fabrication machiniste en série, prive même l'artiste contemporain des bénéfices secondaires de prestige aristocratique que l'artiste romantique tirait de sa marginalité. De ce point de vue, la perte de pouvoir des académies et des jurys officiels, tout-puissants dans les Salons et dont dépendaient de façon décisive la réputation et la vente des œuvres ([23]), n'est pas un succès sans contrepartie des luttes proprement sociales qui visaient à libérer les peintres de la tutelle des pouvoirs institutionnels d'Etat — luttes menées, en effet, sous le mot d'ordre généralisé de la création de salons « indépendants », c'est-à-dire « sans prix ni jurys ». C'est la ruine d'une institution qui n'offrait pas seulement à ses membres une carrière d'honneurs. Elle pourvoyait aussi aux besoins de tous ceux qui acceptaient, à un degré quelconque, de jouer son jeu ; elle les protégeait dans le cadre d'une certaine solidarité de groupe. Désormais, le jeu sera celui de la concurrence nue, sans autre règle ni loi, fondamentalement, que celles de la spéculation marchande.

23. Le « Salon des refusés », première faille dans le système, eut lieu en 1863. Le « Salon des indépendants » est institué en 1884. Aux Etats-Unis d'Amérique, la situation est à cet égard retardataire : l'Armory Show, en 1913, sera la première victoire des peintres « indépendants » — décisive il est vrai — contre l'emprise absolue des *Académies of Design* locales. En Russie, avant et après la révolution soviétique, le problème s'est posé dans les mêmes termes. En 1918, Gan, Morgounov, Malévitch signent un manifeste où ils procèdent à une double et même condamnation : celle du rôle discriminatoire joué par l'Union des Artistes Russes et même par le groupe des peintres Ambulants ; celle du rôle identique joué par Benois (dont la peinture académique ressortissait au réalisme social né de la tradition des Ambulants) à la tête du Conseil des Artistes de Petrograd (Kasimir MALEVITCH, *Essays on art,* Copenhague, Borgen, 1968, tome I, pp. 49-50).

Le mythe de l'artiste maudit est alors abandonné — variante du mythe de l'enfant prodigue qui peut un jour rentrer chez soi. A l'origine de l'art contemporain, les artistes refusent d'avoir à choisir entre le statut de gloire académique et celui de génie plus ou moins suicidaire. Au sentiment vague d'une marginalité malheureuse se substitue une stratégie de l'agressivité. En répondant à l'ostracisme par la provocation, les initiateurs de l'art contemporain n'obéissent pas à des motivations qu'on pourrait dire névrotiques. En tant que groupe, ils déplacent le champ des luttes idéologiques : au lieu de refuser le monde moderne et de concevoir l'art comme le refuge de la subjectivité, ils vont prétendre qu'ils se situent à son « avant-garde ». C'est-à-dire qu'ils refusent que l'art demeure ce non-lieu idéal, séparé des pratiques sociales positives, qu'avait voulu circonscrire le XIXe siècle. L'art « pur » conçu par l'ensemble des mouvements artistiques qui se réclament de l'avant-garde, n'est jamais idéologiquement neutre, pas même lorsqu'il semble ne se qualifier que par les recherches les plus ésotériques. Sa « pureté » caractérise en fait les modalités de son action et désigne le lieu stratégique où celle-ci entend s'exercer au sein du corps social. Ce qui ne paraît être que recherches purement formelles se définit toujours par une opposition de fait (consciente et explicite ou non, toujours marquée par les conflits aigus que l'on a dits, qu'ils soient ou non délibérément provoqués) à la tradition figurative dans ses implications morales et sociales. Souvent (surtout si l'on considère que la neutralité idéologique de certains artistes ou groupes d'artistes ne va pas sans l'acceptation des thèses formulées par l'ensemble des doctrinaires qui les soutiennent, en caractérisant leur action comme celle d'une avant-garde offensive) cette avant-garde se trouve doublement impliquée, au plan de la doctrine, dans le système social du machinisme : à la fois par son insertion active dans le champ des luttes politiques et par la revendication que la production artistique soit réellement liée à la production industrielle. Ces deux aspects des choses — l'art comme force politique et comme activité productive de l'âge machiniste — sont indissociables.

Avant-garde et politique. Le futurisme.

En-deçà de son origine militaire, le terme d' « avant-garde » est précisément emprunté par la critique d'art au discours de la politique. Celui-ci en fait un usage constant, dès l'époque révolutionnaire qui marque la fin du XVIIIe siècle, avec des intentions d'ailleurs diverses et mêmes opposées (24). Ce transfert, qui fait passer le terme du vocabulaire militaire au politique puis à l'artistique, est l'indice que l'art — la « culture » en général — est conçu comme une force réelle agissant dans le processus de transformations des rapports sociaux. Mais surtout, les connotations offensives de la métaphore marquent que l'art est un domaine dont la possession et l'ordonnance interne sont désormais contestées ; qu'il est un élément dont la fonction dans le système social est devenue problématique. Il fait question quant à la place qu'il tient nécessairement dans toute conception de l'Etat, programmatique ou utopique, et dans l'exercice du pouvoir. La preuve en est, antérieurement à l'usage du terme d'avant-garde, dans le fait que les théoriciens de la politique et de l'économie ont été les premiers, au cours du XIXe siècle, à discuter la fonction sociale de l'art dans la société machiniste. Les économistes : ils demandent quel est le rôle de l'art dans la conception et la production des objets utilitaires industriels ; s'il faut l'exclure de ces processus ou bien l'y intégrer, et comment le faire (25). Les politiques : ce sont principalement — à cause du caractère radical de leur critique — des théoriciens comme Karl Marx, Proudhon (26) et, en général, ceux qui ont examiné dans les perspectives d'un socialisme « scientifique » ou « utopique » le statut de fait qui est celui de l'art dans la société capitaliste et son statut de droit dans une société qui aurait accompli une révolution de l'ordre social.

Ces premiers théoriciens n'ont pas eu à prendre en considération les modifications apportées aux termes du débat par l'art dit d'avant-garde, qu'ils n'ont pas connu. La reprise de cette notion dans les polémiques artistiques ne semble pas antérieure à 1910. Le terme se fixe en France dans les chroniques que Guillaume Apollinaire consacre à la peinture depuis 1902 (27) et surtout dans ses *Méditations esthétiques* publiées en 1913 (28). Il est également, au même moment en Italie, un des mots-clefs des manifestes futuristes (29). L'usage de ce terme signale que les artistes

24. Cent cinq titres de publications politiques régulières (journaux et revues), comportant le terme d' « avant-garde », ont été recensés par Robert ESTIVALS, Jean-Charles GAUDY et Gabrielle VERGEZ, « *L'avant-garde* », Paris, Bibliothèque Nationale, 1968.

25. Cf. sections I-7 et II-4.

26. Karl MARX et Friedrich ENGELS, *Sur la littérature et l'art*, Paris, Editions Sociales, 1954. — Pierre-Joseph PROUDHON, *Du principe de l'art et de sa destination sociale*, ouvrage cité.

27. Guillaume APOLLINAIRE, *Chroniques d'art (1902-1918)*, Paris, Gallimard, 1960.

28. Guillaume APOLLINAIRE, *Les peintres cubistes, Méditations esthétiques*, ouvrage cité.

29. *Archivi del futurismo*, ouvrage cité.

et les critiques ont pris conscience, avec un décalage temporel de la théorie sur la pratique, du caractère radical de la crise généralisée des valeurs figuratives, introduite par la peinture impressionniste (30). C'est en effet dans le temps où s'institue la IIIe République, au moment surtout où éclate l'affaire Dreyfus et où les groupes anarchistes deviennent très actifs, que commence de s'établir, en France, une liaison réelle entre les idéologies de la révolution artistique et celle de la politique révolutionnaire.

En un premier temps, des peintres qui se réclamaient de l'impressionnisme, ou plus généralement de l'art « indépendant » (31), avaient participé aux mouvements anarchistes ; mais, au plan de la pratique artistique, ces peintres n'ont été liés aux groupements politiques qu'à l'occasion des illustrations caricaturales qu'ils donnaient à certains journaux. Il semble qu'en aucun cas leur pratique artistique, pour novatrice ou « révolutionnaire » qu'elle fût réellement, n'ait été considérée par eux comme un élément susceptible de coopérer en tant que tel à une entreprise de révolution sociale, sinon par le choix de certains sujets, comme Courbet et Millet en avaient donné l'exemple (32).

Un autre type de partis pris semble aller plus droit à l'essentiel. Il s'agit de doctrines, très différentes les unes des autres, qui ont en commun de lier pour la première fois dans l'histoire, en se plaçant d'emblée du point de vue de l'art et non du point de vue de la théorie politique, les problèmes spécifiques de l'ordre esthétique et ceux de l'ordre social. D'une part, un nouveau « néo-classicisme », sous l'impulsion de théoriciens comme Charles Maurras, va dans le sens d'un rétablissement de l'ordre artistique, considéré comme menaçé par toutes les formes d'art « symboliste » ou « décadent », de la même façon que l'Etat est en proie à la subversion socialiste et anarchiste ; sa marque est constamment repérable dans la critique d'art des journaux et revues qui demande le retour à la tradition nationale de l'école de Barbizon, de Corot, de Claude Lorrain, de Nicolas Poussin, pour vilipender Cézanne (33 et 34). A l'autre

30. C'est l'opinion même des artistes de l'avant-garde cubiste. Cf. Fernand LÉGER, « Les origines de la peinture et sa valeur représentative », *Fonctions de la peinture,* ouvrage cité, pp. 11-19.

31. Les peintres réunis autour de Claude Monet à l'occasion de leur première exposition de groupe avaient choisi de se nommer eux-mêmes « indépendants », avant qu'un journaliste, Louis Leroy, ne les qualifie d' « impressionnistes ». Il s'agit d'indépendance par rapport à l'institution académique. Cf. John REWALD, *Histoire de l'impressionnisme,* ouvrage cité.

32. Adolphe TABARANT, *La vie artistique au temps de Baudelaire,* ouvrage cité. — Philippe JONES, *La presse satirique entre 1860 et 1890,* Paris, Institut Français de Presse, 1966.

33. Marc LE BOT, *Francis Picabia et la crise des valeurs figuratives,* ouvrage cité, ch. I.

extrême, certains engagent l'art à tracer les voies plus ou moins utopiques d'une société, sinon sans classes, du moins communautaire et « sociale ». C'est d'abord le cas, en France, de l'unanimisme ([34]), des courants de pensée qui s'expriment dans *L'Effort* (puis *L'Effort libre*), *Feuilles de mai, Cahiers d'aujourd'hui, les horizons* ([35]). Mais ces tendances idéologiques ne sont liées à l'art d'avant-garde que négativement : elles reflètent la méfiance des politiques devant les premières recherches insolites de l'art contemporain soupçonné d'irrationalisme.

La situation est analogue en Russie dès la fin du XIXe siècle ([36]), avant que ne s'y manifestent les formes d'art qui se réclameront du futurisme. La liaison entre art et politique est principalement le fait des peintres « ambulants », dont l'idéologie est proche de celle de Tolstoï ([37]). Aux Etats-Unis d'Amérique, en Hollande, en Italie, en Allemagne — les autres principaux foyers de l'art d'avant-garde — cet aspect proprement politique des choses n'apparaît pas avant les années 1909-1914, c'est-à-dire avant les grands scandales causés par l'apparition de l'art contemporain.

Dans les faits, la politisation de l'activité artistique n'aura un caractère systématique et n'apparaîtra au tout premier plan des préoccupations des artistes qu'en Italie et en Union Soviétique. Ces deux cas sont exemplaires par leur radicalisme et aussi parce qu'ils se situent à deux extrêmes opposés. Les prises de position politiques propres aux autres doctrines artistiques qui se font jour dans la culture occidentale pendant le même temps, peuvent être reconduites à ces deux modèles. Ce n'est pas un hasard : l'Italie vient à peine de réaliser son unité nationale (1870) ; l'Union Soviétique vit une première phase très caractérisée de sa révolution, celle qui coïncide avec les années où Lénine détint le pouvoir (1917-1924). Dans l'un et l'autre cas, les diverses composantes de l'activité sociale sont souvent jugées en fonction de critères politiques.

34. Michel DÉCAUDIN, *La crise des valeurs symbolistes,* ouvrage cité, cinquième partie, ch. III.

35. *L'effort,* directeur Jean-Richard Bloch, octobre 1911, Nevers ; devient *L'effort libre,* avril-septembre 1912. — *Feuilles de mai, Art, poésie, mouvement social,* novembre 1912-mars 1914, Nevers. — *Les cahiers d'aujourd'hui,* directeur Georges Besson, octobre 1912-avril 1914, Paris (repris en 1920-1924). — *Les horizons,* directeur Marcel Millet, novembre 1912-mars, juin 1913.

36. Camilla GRAY, *L'avant-garde russe dans l'art moderne, 1863-1922,* Paris, La cité des Arts, 1969. — Alain BESANÇON, « Un grand problème : la dissidence de la peinture russe », article cité.

37. En 1863, treize peintres ont rompu avec la toute-puissante Académie. C'est de leur part une sorte de suicide économique. Ils tentent d'échapper à l'étouffement en parcourant les villes et les villages dans le but de se créer un nouveau public. Ils montrent des œuvres dont les sujets reprennent les thèmes de l'idéologie nationaliste et populiste élaborée par divers courants de l'opposition politique au régime tzariste.

Les initiatives des futuristes donnent à l'Italie une priorité chronologique. La chronologie de ces initiatives fait apparaître, en outre, que l'établissement d'un lien direct entre art d'avant-garde et politique n'est pas surajouté à la doctrine futuriste mais qu'il lui est essentiel, pour autant que cette doctrine est définie à son origine par Marinetti. Les auteurs des *Archivi del Futurismo* ([38]) ont classé les différents « Ecrits théoriques et documents » qu'ils publient, en plusieurs catégories. Ce classement montre que les deux premiers des cinq « manifestes politiques » du futurisme sont publiés par Marinetti en 1909 et 1911. Ils sont donc exactement contemporains des « manifestes de caractère général » qui paraissent entre 1909 et 1913 et sont signés par Marinetti, Boccioni, Carrà, Russolo, Mac Demarle, Apollinaire, Prampolini. Le troisième des manifestes politiques date de 1915 ; il est l'œuvre collective de Marinetti, Boccioni, Russolo, Sant'Elia, Sironi, Piatti et vaut pour approbation, par le groupe, des idées fondamentales de leur chef de file. Les deux derniers (1915-1918 et 1920) sont de nouveau signés par le seul Marinetti.

L'énoncé chronologique fait donc apparaître aussi que Marinetti est la principale tête politique du mouvement. C'est lui qui postule d'entrée de jeu et avec insistance que la révolution politique et l'institution d'une esthétique considérée comme révolutionnaire par rapport à la tradition figurative, sont nécessairement liées. Cependant, les « manifestes des arts figuratifs » ([39]), si leurs exposés sont plus techniques que politiques, ne manquent jamais pour leur part d'analyser les conséquences proprement artistiques de ce postulat.

Le premier des manifestes politiques du futurisme est un texte très bref, publié à l'occasion des élections générales de 1909. Mais il contient déjà, en quelques lignes, les thèmes essentiels dont les publications postérieures développeront certaines incidences : le futurisme est essentiellement nationaliste, anticlérical et belliciste — ce dont peut rendre compte l'histoire récente de l'Italie engagée dans des luttes armées, notamment contre le pouvoir temporel du Pape, pour la conquête de l'unité et de l'indépendance nationales. Les mêmes circonstances historiques peuvent aussi rendre compte de ce que le futurisme fut raciste et partisan d'un Etat fort, prétendu technocratique, fonctionnant éventuellement sans parlement. Le contexte politique conduirait à qualifier anachroniquement cette conception de dictatoriale et de fasciste : le second manifeste (1911) proclame qu'en tout état de cause « le mot ITALIE doit

38. Ouvrage cité.

39. Les auteurs des *Archivi* classent également sous cette catégorie les textes qui concernent le théâtre, le cinéma et la musique. Ils en sont justifiés dans la mesure où les artistes plasticiens ont été, avec Marinetti, les protagonistes du futurisme.

l'emporter sur le mot LIBERTÉ » (40). Vont de pair avec ces idées directrices : l'apologie de la violence et le goût du danger ; le mépris de la femme ; le puritanisme ; l'éloge de la guerre comme unique morale, comme unique hygiène sociale, comme unique moteur du progrès ; l'exaltation du génie italien destiné à imposer sa loi au monde, à le dominer politiquement ; celle aussi du génie individuel, en particulier de l'artiste créateur ; enfin la nécessité proclamée d'industrialiser et de moderniser la production économique — la nécessité, en conséquence, de valoriser la vie urbaine mécanisée.

C'est ce dernier point — la recherche de la modernité dans toutes les pratiques sociales — qui fait le mieux apparaître la communauté d'essence du « Parti politique futuriste » et du « Mouvement artistique futuriste », bien que ces deux entités aient été conçues comme nécessairement distinctes. C'est que « le mouvement artistique futuriste, avant-garde de la sensibilité artistique italienne, est toujours nécessairement en avance sur la sensibilité du peuple » et sera donc toujours relativement incompris. « Le parti politique futuriste, au contraire, comprend les besoins du présent et interprète exactement la conscience de la race tout entière » (41). Mais la distinction entre ces deux registres de l'action n'exclut nullement qu'ils communiquent, cette communication soit-elle difficile. La question du statut social de l'artiste et celle, connexe, de son rôle politique se trouvent ici résolues, parce qu'une des idées essentielles de Marinetti consiste en ce qu'il découvre les conditions de possibilité de cette résolution dans l'instauration du machinisme industriel et du capitalisme marchand. D'une part, l'artiste de génie, « producteur de force créatrice artistique », dont les œuvres possèdent une valeur qui est fonction de leur rareté, « doit entrer et faire partie de l'organisme commercial qui est le muscle de toute la vie moderne » (42). Quant à la nature de cette force créatrice et de son rôle politique, elle tient à ceci : « L'art est révolution, improvisation, élan, enthousiasme, record, élasticité, élégance, générosité, débordement de bonté, égarement dans l'Absolu, lutte contre toutes les chaînes, danse aérienne sur les cimes brûlantes de la passion, passages à ouvrir, faim et soif du ciel... beaux aéroplanes amoureux d'infini... »

« L'art et les artistes révolutionnaires au pouvoir... Le prolétariat des génies, en collaboration avec le développement du machinisme industriel, procurera ce maximum de salaire et ce minimum de travail manuel qui,

40. *Ibidem*, p. 31.
41. *Ibidem*, p. 37.
42. *Sic, ibidem*, p. 46.

sans diminuer la production, pourront donner à toutes les intelligences la liberté de penser, de créer, de jouir artistiquement » (43).

Dans ces textes politiques, qui intentionnellement ne traitent pas au fond de la nature de la production artistique et des techniques de cette production, l'art apparaît comme un agent dynamique de la vie sociale et l'artiste comme détenteur d'une source d'énergie spécifique. Or, la société machiniste — parce qu'elle se définit essentiellement par sa capacité de production et d'utilisation de grandes forces énergétiques (l'électricité, les carburants) et parce que son économie marchande est capable d'accélérer la circulation des biens — est la première dans l'histoire qui soit en mesure d'utiliser pleinement l'énergie intellectuelle. Elle autorise que l'artiste coopère au devenir politique en jouant le rôle d'un accélérateur de la dynamique sociale dans tous les domaines. Par quoi la fonction de l'art est indissolublement politique, éthique, esthétique. En dernière analyse, le futurisme est « la nouvelle religion-morale de la vitesse » (44). Dans le cadre de la nouvelle conception de la nation et de l'Etat, cette « religion-morale » doit provoquer, par son dynamisme spirituel, une parfaite intégration des parties dans le tout, des individus unanimes dans la communauté. Pour préfigurer cette unanimité à venir — dans un esprit qui demeure celui du prophétisme du poète-« mage » ou du poète-« phare » romantique — le discours politique du futurisme se fait lyrique, grandiloquent. Son actualité tient essentiellement à son matériel de métaphores qui renvoient pour la plupart aux notions de force et de vitesse.

AVANT-GARDE ET RÉVOLUTION.

Les mêmes questions sont débattues par les artistes d'avant-garde en Russie, puis en Union Soviétique ; mais ici, sous des aspects si nombreux et de façon si radicale qu'on est fondé à y trouver — dans un effet de grossissement produit par le caractère partisan des débats et par leurs implications pratiques immédiates — une sorte de revue exhaustive des problèmes politiques qui ont concerné l'art contemporain à ses origines.

Ni les circonstances, ni les objectifs, ni les moyens utilisés ne sont les mêmes qu'en Italie. Les circonstances sont d'abord celles de la lutte ouverte par diverses forces sociales, à la fin du XIXe siècle, contre le

43. *Ibidem,* pp. 38 et 39.
44. *Ibidem,* p. 52.

régime tzariste ; puis celles de la révolution socialiste qui fait passer la lutte des classes au premier plan de la conscience politique. C'est dans le premier de ces contextes de crise que prend sa signification le réalisme social des peintres ambulants qui utilisent leurs œuvres à des fins de propagande et dont la tradition ininterrompue trouvera une sorte d'aboutissement dans le réalisme socialiste des années du stalinisme. Les mêmes années prérévolutionnaires voient aussi se poursuivre ou commencer les recherches de divers théoriciens du marxisme qui joueront un rôle dans la révolution : c'est d'abord Georges Plékhanov ([45]) qui, vers 1900, introduit Lounatcharsky, le futur commissaire du peuple à l'Instruction Publique sous le gouvernement de Lénine, à l'étude des questions esthétiques et culturelles, du point de vue d'une philosophie matérialiste et d'une politique révolutionnaire ([46]) ; c'est Lénine lui-même ([47]), Maxime Gorki, Léon Trotsky ([48]), Bogdanov qui, en 1909, formule le premier, avec Lounatcharsky, l'idée d'une culture prolétarienne — d'où naîtra à Paris, en 1911, la « Ligue de culture prolétarienne » ([49]). Les peintres russes d'avant-garde des années 1910-1914 se sont donc nécessairement déterminés, non seulement par rapport au fauvisme, au cubisme, au futurisme et à ce qu'on peut nommer sommairement l'expressionnisme allemand, mais aussi bien par rapport à la tradition nationale et originale d'un art « social » qui se voulait révolutionnaire, ainsi qu'à une certaine interprétation du marxisme en matière d'art et d'esthétique dont les conséquences pratiques deviendront effectives après 1917.

La première manifestation publique de cet art d'avant-garde russe eut lieu à Moscou en 1910. Un groupe d'artistes, dont Khlebnikov et les deux frères David et Nikolaï Bourliouk qui participeront aux entreprises de l'avant-garde révolutionnaire après 1917, publient au mois d'avril un texte qui signe l'acte de naissance de ce qu'ils nomment le « cubo-futurisme » ([50]). Cette dénomination les rattache aux deux mouvements d'avant-garde les plus connus internationalement et les oppose à la fois à l'Académie et aux peintres ambulants. En 1913, paraît le *Manifeste rayonniste* de Larionov ; Tatlin, qui vient de séjourner à Paris où il a

45. Georges PLEKHANOV, *L'art et la vie sociale,* Paris, Editions sociales, 1950.

46. A. V. LOUNATCHARSKY, *Théâtre et révolution,* ouvrage cité.

47. V. I. LÉNINE, *Sur la littérature et l'art,* Paris, Editions sociales, 1957.

48. Léon TROTSKY, *Littérature et révolution,* Paris, Julliard, 1964.

49. Emile COPFERMANN, « Préface » à A. V. LOUNATCHARSKY, *Théâtre et révolution,* ouvrage cité.

50. Pour une chronologie détaillée, cf. George RICKEY, *Constructivism,* New York, Georges Brazillet, 1967. — Angelo Maria RIPELLINO, *Maïakovski et le théâtre russe d'avant-garde,* ouvrage cité. — Camilla GRAY, *L'avant-garde russe et l'art moderne,* ouvrage cité.

connu les collages de Picasso réalisés en 1912, expose des reliefs non représentatifs qui constituent les premières manifestations du constructivisme ; Rodchenko utilise pour la première fois le terme de « non-objectivisme » pour qualifier l'art d'avant-garde, et Malévitch peint le *Carré noir sur fond blanc.* En 1915, Gabo produit sa première « construction » ; Rodchenko ses premières compositions non représentatives géométrisantes ; Malévitch publie son manifeste : *Du cubisme et du futurisme au suprématisme* ([51]).

Après octobre 1917, alors que les peintres académiques et ceux qui s'inscrivent dans la tradition du réalisme social partent pour la plupart en exil ([52]), l'ensemble des artistes russes d'avant-garde (y compris des peintres comme Kandinsky et Chagall qui ne se réclament d'aucun mouvement, tendance ou doctrine de groupe) entreprennent de coopérer activement à la révolution socialiste par le moyen de leur production artistique. Certains d'entre eux adhèrent individuellement au parti communiste bolchevik ; tous participent aux activités d'institutions culturelles nouvelles, étatiques ou non. Ils sont liés, à l'intérieur de ces cadres institutionnels, à des écrivains, des dramaturges et des metteurs en scène de théâtre ([53]), aux réalisateurs du jeune cinéma soviétique ([54]), aux linguistes et théoriciens formalistes de la littérature groupés dans l'Opoïaz ([55]). Avec eux, ils ont à se déterminer principalement par rapport à la politique du commissariat du peuple à l'Instruction Publique et par rapport au Proletkult ([56]). Celui-ci a été fondé à la veille de la révolution d'octobre par Bogdanov, dans la perspective ouverte en 1911 par la « Ligue de culture prolétarienne ». Il jouit pendant ces premières années révolutionnaires d'une réelle autonomie, au point qu'il fait figure de force d'opposition, non seulement à l'art d'avant-garde accusé par lui d'esthétisme et de formalisme « bourgeois », mais à la politique culturelle centralisatrice de Lénine. Au contraire, des peintres d'avant-garde — dont Malévitch, Kandinsky, Tatlin, Rodchenko — participent aux tra-

51. *Ibidem* et K. S. MALEVITCH, *Essays on art,* ouvrage cité. — Quelques textes brefs de Malévitch ont aussi été traduits en anglais dans : Troels ANDERSEN, *Malevich, catalogue raisonné of the Berlin exhibition, 1927,* Amsterdam, Stedelijk Museum, 1970.

52. Alain BESANÇON, « Un grand problème : la dissidence de la peinture russe (1860-1922) », article cité.

53. Angelo Maria RIPELLINO, *Maïakovski et le théâtre russe d'avant-garde,* ouvrage cité.

54. Cf. la note 22 de la section III-2.

55. « Société pour l'étude du langage poétique », Cf. *Théorie de la littérature,* Paris, Le Seuil, 1966 ; textes des formalistes russes, avec une préface de Roman JAKOBSON et une présentation de Tzvetan TODOROV.

56. « Organisation culturelle et éducative prolétarienne ».

vaux de l'Izo ([57]), organisme d'Etat qui dépend du commissariat du peuple à l'Instruction Publique et dont les membres déclarent adhérer à la politique culturelle définie par le parti communiste. Plus tard, en 1920, alors que plusieurs des peintres d'avant-garde ont déjà quitté l'Union Soviétique en raison de l'opposition toujours croissante que leur art rencontre auprès des forces politiques (Etat, parti communiste, syndicats), le groupe des constructivistes-productivistes (Tatlin, Rodchenko, Lissitsky) s'intègre au L.EF. ([58]), fondé par Maïakovski pour défendre les thèses et les activités de cette avant-garde ralliée au bolchevisme.

Ces repères sont suffisants pour faire apparaître les aspects essentiels des débats qui eurent alors lieu en Union Soviétique, concernant le rôle de l'art au sein d'une société engagée dans un processus révolutionnaire, ainsi que les caractères principaux des luttes idéologiques et politiques qui en furent les manifestations concrètes. Ces débats renvoient à deux catégories complémentaires de problèmes très généraux ; le contexte politique révolutionnaire met seulement ici mieux en lumière l'identité des questions fondamentales que pose l'ensemble de l'art d'avant-garde dans les années 1910-1925 : non seulement ses deux extrêmes, du point de vue de la politique, que sont le futurisme italien et en Russie l'avant-garde dite futuriste, suprématiste, constructiviste, productiviste ; mais aussi bien les doctrinaires de l'art qui, ailleurs en Europe et plus tard aux Etats-Unis d'Amérique, ne mettent pas au premier plan de leur idéologie cet aspect politique des choses. Il s'agit, comme on l'a déjà dit, des deux spéculations jumelles sur la destruction, radicale ou non, de l'art du passé et sur les qualités que doit posséder une forme d'art qui se veut impliquée d'une façon entièrement ou relativement nouvelle dans la pratique sociale du monde moderne.

Le refus de l'art du passé, la volonté de le détruire, la conscience d'une rupture absolue entre cet art ancien et l'art dit d'avant-garde s'expriment en Russie avec une rigueur de conceptions qui fait apparaître comme anecdotiques les invectives des futuristes contre Venise, Forence et Montmartre, villes ou quartiers-musées du passé ([59]). Le manifeste publié par Prampolini en 1913 : « Bombardons les académies, dernier réduit pacifiste » ([60]), est lui-même très loin de la prise de conscience circonstanciée des implications politiques de leur antipasséisme, qui est celle des artistes russes d'avant-garde. L'intitulé du texte de Prampolini fait surtout appa-

57. « Section des arts plastiques » du commissariat du peuple à l'Instruction Publique.

58. « Front Gauche de l'Art ».

59. *Archivi del futurismo,* ouvrage cité, pp. 19, 23, 180.

60. *Ibidem,* p. 30.

raître que le vrai point commun aux deux mouvements doctrinaux réside dans leur même violence verbale. Maïakovski lui fait écho, d'une certaine façon, en 1918 :

« Et Raphaël, vous l'avez oublié ?
Vous avez oublié Rastrelli ?
Il est temps
que les balles
sonnent sur les murs des musées.
Feu sur les vieilleries par vos gorges de cent pouces !
Semez la mort dans le camp ennemi... » (61).

Détruire l'art du passé, sinon dans ses traces matérielles conservées au musée, du moins en le disqualifiant, c'est d'abord pour l'avant-garde russe, dès avant octobre 1917, un projet nationaliste dont les déterminations historiques et la nature diffèrent de celles du nationalisme des futuristes italiens. L'avant-garde de Moscou et de Saint-Pétersbourg considère que l'art européen classique et académique a été introduit artificiellement en Russie par Pierre le Grand ; qu'il est une marque de la domination économique de l'Europe sur l'empire des tzars. Larionov, Gontcharova, Tatlin et les peintres qui exposent avec eux au « Valet de Carreau » (1910), à l' « Union de la jeunesse » de Saint-Pétersbourg (1911 et 1912), à « La queue de l'âne » (1912 et 1914) ne réalisent pas seulement des œuvres à sujets sociaux (principalement des scènes de travail paysan) ; ils se réclament à la fois, plastiquement, de l'avant-garde d'Europe occidentale et du « primitivisme » des icônes dont il leur arrive d'exposer des exemples avec leurs propres œuvres. Par quoi leur recours à la notion de « primitivisme » possède des résonances immédiatement politiques qui n'apparaissent pas dans la mode du japonisme, dans l'idéologie de Gauguin, dans la découverte de l' « art nègre » par l'avant-garde des années 1900 en France (62) ; la compréhension de ce concept, du fait de ses références nationalistes, diffère également de l'idée d'un retour de la peinture aux données sensibles immédiates que Cézanne met au premier plan lorsqu'il se définit comme le primitif d'un art nouveau. Pour l'avant-garde russe, il s'agit de détruire radicalement la tradition classique et académique conçue comme instrument d'oppression politique de la classe dirigeante : celle-ci est implicitement accusée de trahison nationale au profit des nations étrangères industrialisées. On

61. *Il est trop tôt pour se réjouir ;* cité par Angelo Maria Ripellino, *Maïakovski et le théâtre russe d'avant-garde,* ouvrage cité, p. 84.

62. Jean Laude, *La peinture française (1905-1914) et « l'Art nègre »,* Paris, Klincksieck, 1968.

met d'emblée en cause la lutte des classes, avant même la vulgarisation du concept marxiste consécutive à la prise du pouvoir par les bolcheviks. La politique léniniste entendait passer directement du mode de production semi-féodal de l'empire des tzars au mode de production socialiste, en faisant l'économie de la « révolution bourgeoise » ; d'une façon analogue, les artistes russes révolutionnaires ne veulent définir leur projet qu'en relation avec l'art primitif des icônes et avec l'art du futur que l'ensemble de l'avant-garde européenne, dont eux-mêmes, actualise déjà.

Dans ces conditions, l'avant-garde russe a pu logiquement se rallier, dès le premier jour, à l'idéologie socialiste et au pouvoir révolutionnaire. En 1912, Maïakovski note déjà dans son autobiographie : « ... Moi, j'ai l'emphase du socialiste convaincu de l'écroulement inévitable des vieilleries. Le futurisme russe est né » ([63]). A quoi répond, en mars 1918, après l'instauration du pouvoir révolutionnaire, la déclaration de Gan, Morgounov et Malévitch : « La révolution sociale qui a brisé les chaînes de l'esclavage capitaliste n'a pas encore ruiné les vieilles tables des valeurs esthétiques. A présent, alors que commencent la construction et la création de nouvelles valeurs culturelles, il est essentiel de se prémunir contre le poison de la banalité bourgeoise... maintenant... la bourgeoisie ne fait plus marcher les affaires et... la démocratie est en train de créer une culture prolétarienne... » ([64]).

L'opposition, commune à toute l'avant-garde européenne, de l'ancienne et de la nouvelle culture, prend donc ici le caractère d'une lutte essentiellement politique. Les artistes vont la mener au triple plan des institutions, de l'idéologie et du mode de production de l'art. Lutte réelle, concrète, au plan institutionnel. Le texte de Gan, Morgounov et Malévitch est écrit pour protester contre l'accession du peintre académique Benois à la tête du soviet des artistes de Pétrograd ; bientôt, des émissaires du gouvernement soviétique iront solliciter avec succès le retour de Répine, exilé en Finlande ([65]). Une « section des musées et de la défense du passé » s'oppose à l'Izo dont les membres — poètes, peintres, théoriciens formalistes de la littérature — défendent en commun les productions artistiques et théoriques qui sont rangées ensemble sous la catégorie de l'avant-garde, parce qu'elles font passer la révolution en matière culturelle par la recherche de « formes » nouvelles plutôt que

63. Cité par Angelo Maria RIPELLINO, *Maïakovski et le théâtre russe d'avant-garde,* ouvrage cité, p. 18.

64. Kasimir MALEVITCH, « The problems of art and the role of its oppressors », *Essays on art,* ouvrage cité, tome I, p. 49. — Cf. aussi, *ibidem,* « A letter from Malevitch to Alexander Benois » (1916).

65. Alain BESANÇON, « Un grand problème : la dissidence de la peinture russe (1860-1922) », article cité.

de « contenus » nouveaux, arguant plus précisément que la définition de nouveaux « contenus » passe nécessairement par la production de nouvelles « formes ». La position inverse sera soutenue par le Proletkult qui reproche aux œuvres formalistes d'être inintelligibles pour les masses populaires, parce qu'elles sont vides de « contenus » et formellement sophistiquées.

Quant à la définition doctrinale des fins politiques que l'avant-garde russe se propose d'atteindre en opérant un changement radical de la pratique artistique, elle touche aux nouveaux traits positifs que doit posséder un art révolutionnaire. Ces fins sont elles aussi définies de façon plus précise que celles du futurisme italien : de toutes les avant-gardes, l'avant-garde russe est celle qui s'est trouvée impliquée le plus concrètement dans un champ de forces proprement politiques. La conjoncture qui s'impose aux artistes est exceptionnelle. Ils la caractérisent — de la même façon que les politiciens — par la liaison d'une pratique révolutionnaire et de la théorie marxiste. La pratique révolutionnaire se joue le plus directement et le plus évidemment, au plan de l'art, par la création de nouvelles institutions culturelles, dans le cadre de nouveaux appareils d'Etat et par les luttes idéologiques que l'on a dites. Quant à la théorie marxiste, à ce stade de son développement, elle pose l'art comme un élément de la superstructure sociale. En tant que tel, ses modalités d'exercice et son développement historique sont pensés en théorie comme spécifiques et relativement autonomes dans la structure du tout social — cette autonomie n'étant que relative parce que tout élément superstructurel est déterminé en dernière instance par l'infrastructure économique, au premier chef par les rapports de production. Le passage d'un mode de production archaïque au mode de production socialiste doit entraîner en conséquence une révolution correspondante dans l'ordre de la superstructure, dans l'art en particulier. Plus précisément, la prise du pouvoir par le prolétariat et sa dictature, soient-elles en principe temporaires, font que l'art, au même titre que toute autre formation superstructurelle, se trouve directement déterminé — positivement ou négativement — par les injonctions du pouvoir d'Etat, instrument unificateur de la domination de la nouvelle classe dominante. Ainsi fut posé d'emblée aux artistes russes le problème des traits positifs d'une culture et d'un art de classe.

Le premier, le Proletkult opposa absolument culture prolétarienne et culture bourgeoise qui, selon lui, se distinguent l'une de l'autre et s'opposent l'une à l'autre dans l'ordre d'une succession historique. Celle-ci est élitaire et discriminatoire ; celle-là sera liée aux masses prolétariennes qui sont porteuses de valeurs authentiquement universelles, parce qu'elles sont révolutionnaires et parce qu'elles institueront une société communiste. Mais ces thèses ont été aussitôt combattues par les dirigeants politiques. Si Lénine lutte contre le Proletkult, c'est que la mainmise du prolétariat sur l'appareil d'Etat culturel n'implique pas, pour lui, une rupture avec l'art du passé. Il considère au contraire que les masses populaires, qui sont ici comme l'enjeu du débat, sont les héritiers légitimes du fonds de culture accumulé par les œuvres classiques. A vouloir introduire une rupture absolue entre le présent et le passé, on coupe les masses de leurs racines et ce déracinement risque de faire méconnaître qu'en matière culturelle, comme en toute autre, c'est la dialectique objective de l'histoire qui établit légitimement la prise du pouvoir par le prolétariat. Aussi Lénine, qui reprendra d'ailleurs le même type d'argumentation contre l'avant-garde, reproche-t-il essentiellement au Proletkult de faire dépendre l'institution d'une culture de classe, de l'intervention d'un groupe de spécialistes travaillant artificiellement comme en laboratoire, c'est-à-dire sans liaisons concrètes avec les masses. Il en trouve la preuve dans le fait que le Proletkult est une institution qui ne s'est pas rattachée directement au pouvoir d'Etat soviétique et au parti communiste, qui sont pourtant les seuls représentants authentiques des intérêts politiques et culturels du prolétariat et de ses alliés.

L'avant-garde a tiré, pour sa part, des conséquences de cette même donnée fondamentale d'un art nécessairement impliqué dans la lutte des classes. Ces conséquences contredisent généralement les positions du Proletkult ; mais elles font aussi apparaître des divergences et des oppositions internes au groupe. A travers ces divergences et oppositions se définissent les choix et les orientations essentiels de l'avant-garde.

Lorsqu'une fraction des constructivistes (Tatlin, Rodchenko, Lissitsky) annoncent la mort de l'art même et se proclament « productivistes », ils prennent une position extrême dans une intention positive précise : vouloir faire de l'art un des secteurs du travail manuel et de la production économique, c'est dire que ce qui doit mourir, c'est l'art comme activité séparée des autres pratiques humaines ; c'est vouloir mettre fin à la marginalité qui est la sienne lorsqu'il se trouve réduit au statut de luxe de l'esprit, d'élément pour une culture de privilège. Il s'agit pour ces plasticiens de transgresser les limites (celles du tableau ou de l'objet sculpté, celles du musée, celles du champ culturel d'élite) qui constituent l'art comme domaine réservé dans une société de classe. Il s'agit aussi de souligner la portée politique (la prise de parti pour le prolétariat) de ces transgressions qui visent effectivement à déplacer le lieu d'exercice de l'art pour l'insérer de nouveau dans la production.

Ni les suprématistes (Malévitch), ni les constructivistes stricts (Gabo, Pevsner) ne sont en accord avec Tatlin lorsque celui-ci demande que l'artiste plasticien participe à la production d'objets utilitaires (66). Certaines des positions de Malévitch, Gabo et Pevsner sont sur ce point identiques. On peut les systématiser en énonçant que, pour eux, le domaine des formes artistiques est au contraire absolument séparé, du moins au stade de la conception de ces formes, du domaine des formes utilitaires. L'art a une fonction propre : construire des modèles visuels qui constituent un ordre de réalités autre que celui de la quotidienneté des choses — ce qu'ils nomment une « réalité non objective », c'est-à-dire une réalité qui serait une pure construction de l'esprit humain, indépendante de toute pratique commune. Toutefois, Malévitch rejoindra dans une certaine mesure la position productiviste de Tatlin (à une date mal établie, mais certainement postérieure à 1919), lorsqu'il fabriquera par exemple des « projets de broches » suprématistes dont on connaît plusieurs dessins (67) ; dans le même temps — on le verra — il spéculera sur les rapports entre la peinture et l'architecture.

Construction et réalisme sont en effet deux concepts communs et essentiels au suprématisme et au constructivisme. Malévitch les définit : « Pour le suprématisme, les phénomènes visuels du monde objectif sont en eux-mêmes dépourvus de signification ; ce qui est signifiant, c'est la sensation en tant que telle, indépendamment de son contexte... L'artiste suprématiste n'observe pas, il ne touche pas, il sent... Le bonheur de sentir que j'avais libéré une réalité non objective me conduisit dans le désert où plus rien n'a de réalité que la sensation. Ce n'est pas un " carré vide " que j'ai fait percevoir, mais plutôt la sensation de la non-objectivité » (68) ; le problème, pour l'artiste, est de créer l' « élément formel capable de communiquer les sensations » (69). L'opposition entre le constructivisme et le suprématisme, sur ce point, tient à ce que Gabo et Pevsner ont tendu à introduire dans le travail de l'art des éléments de formalisation empruntés à la physique et à la mathématique, alors que Malévitch a toujours affirmé le caractère spécifique des abstractions artistiques, dont la « construction » n'est cependant pas le produit de

66. Naum GABO, *Antoine Pevsner,* New York, Museum of Modern Art, 1948. — « Russia and Constructivism », dans GABO, *Constructions and sculptures,* Cambridge, Harvard University Press, 1957. — Naum GABO, *Of diverse arts,* New York, Pantheon Books, 1959. — Alexei PEVSNER, *A biographical sketch of my brothers Naum Gabo and Antoine Pevsner,* Amsterdam, Augustin and Achoonmann, 1964.

67. Exposition de *Dessins* de MALEVITCH, galerie Jean Chauvelin, 19 novembre-31 décembre 1970, n° 27, 28, 29.

68. Kasimir MALEVITCH, *The non-objective world,* Chicago, Paul Theobold, 1959.

69. Kasimir MALEVITCH, « Painting and problems of architecture », *Essays on art,* ouvrage cité, vol. II, pp. 7-18.

l'irrationnel — du « subconscient », dit-il — mais de la « raison intuitive » (70).

La raison intuitive, à l'œuvre dans l'art, rejoint cependant la raison pratique. Les artistes de l'avant-garde russe qui ont pris le parti le plus formaliste — celui de l'art créateur de modèles formels abstraits — ont manifesté eux aussi leur volonté de faire que la nouvelle réalité non objective et les constructions formelles de l'art trouvent leur point d'ancrage et leur champ d'application dans la vie sociale collective, c'est-à-dire qu'elles soient effectivement le produit — comme le voulaient Lénine et Lounatcharsky — d'une conjonction entre les « besoins » esthétiques des masses prolétariennes et les recherches des « spécialistes » de l'art. L'espace de l'art formaliste ne sera pas celui du musée, mais celui de la rue, l'espace des échanges collectifs improductifs, en particulier celui de la fête (71). « Les peintres et les écrivains prendront sans tarder des pots de peinture et, au moyen des pinceaux de leur art, ils enlumineront, couvriront de dessins les flancs, les fronts et les poitrines des villes, des gares et des troupeaux éternellement fuyants des wagons » (72) ; Vitebsk est célèbre dans les annales de l'art contemporain pour avoir été décorée par Chagall et par Malévitch.

Celui-ci justifie en outre, au plan de la théorie, le mot d'ordre lancé par Maïakovski. Il affirme que chaque époque crée et met en œuvres singulières un élément formel essentiel, qui joue le rôle d'un invariant plastique à l'échelle d'un fragment d'histoire. Le travail de l'art a précisément pour tâche de le produire : « L'élément formel objectivement invariable acquiert une importance considérable dans l'évolution générale de la forme suprématiste. Nombre d'individualités peuvent travailler sur cette forme... » Ainsi est établie la fonction collective des artistes peintres, producteurs de formes qui trouveront leur champ d'application, en tant que modèles, dans la réalité matérielle. Malévitch découvre des preuves de cette dernière affirmation dans l'architecture : « Il me semble qu'on ne peut comprendre le visage architectural d'une époque, si l'on cherche à connaître la forme caractéristique de cette époque, sans mettre en cause un tel élément invariable. » Et quant au rôle du plasticien, il observe que dans le présent actuel un groupe encore peu nombreux d'architectes

70. Kasimir MALEVITCH, « From cubism and futurism to suprematism. The new realism in painting » ; « Non-objective creation and suprematism », *ibidem*, tome I, pp. 19-41 et 120-122.

71. Concernant les fêtes révolutionnaires, inspirées des fêtes de la révolution française de 1789, et concernant le rôle qu'y ont joué les plasticiens, cf. Angelo Maria RIPELLINO, *Maïakovski et le théâtre russe d'avant-garde*, ouvrage cité.

72. MAÏAKOVSKI, KAMENSKI et BOURLIOUK, cités par Angelo Maria RIPELLINO, *ibidem*, p. 83.

a pu se déterminer effectivement « sous la pression et sous l'influence de la nouvelle forme artistique en peinture » (73). Ce texte, daté de 1928, a d'ailleurs une portée historique. Lorsque Malévitch eut déclaré caduc le suprématisme en 1919 et lorsqu'il eut orienté ses propres travaux vers les questions d'architecture — comme le faisaient en même temps De Stijl et le Bauhaus — il effaça du même coup toute contradiction entre les trois thèses fondamentales de l'avant-garde russe : l'art est un mode de la production sociale qui vise à la transformation des rapports sociaux ; l'art produit des modèles formels pour l'organisation de l'espace ; l'espace de l'art est le champ social triplement qualifié par les objets utilitaires, l'architecture, l'urbanisme.

Ces éléments d'une théorie de l'art n'ont pas convaincu les politiques qui ont inlassablement déplacé le problème fondamental ainsi posé par l'avant-garde. Plus proches de la philosophie des Lumières que des démarches analytiques et critiques de Malévitch ou de l'Opoïaz, ils considèrent que l'art est universellement porteur de ces valeurs humaines transcendantes que désignent dans leurs textes, de façon tout empirique, les notions de culture et de beauté. Du point de vue de la théorie, Trotsky objecte à l'idée d'une rupture, d'une opposition entre culture bourgeoise et culture prolétarienne qui est le fait à la fois du Proletkult et de l'avant-garde, que cette opposition est circonstancielle : la dictature du prolétariat est transitoire, le communisme instaurera une société sans classes et une culture universelle qui conciliera le passé et le présent. Plus pragmatique sur ce point, comme on l'a déjà dit, Lénine pose que le marxisme est issu de l'accumulation des connaissances humaines ; il demande que l'art de l'âge révolutionnaire recueille l'héritage du passé, qu'il mette l'acquis positif de la tradition au service de la dictature du prolétariat et qu'il prolonge sans rupture cette tradition dans le sens d'un développement progressif.

Lounatcharsky, qui a la charge d'appliquer politiquement ces principes, explicite les thèses de Lénine (en théorie ; mais en pratique il veillera à ne censurer aucune entreprise). Il justifie la nécessité de conserver vivant l'héritage des classiques : dans une société de classes, la culture est certes aux mains de la classe dominante ; mais « dans la culture de chaque époque, on peut entendre les voix des classes opprimées ». Aussi la peinture des ambulants et « l'art académique (sont-ils) là pour servir d'exemple à l'art nouveau ». Ils sont pleins de « contenus » qui concernent les masses et qui, en outre, leur sont formellement intelligibles. Les pro-

73. Kasimir MALEVITCH, « Paintings and problems of architecture », *Essays on art*, ouvrage cité, tome II, pp. 7-18.

ductions de ceux qu'il désigne du terme générique de « futuristes » sont au contraire inintelligibles, vides de « contenus », parce que formalistes et incapables de permettre au prolétariat « l'expression de son contenu nouveau ». C'est un art décadent, produit de la décomposition de la « bohême bourgeoise ». Le constructivisme « singe » les ingénieurs mais ignore tout, en réalité, « sur le compte de la machine ». Le futurisme, en général, « peut être considéré comme un bon fertilisant pour l'art de l'avenir » ; cependant, à son origine actuelle, il est « un reflet vide de la vie urbaine », il reflète « une situation de profonde décadence, les mœurs grossières et barbares de la bourgeoisie moderne, mais aussi la domination des machines » (74).

Partout et dans son ensemble, mais avec plus ou moins de netteté et d'acuité, l'art contemporain d'avant-garde s'est trouvé confronté à ce même problème de la fonction politique de l'art, plus précisément de l'impact social révolutionnaire d'une révolution survenant à l'intérieur même de l'ordre artistique. Ce problème, dans sa formulation explicite, lui est propre et lui est essentiel ; on le retrouve, au moins en arrière-plan, dans le plus grand nombre de ses manifestations. Le double bilan que permet d'opérer à cet égard le recensement des prises de position caractéristiques des deux avant-gardes qui furent le plus directement aux prises avec cet ordre de questions, appelle d'emblée plusieurs remarques. Il conduit d'abord à se demander en première approche — et ceci met en cause le rôle réel joué par les théories dans le devenir historique des diverses formes d'art — si les thèses du futurismes italien et celles de l'avant-garde russe ne sont pas idéologiquement régressives.

Le futurisme, nouvelle « religion-morale » des temps modernes, semble vouloir retrouver un stade de civilisation archaïque où la fonction intégratrice de l'art constituait effectivement un lien religieux. L'art futuriste entend fonctionner comme instrument de communication à l'échelle du groupe, tant au plan de nouvelles croyances et de nouveaux mythes collectifs, que de l'institution d'un ordre spatial — à la fois géométrique et qualificatif — qui, au lieu d'être homologue aux hiérarchies établies par la pensée théologique ou magique, le serait à une sorte d'esprit du temps : celui des rapports de forces et de l'accélération des échanges sociaux, caractéristiques de la société machiniste.

Quant à l'avant-garde russe, elle projette aussi son avenir dans un univers social entièrement mécanisé, selon des modèles qui ne sont pas exempts de toute nostalgie du passé, celle d'un temps de l'histoire où

74. A. V. LOUNATCHARSKY, *Théâtre et révolution,* ouvrage cité, pp. 122, 130, 135, 140, 150, 176-177, 191.

l'avancement de la division du travail laissait celui qu'aujourd'hui on nomme « artiste », comme à mi-chemin du travail manuel et du travail intellectuel. Son idéologie recoupe en certains points celle de l'artiste-artisan qui était apparue chez les théoriciens de l'art appliqué au XIXe siècle et qui se manifesta aussi à De Stijl et au Bauhaus.

En outre, ici et là, artistes et politiciens sont conduits à contredire leurs déclarations d'intention. Les uns et les autres perpétuent une tradition aussi ancienne que la culture de l'occident chrétien, celle qui subordonne et même réduit la fonction artistique à la fonction politique. C'est-à-dire que, dans les faits, ils refusent à l'art contemporain une fonction spécifique alors même que leur visée était en principe de l'insérer de plein droit dans la pratique sociale. Cependant, dans tous les cas (aussi bien dans l'ensemble des pays de culture occidentale qu'en Italie et en Russie), la nouvelle problématique de l'art et de la société apparaît, dans le discours politique de l'avant-garde, directement déterminée par un fait historique qui semble à tous décisif : la modernité machiniste, que celle-ci se manifeste en régime capitaliste ou socialiste.

L'Homme, la Nature, la Ville.

Il est symptomatique qu'aux origines de l'art contemporain la doctrine futuriste vaille pour définir à la fois un « mouvement artistique » et un « parti politique ». La même ambivalence marque, en Russie, ce qu'on peut désigner du terme générique de « constructivisme ». Partout ailleurs en Europe, dans le même temps, Dada offre l'exemple le plus caractéristique d'une critique dont la portée est indistinctement artistique et sociale ([75]). La situation est analogue aux Etats-Unis d'Amérique, avec les prises de position des peintres de l'Ash-Can School, puis celles de l'avant-garde qui se groupe autour d'Alfred Stieglitz et de ses deux revues, *291* et *Camera work,* autour de Margaret Anderson et de Jane Hearp qui dirigent *The little review,* autour de Mabel Dodge qui tient un salon politique et artistique, tous de tendance anarchiste ou « radicale », au sens de ce terme dans le vocabulaire américain ([76]).

75. Hans RICHTER, *Dada art et anti-art,* Bruxelles, éditions de la Connaissance, 1966.

76. Milton W. BROWN, *American painting from the Armory Show to the depression,* Princeton, Princeton University Press, 1955. — Milton W. BROWN, *The story of the Armory Show,* New York, Oldbourne Press, 1964. — Walt KUHN, *The story of Armory Show,* New York, 1934.

La dualité d'intention qu'on observe en ces occurrences n'a rien d'exceptionnel ni rien d'équivoque. Elle signale au contraire, sous un certain point de vue, la cohérence réelle des premières entreprises de l'avant-garde dans son ensemble. Elle répond à une logique qui ne fut pas toujours intentionnelle, mais qui n'a sans doute jamais cessé d'être à l'œuvre jusque dans les formes d'art tout actuelles : un art qui se veut moderne à l'époque du machinisme, ne peut plus être ce témoin curieux de la « mode », de la modernité des apparences que disait Baudelaire ; dans un esprit plus proche de celui de Courbet — mais sur un tout autre terrain — l'art contemporain s'engage, il est nécessairement engagé dans l'institution des nouveaux modes sociaux de l'action et de la pensée. L'avant-garde a pour elle de ne pas méconnaître cette situation de fait. Tout ce qui se réclame d'elle manifeste cette même raison qui fait se rejoindre l'artistique et le politique, même lorsqu'elle est transposée sur un registre qui se veut purement esthétique.

Lorsque dans les années 1910 une certaine peinture se dit ou accepte d'être dite d'avant-garde, elle signifie métaphoriquement qu'elle entreprend à la façon d'une force armée la conquête d'un domaine auquel elle veut imposer un nouvel ordre. A un pouvoir, elle veut substituer un autre pouvoir. Quant à cet ordre et à sa nouveauté, il est constant qu'il fassent l'objet de projets dont la cohérence idéologique est plus ou moins strictement définie à l'avance. C'est au risque inéluctable que la pratique des artistes y contredise : une forme d'art ne prend sa signification qu'après qu'elle ait été réalisée concrètement au cours du procès spécifique de la production matérielle des œuvres. Entre le projet (lorsqu'il existe) et la réalisation, il s'opère toujours au moins un détournement du sens. Au plan doctrinal, le terme d'avant-garde dénote donc, dès son invention, une série d'entreprises qui ont en commun de se vouloir subversives ; au plan des œuvres, un premier indice de leur force novatrice se découvre lorsqu'on voit que cette notion fut aussitôt chargée d'une valeur péjorative par les détracteurs de l'art nouveau : ceux-ci l'ont immédiatement interprété comme une agression anarchique contre l'ordre esthétique établi.

L'accusation d'anarchie (de contradiction et de non-sens) paraît fondée en raison des divergences et des oppositions internes à l'avant-garde, tels les partis contraires que l'on a pu mettre en évidence dans les textes du futurisme italien et du constructivisme ou « futurisme » russe. Ces divergences et oppositions sont très réelles ; et elles se manifestent plus encore dans les œuvres que dans les déclarations de principes. Ainsi, loin d'être épisodiques, il faut penser qu'elles sont essentielles à la pratique de l'art d'avant-garde. Elles établissent l'existence et la gravité d'une situation générale de violence. Situation réellement révolutionnaire : pour une subversion aux aspects contradictoires, apparemment désordonnée, dont les décisions sont imprévisibles et qui est omniprésente, le domaine artistique n'est plus ce patrimoine inaliénable dont il suffirait de perfectionner encore ou de réformer l'ordonnance interne. L'avant-garde n'a pas de plan établi ; quant à ses buts immédiats ou lointains, elle est rien moins qu'unanime. Comme le cubisme aux yeux d'Apollinaire, elle paraît écartelée (77). C'est qu'elle ne croit plus qu'on puisse attendre de qui que ce soit une nouvelle formule capable de faire l'accord de tous : l'avant-garde n'est pas une « école » ni un « mouvement ». Elle considère que la pensée artistique en est à un point de son histoire où elle doit définir sa modernité par la multiplicité et la liberté de ses spéculations, liées à la critique radicale de la figuration représentative classique.

Pour autant que ce caractère lui est essentiel, l'esprit systématiquement aventureux de l'avant-garde apparaît comme un trait de civilisation. C'est du moins ce qu'elle affirme. Que l'étude des œuvres, conduite pour elle-même, ne découvre ici qu'inconséquence de l'esprit, comme le pensaient Gaston Thiesson ou Louis Vauxcelles, ou bien que, suivant Apollinaire, elle confirme la valeur en soi de l'expérimentation sans cesse renouvelée, il est de fait que l'avant-garde a toujours conçu ses recherches, non comme un ensemble de réponses inédites à des questions déjà définies, mais comme une suite d'expériences ouvrant sur une nouvelle problématique figurative. Plus encore, elle a cru que la liberté d'inventer était un des aspects propres à la créativité de l'âge machiniste. Par là, elle révèle une couche plus profonde de son idéologie, plus étendue dans sa généralité que celle qui la rattache directement à l'actualité politique. Elle s'y définit d'abord comme un antihumanisme, au sens historique de ce dernier terme.

La peinture de tradition classique s'est développée dans les limites et sous les contraintes d'un fonds commun de références imaginaires : celles qui sont empruntées principalement à la légende antique et biblique ; à la thématique des rituels religieux et de l'existence quotidienne ; au mythe, élaboré progressivement, de la nature en tant que lieu d'une histoire pleine d'événements variés, mais où ne se découvrent que des significations enchaînées et cohérentes entre elles, jamais de réelles discontinuités, en tant que lieu aussi de travail et de méditation où l'homme peut se réconcilier avec son destin. Cet univers de pensées est fondé sur l'universalité des valeurs morales ; son rapport à l'histoire est d'y découvrir l'identité de l'homme, sa permanence dans le temps comme

77. Guillaume APOLLINAIRE, *Les peintres cubistes, Méditations esthétiques*, ouvrage cité.

structure psychologique, à l'image du centre immobile d'une sphère en mouvement. Contre l'humanisme, contre l'intemporalité de ses références et contre son idéologie de la nature, les doctrines de l'avant-garde prennent le parti de la machine et de la ville. Celles-ci sont les symboles de tous les artifices et de leur renouvellement incessant ; en elles et par elles se concentrent tous les instruments de l'action et de la jouissance immédiate. Les doctrines de l'avant-garde affirment aussi la nouveauté absolue de la nouvelle civilisation, son caractère de mutation historique dans l'ordre des fins et des moyens. La civilisation urbaine et machiniste introduit des conduites inédites dans tous les domaines. La pratique artistique s'y trouve elle aussi déterminée par une logique qui se réclame de la rationalité scientifique et des techniques mécaniques qui en sont déduites. Si ces propositions ne sont pas toujours effectivement présentes dans le discours de l'avant-garde, elles le sont virtuellement : il y a peu d'aspects de la peinture d'avant-garde (celle même des peintres qui ne parlent pas ou de ceux qui ne veulent strictement parler que de peinture) dont on ne découvre qu'ils ont aussi été interprétés de leur temps en fonction du fait urbain et de la machine.

L'avant-garde est plus directement en rupture avec l'idéologie romantique — demeurée vivace — de l'art refuge de la subjectivité et voie d'accès à une façon d'absolu. Au contraire, la nouvelle utopie se fait souvent prospective. Elle entend préfigurer, s'agissant d'organisation de l'espace visuel, l'univers social à venir. La fonction figurative, qui institue un ordre perceptif susceptible d'informer la matière, trouvera son insertion dans le futur « futuriste » comme productrice de formes ustensiles, d'espaces architecturaux et urbanistiques ; comme inductrice d'une nouvelle unanimité où toutes les activités sociales seront reprises par un art « total » ; comme mode de pensée et de sensibilité structurellement homologue à la créativité machiniste, à la nouvelle pratique quotidienne déterminée par les nouvelles techniques, à la science. D'où plusieurs ordres de questions qui ne sauraient recevoir de réponse que par l'analyse des œuvres elles-mêmes : l'art contemporain est-il réellement sur le point de devenir un mode concret du travail productif, ou bien ne s'agit-il que d'un mode plus avancé encore de la division du travail où l'objet esthétique, s'il « singe » la machine, comme parle Lounatcharsky, n'est qu'une reprise ludique des formes nouvelles du travail matériel ? Lorsqu'elle se veut négation du passé et force de promotion du futur, la pensée d'avant-garde a-t-elle une valeur critique réelle ou, au contraire, intégratrice ?

Ces questions se précisent lorsqu'on observe les réactions aux contraintes externes que les rapports sociaux font peser sur la pratique artistique. L'humanisme trouvait dans la croyance en l'identité de la personne humaine, dans la croyance connexe que les relations de celle-ci avec l'univers matériel se réalisent selon les voies constamment ascendantes d'un progrès à la fois scientifique, technologique, moral et esthétique, une résolution idéale des contradictions qui opposent la richesse et la pauvreté, le savoir et l'ignorance, le pouvoir et l'impuissance, selon une inégalité prétendue naturelle ou héréditaire. L'édifice de la culture classique pouvait se donner pour stable, dans la mesure où l'était le système des hiérarchies et des privilèges. Sous ce même point de vue de ses rapports au système social, l'art d'avant-garde se définit de nouveau par un antihumanisme de principe. Il ne fonde pas sa valeur sur une essence idéale de l'homme ni sur son corollaire, la conception de la nature comme théâtre permanent des actions humaines, où l'acteur et le spectateur trouvent dans le spectacle un reflet d'eux-mêmes. Il la fonde, au contraire, sur sa participation active aux changements qui affectent à un rythme accéléré les conditions pratiques de l'existence. C'est pourquoi ses modèles esthétiques sont empruntés — au moins doctrinalement — au fonctionnement des grands ensembles urbains et à la machine. La concentration et la mécanisation de la production séparent toujours davantage la ville de la nature (la vie urbaine de la vie rurale) ; elles assurent la domination de l'une sur l'autre, dans une opposition dont l'avant-garde est tout à fait consciente, mais sans jamais apercevoir de contradiction entre son idéal d'un art total et cette forme fondamentale de la division du travail (78).

La logique de cette opposition et de cette division tend pourtant à faire celles-ci toujours plus marquées. Le machinisme et la concentration urbaine ont institué dans la production comme un état de révolution permanente — qui, en réalité, intéresse le seul ordre des forces productives et des techniques, non celui des rapports sociaux : d'où cette sorte de porte-à-faux où se trouve placée l'avant-garde. L'art est pris dans un système voué à l'accroissement de la productivité et à l'accélération de la consommation ; par quoi ses produits risquent de perdre leur valeur intrinsèque, de n'être plus crédités que d'une valeur d'échange qui les indifférencie comme purs signes de la richesse et du pouvoir culturels. Pour l'art aussi, l'ordre des privilèges et des stabilités hiérarchiques fait place à la concurrence et, par conséquent, à l'innovation sans fin qui est un des trait marquants de l'avant-garde.

Ces phénomènes sont d'abord repérables, au plan de l'activité artistique, dans le geste logiquement premier de l'avant-garde qui déplace

78. Karl MARX, Friedrich ENGELS, *L'idéologie allemande*, Paris, Editions Sociales, 1968.

le champ des références de la peinture dans l'espace social culturel. Les conditions sociologiques de possibilité de ce déplacement sont en dernier ressort celles du nouveau marché. Le système des galeries n'a pas seulement ouvert le marché de l'art à une nouvelle clientèle — de la petite à la grande bourgeoisie — qui brise définitivement le quasi-monopole des pouvoirs politiques et cléricaux. Il impose, du même coup, de façon décisive, une autre hiérarchie des valeurs — c'est-à-dire ici des « genres » — et un autre usage social de l'objet esthétique. Les acheteurs des galeries se désintéressent des « grands genres », de la peinture d'histoire et des portraits qui ont pour fonction de commémorer des événements et des hommes. A l'époque impressionniste, la peinture à usage « privé » se référera préférentiellement aux aspects de l'existence qui concernent le loisir. Le réel intérêt que les nouvelles classes cultivées portent aux choses de l'industrie est un intérêt de curiosité que suffisent à combler, comme on l'a dit, les expositions internationales et les publications imprimées. Selon l'idéologie romantique réinterprétée, l'art demeure le domaine des émotions, de celles principalement qui naissent des contacts prétendus directs de l'homme avec la nature.

Ces valeurs traditionnelles sont celles qui passent alors, sous réserve de quelques aménagements, dans cette part de la critique d'art — celle des grands journaux — qui domine l'idéologie artistique des années 1900. Elles sont formulées par cette critique sous les catégories du « naturisme » et du « vitalisme ». C'est-à-dire qu'elles sont infléchies par la mode qui interprète alors, en la pervertissant, la pensée de Nietzsche. Elles renvoient aussi, plus lointainement, à l'idéologie des « maîtres de 1830 » que l'on réhabilite après les crises provoquées par le réalisme social et par l'impressionnisme, et dont l'originalité relative avait consisté, en plein essor industriel, à exalter l'existence des paysans dans les terroirs comme seule forme de Vie authentique. La critique des années 1900 privilégie donc logiquement la peinture de paysage qui va dans le sens du conservatisme culturel de la nouvelle clientèle, en conciliant son sentimentalisme bucolique, son idéalisme moralisateur et son goût pour le plaisir. Elle réhabilite même l'impressionnisme en le réduisant à n'être qu'une forme luministe après d'autres. Les épigones de Claude Monet, qui font de l'impressionnisme en 1900 une mode internationale vulgarisée, aussi bien que les épigones de Corot et de Théodore Rousseau, opèrent de la sorte un retour à ce que l'on considère comme le « classicisme » éternel, qui n'est ici qu'un retour à la forme anachronique du paysage idéalisé.

C'est cette même clientèle, à laquelle il ne pouvait pas ne pas s'adresser, que l'art d'avant-garde va s'efforcer de détourner de sa mythologie naturiste pour lui imposer le mythe nouveau de la machine et de la ville. Celles-ci ne sont-elles pas le décor réel de sa quotidienneté et l'instrument de sa domination politique ? Gabrielle Buffet a raconté sur le mode plaisant comment, au début du siècle, ce que l'on nomme les milieux artistiques se détournaient des aspects mécanisés de la vie urbaine ; comment Apollinaire, Marcel Duchamp, Francis Picabia furent de ceux qui réagirent insolemment contre cette sorte d'ostracisme culturel (79). Les futuristes italiens ont agi de même, sur un mode agressif, et leurs interventions publiques ont encore ici une priorité chronologique. Elles font apparaître d'emblée le parti pris de l'avant-garde qui découvre l'essence de la modernité dans la dynamique urbaine liée à la mécanisation du travail et de la vie quotidienne. Il arrivera que soit reprise aussi par l'avant-garde la réflexion de caractère moral, social, politique, sur les bienfaits ou les méfaits de la civilisation industrielle qui, à la fin du XIXe siècle, avait touché les milieux artistiques, particulièrement à travers l'œuvre d'Emile Verhaeren et, aux Etats-Unis, celle de Walt Whitman. Elle le sera d'ailleurs, surtout en Russie, dans des termes qui n'omettront jamais l'aspect proprement plastique ou spatial des choses. Mais, pour l'avant-garde, la ville et la machine ont d'abord entraîné des spéculations de caractère esthétique : elles sont une source de sensations optiques nouvelles et de nouveaux spectacles.

Le premier manifeste futuriste (80) note déjà tous les nouveaux aspects de la vie urbaine, à l'âge du machinisme, qui modifient la sensibilité artistique ; les manifestes postérieurs reprendront inlassablement ces thèmes en les enrichissant, mais sans que soit changée leur interprétation. La ville, c'est l'agitation des grandes foules et les nouveaux moyens de locomotion ; c'est le bruit, c'est l'éclat des lumières électriques. Ce sont, en somme, les phénomènes qui peuvent se ramener aux notions de force ou de puissance, de vitesse et de dynanisme, de chocs rythmiques multisensoriels (81). « Nous chanterons les grandes foules agitées par le travail, par le plaisir ou par l'émeute : nous chanterons les marées multicolores et polyphoniques des révolutions dans les capitales modernes ; nous chanterons la vibrante ferveur nocturne des arseneaux et des chantiers incendiés par la violence des lunes électriques ; les gares voraces, dévorant des dragons fumants ; les usines suspendues aux nuages par les torsades de leurs fumées ; les ponts semblables à des acrobates géants qui chevauchent des fleuves, étincelant au soleil comme l'éclat d'une lame de couteau ; les steamers aventureux qui hument l'horizon,

79. Gabrielle BUFFET-PICABIA, *Aires abstraites,* Genève, Pierre Cailler, 1957.
80. *Le Figaro* du 20 février 1909.
81. René JULLIAN, *Le futurisme et la peinture italienne,* ouvrage cité.

les locomotives au large poitrail qui galopent sur les rails comme d'énormes chevaux d'acier bridés de tubes, et le vol glissant des aéroplanes dont l'hélice bat au vent comme un drapeau et semble applaudir comme une foule enthousiaste » ([82]).

Les « manifestes des arts figuratifs » futuristes, qui sont l'œuvre des peintres, rendent compte des principaux aspects formels de la nouvelle plastique (l'éclatement de la figure des objets, l'inscription de lignes sans référents concrets) par des raisons qui tiennent à la qualité du milieu urbain mécanisé auquel renvoient les images. Ils posent que tout objet concret, saisi dans ces conditions d'un point de vue esthétique, communique sans rupture avec l'univers extérieur, avec son mouvement universel, par des lignes de force dont il est comme le centre énergétique. Toutefois, cette remarque souvent reprise est le seul élément dans ces textes qui ait une certaine valeur d'analyse optique du perçu. Les manifestes futuristes se plaisent à nommer les engins — locomotives, automobiles, tramways, etc. — qui sont ces sources d'énergie actives dans la ville. Mais, s'agissant de caractériser optiquement les sensations de vitesse, de rythme, d'éclat, ils ne le font que par des métaphores (celle de l'hélice comme un drapeau battant au vent) qui manquent la description visuelle.

Cela n'est pas vrai des textes contemporains rédigés par plusieurs autres peintres d'avant-garde, où l'on repère dans la description le travail analytique de l'œil ; ces textes signalent ainsi les aspects du travail plastique dont les artistes ont jugé qu'ils étaient primordiaux. Peut-être les textes doctrinaux des plasticiens futuristes ont-ils été très marqués par les origines littéraires du mouvement. On trouve en France l'analogue de leur grandiloquence métaphorique dans les œuvres de certains poètes mineurs, Barzun, Canudo, Nicolas Beauduin ([83]), qui ont tous également été mêlés aux débats contemporains sur les rapports de l'art en général et de la vie moderne.

Les textes que Fernand Léger consacre, de 1914 à 1928, à ce qu'il nomme « l'esthétique de la machine » ([84]), sont fondés sur la même appréciation déjà formulée par les futuristes que « la vie actuelle, plus

82. Traduction du texte italien original, publié dans *Archivi del Futurismo*, ouvrage cité.

83. Michel DÉCAUDIN, *La crise des valeurs symbolistes*, ouvrage cité.

84. Fernand LÉGER, « Les réalisations picturales actuelles » (1914) ; « Notes sur la vie plastique actuelle » (1923) ; « Notes sur l'élément mécanique » (1923) ; « L'esthétique de la machine : l'objet fabriqué, l'artisan et l'artiste » (1924) ; « L'esthétique de la machine : l'ordre géométrique et le vrai » (1925) ; « La rue : objets, spectacles » (1928), *Fonctions de la peinture*, ouvrage cité, pp. 11-19 et 45-69. — Cf. aussi Douglas COOPER, *Fernand Léger et le nouvel espace*, Genève, Les Trois Collines, 1949.

fragmentée, plus rapide que les époques précédentes, (doit) subir comme moyen d'expression un art de divisionnisme dynamique... » [85]. Cependant, ils fondent ce jugement sur une analyse optique du « spectacle » urbain dont certains éléments concrets portent ces significations nouvelles et sur les rapports dynamiques de ces éléments entre eux. Cette analyse est notée en terme de masses, de matières, de couleurs, d'espaces rythmiques non perspectifs. Le rapport de ces textes à la peinture de Fernand Léger est d'ailleurs, originellement, à l'inverse du rapport des textes futuristes à la peinture de Carrà, Russolo, Boccioni, Balla, Severini. Ils sont postérieurs aux premières recherches plastiques originales de Léger ; ils attestent que l'effort de conceptualisation du peintre accompagne son travail de plasticien mais n'est pas déterminant. Le regard de Léger anticipe ses théories. Ce qu'il voit de la ville est concrètement un modèle plastique, parce que la ville qu'il voit constitue, sinon un ensemble unitaire, du moins un tissu discontinu de « spectacles » organisés. L'organisation de ces spectacles, quant à l'agencement des nouvelles formes « d'ordre géométrique » [86], quant à la couleur, quant au rythme visuel dont les effets kinésiques intéressent le corps tout entier, se découvre en des ensembles optiques immédiatement donnés par la ville moderne : les étalages, les panneaux publicitaires, les murs, l'architecture polychrome, la rue qui est leur lieu commun à tous [87].

Ces notations concernant le nouvel ordre sensible de la ville, comme modèle d'une nouvelle plastique, sont souvent reprises par l'ensemble des peintres de l'avant-garde, chacun mettant en évidence un ou plusieurs aspects particuliers. Francis Picabia, lorsqu'il est le premier peintre européen à découvrir l'Amérique en 1913, à l'occasion de l'Armory Show, est sensible au gigantisme architectural de New York et à l'agitation des rues. Il réalise sur place et expose une série de grandes gouaches non représentatives consacrées à New York. Le fait d'utiliser des formes inobjectives et d'intituler l'une de ses œuvres : *New York perçu à travers le corps*, fait que ses textes contemporains, malgré leur grandiloquence faussement descriptive comparable à celle des futuristes, signalent du moins que parler de la ville comme d'une matrice rythmique pour le corps est effectivement lié à la recherche d'éléments expressifs qui soient moins symboliques que formels, proprement plastiques [88]. Ces textes de Picabia signalent aussi que le modèle idéal de la ville pour l'avant-

85. *Ibidem*, p. 17.
86. *Ibidem*, p. 63.
87. *Ibidem*, pp. 25, 46, 47, 57, 64, 68.
88. Deux interviews de Francis Picabia au *New York Herald* du 18 mars 1913 et au *New York City Star* du 22 mars 1913.

garde (pour l'Europe entière) se trouve dans l'Amérique hyperindustrialisée. « MACHINISME Tour Eiffel Brooklyn et gratte-ciel », écrit Apollinaire en 1913, dans *L'Antitradition futuriste* ([89]) ; à quoi fait écho la même année en Russie le poème d'Andreï Blok : « Au-dessus de la steppe vide s'est allumée pour moi l'étoile d'une Amérique nouvelle » ([90]). Car si le Paris d'Apollinaire a sa Tour, « le monde de fer » ([91]) dont rêve aussi Malévitch est encore entièrement une utopie pour la Russie ; la « Tour », rivale de la Tour Eiffel et des gratte-ciel, dont Tatlin réalisa la maquette et qu'il voulait consacrer à la gloire de la IIIe Internationale, cette tour ne sera pas construite.

En fait, la ville de l'avant-garde n'existe nulle part pour personne. Elle n'est pas une donnée objective, mais un mythe et une utopie. Elle n'est pas cette discontinuité réelle de spectacles hétérogènes ni cet ordre architectural et urbanistique toujours contradictoire, non unitaire, parce qu'il mêle en soi nombre de strates de son histoire. La ville est une somme de rêves, une projection des désirs. Par là, son image peut être cohérente. Elle devient un certain système d'opposition des unités visuelles, le référent idéal d'un ordre plastique à constituer. Ordre idéal variable. Robert Delaunay le formule en termes à la fois techniques et lyriques. *La Ville* qu'il figure souvent — dominée par *La Tour,* éclatée et recomposée dans la brisure de la lumière solaire contre les vitres des *Fenêtres* — l'avion de Blériot aussi et *Le Manège de cochons,* avec son éclairage électrique, toutes ces œuvres sont antérieures à 1914 ([92]). Il fait lui-même de l'énumération de leurs titres l'énoncé d'un programme iconographique cohérent. Il explique qu'elles sont les éléments d'une poétique de la lumière dont le nouveau « métier simultané » assure la mise en œuvre : « Le dramatisme moderniste des villes, des dirigeables, des aéroplanes, tours, fenêtres, est l'acheminement pénible de longues méditations sur la forme... Toute la poésie de la vie moderne est dans son art. » Ce qui est nommé ici poésie est sur la toile le jeu dynamique des couleurs complémentaires et des contrastes simultanés, dont les textes

89. Guillaume APOLLINAIRE, *L'anti tradition futuriste. Manifeste-synthèse,* daté de « Paris, le 29 juin 1913, jour du Grand Prix, à 65 mètres au-dessus du Boulevard Saint-Germain » ; ce texte a été publié pour la première fois dans *Lacerba,* Florence, 15 septembre 1913, ainsi que sur un placard.

90. Cité par Angelo Maria RIPELLINO, *Maïakovski et le théâtre russe d'avant-garde,* ouvrage cité, p. 137.

91. Kasimir MALEVITCH, *Des nouveaux systèmes artistiques,* Vitebsk, 1919. Traduit et cité par Jean-Claude et Valentine MARCADÉ, Introduction au catalogue des *Dessins* de Kasimir MALEVITCH, galerie Jean-Chauvelin, 19 novembre-31 décembre 1970.

92. *Le manège de cochon,* détruit dans sa première version, n'est connu que par des reprises datées de 1922.

du peintre font la théorie. Au-delà même de l'espace urbain — modèle premier — le système des couleurs ordonne la totalité du cosmos. Delaunay répète : « Nos yeux voient jusqu'aux étoiles » (93).

De Stijl formule un autre modèle abstrait et idéal de l'espace urbain, dans une suite d'oppositions binaires : positif/négatif ; masculin/féminin ; vertical/horizontal ; masse ou volume/espace ; couleur/non-couleur ; matière/vide ; son/silence. La ville triomphe sur la campagne, selon Piet Mondrian et Théo van Doesburg (94), sur le cosmos ou le chaos de nature, parce qu'elle institue un ordre abstrait, entièrement déterminé par l'esprit ; et cette institution est un facteur essentiel de la liberté humaine, dans la mesure où elle informe la matière en fonction de quelques règles intellectuelles. De Stijl impose une autre qualité remarquable à l'ordonnance spatiale de l'environnement humain, telle que la déterminent ses propres productions de modèles plastiques : cette ordonnance sera constamment transformable par permutation combinatoire et par variation quantitative de ses unités visuelles.

La « nouvelle plastique » (le « néo-plasticisme ») rendue possible par les virtualités du système urbain triomphe donc de la nature comme ouverture d'une ère sociale où sera réalisé entre les hommes un ordre de communication doté de cette valeur universelle propre aux modèles abstraits : cet ordre ne sera plus soumis à la logique d'un système discursif (pour la peinture, à la logique du texte, du récit, du « sujet » qui préexiste toujours à l'image de tradition classique) où chaque élément se trouve pris dans l'organisation hiérarchique d'une syntaxe et d'une rhétorique. Par ses qualités combinatoires et transformationnelles, cet ordre de la modernité néo-plastique rendra possible, pour la première fois dans l'histoire, l'expression individuelle dans l'harmonie universelle et l'équivalence égalitaire, au plan de l'expressivité du corps en perpétuel déplacement dans l'espace. L'environnement de l'homme sera humain de part en part.

A la limite, De Stijl prédit la mort de l'art, son identification avec la vie (comme Dada, mais pour des raisons qui ne se recoupent pas toutes). Ceci donne à ses conceptions un caractère parfois religieux (on connaît les rapports de Mondrian avec la théosophie), parce que De Stijl n'a jamais envisagé que l'intégration sociale, réalisée par une combinatoire

93. Robert DELAUNAY, *Du cubisme à l'art abstrait,* Paris, S.E.V.P.E.N., 1957, pp. 129 et 61-64.

94. Piet MONDRIAN, *Le néo-plasticisme,* Paris, éditions de « L'effort moderne », 1921. — Piet MONDRIAN, *Plastic art and pure plastic art,* New York, Wittenborn, 1945. — Théo VAN DOESBURG, *Principles of neo-plastic art,* Londres, Lund and Humphries, 1969.

généralisée, puisse devenir, non pas un lien de communication — mystique puisque sans résidu — mais une réduction de l'individu lui-même au statut d'élément indifférencié et indéfiniment permutable. La ville de l'âge machiniste est-elle le lieu où pourrait s'accomplir le désir d'accélération et d'accomplissement parfait des échanges sociaux ? Ou bien celui de leur impersonnalisation par abstraction au profit d'un système auquel le binarisme énoncé par Mondrian et van Doesburg impose une marque analogue à la logique qui sera celle des ordinateurs électroniques ?

La machine, la vie moderne.

La ville utopique de l'avant-garde est un projet abstrait formel. Ses principes ont pourtant un répondant concret et en soi cohérent dans la réalité urbaine disparate : l'objet technique, la machine, modèle de fonctionnalité. Le modèle a virtuellement quelque chose d'absolu. Il est imaginé par les futuristes comme un système de forces qui communique avec la totalité de l'espace naturel et qui finira par ordonner toutes les pratiques sociales. Déjà, la vie quotidienne est pleine de ces objets. Ils l'envahissent, ils l'investissent. Rien ne peut rendre davantage sensible l'expansion de leur ordre systématique que leur présence quotidienne dans les rues et les lieux publics.

C'est effectivement au début du XXe siècle que la machine, sa présence immédiate, ses exigences, ses normes de fonctionnement deviennent sensibles en tous domaines. L'avant-garde des plasticiens se fait intentionnellement un des agents historiques de cette transformation. Dans leurs textes doctrinaux se constitue un mythe de la machine, non plus curiosité pittoresque, mais objet sur quoi se projettent l'angoisse et le désir. Comme la nature et les objets de nature pour les romantiques, la machine devient une manière de divinité, ou bien le double de l'homme, ou bien objet ludique. Il faut la séduire, l'apprivoiser, la dominer. L'émerveillement des futuristes devant l'objet technique est un fantasme de la toute-puissance ; celui de Francis Picabia est lié à une certaine angoisse : « La machine est devenue plus qu'un simple instrument de la vie humaine. Elle est réellement une part de la vie humaine, peut-être sa vraie âme » (95). L'image de la machine, telle que l'interprètent les textes de ce peintre, est une manière d'ex-voto ou un objet d'exorcisme.

95. Interview publiée par le *New York Tribune Sunday,* octobre 1915.

D'une façon très générale, l'avant-garde a cru découvrir, dans la logique fonctionnelle de la machine, une nouvelle forme de « beauté », déduite de la rationalité propre à la fabrication en série industrielle et aux lois de la mécanique appliquée : ce que Marinetti nomme en 1914 « la splendeur géométrique et mécanique et la sensibilité numérique » (96) ; et Fernand Léger « le nouvel état visuel imposé par les moyens de production nouveaux », condition de « l'avènement de la beauté mécanique » (97). On trouve dans toutes les doctrines de l'avant-garde un certain nombre de thèses communes qui marquent un changement absolu d'attitude, en regard de ce que fut la pensée du XIXe siècle quant au mode d'existence de la machine dans la société contemporaine et quant à la conception de la modernité.

Toutes ces doctrines reprennent à leur compte, d'une certaine façon, l'idée plus précisément exprimée par Léger que « les réalisations picturales actuelles constituent la résultante de la mentalité moderne et se lient étroitement à l'aspect visuel des choses extérieures qui sont pour le peintre créatrices et nécessaires » (98). Ces choses « extérieures » déterminantes pour la créativité du plasticien, ces données « non psychologiques », ce sont dans la vie moderne les machines et plus généralement les objets techniques produits par l'industrie. Les futuristes reprennent la même thèse en fonction de leur idéologie démagogique d'exaltation de la puissance nationale ; les constructivistes russes le font dans le cadre de leurs préoccupations également politiques lorsqu'ils recherchent des formules d'art prolétarien et révolutionnaire ; De Stijl aussi, parce qu'à ses origines il inscrit son projet dans la suite des travaux d'art appliqué, auxquels l'Angletere du XIXe siècle a donné une nouvelle impulsion, mais qu'il a l'originalité de rattacher aussi à des recherches formelles conduites dans le domaine du tableau de chevalet (99).

Cette première thèse pose que la « mentalité moderne » que nomme Léger est à l'opposé d'un « esprit du temps », d'un « goût » qui se développerait historiquement dans l'indépendance de ses conditions matérielles d'existence. Elle n'a pas de réalité en dehors du travail de transformation de la matière. La modernité de l'avant-garde n'est pas celle, baudelairienne, des changements de la mode, mais celle de la révolution des techniques et de l'apparition de nouvelles pratiques. Dans ces condi-

96. *Archivi del Futurismo,* ouvrage cité, p. 47.

97. Fernand LÉGER, *Fonctions de la peinture,* ouvrage cité, pp. 20 et 58.

98. *Ibidem,* p. 20.

99. Paul Overy a raison d'introduire l'étude de De Stijl par l'analyse de la chaise réalisée en 1917 ou 1918 par Rietweld : « La chaise rouge et bleue de Gerrit Rietweld constitue la mise en œuvre la plus cohérente des principes de De Stijl » (Paul OVERY, *De Stijl,* ouvrage cité, introduction, p. 7).

tions, l'objet technique et l'univers machiniste ne constituent plus un ensemble pittoresque parmi d'autres, occasion d'enthousiasme ou d'apitoiement. Ils sont constitutifs de cette nouvelle beauté qui est partout, « dans l'ordre de vos casseroles, sur le mur blanc de votre cuisine, plus peut-être que dans vos salons XVIIIe siècle ou dans les musées officiels » (100).

Le problème des rapports du beau et de l'utile, posé dès les années 1850 par les théoriciens de l'économie industrielle et des arts appliqués, systématisé dans la réflexion philosophique de Paul Souriau en 1904, trouve ici une certaine résolution. Sur ce point, les idées avancées par l'avant-garde paraissent d'ailleurs contradictoires, soit les unes à l'égard des autres, soit en elles-mêmes. La pensée de Fernand Léger permet de saisir ces contradictions externes et internes. Il pose parfois catégoriquement l'antériorité de la pratique matérielle sur la spéculation plastique, la détermination de l'une par l'autre : « Dans l'ordre mécanique, le but dominant est utile, strictement utile... la beauté moderne se confond presque toujours avec la nécessité pratique. » Cependant Léger ajoute ceci, à quoi Mondrian et Malévitch souscriraient, Gabo et Pevsner aussi, mais non Tatlin ni Rodchenko, ni non plus sans doute les futuristes : « Cette constatation entre le rapport beau et utile... ne déduit pas que la perfection utile doit amener la perfection beau » (101). Mais dans tous les cas, la difficulté de penser ce rapport, sauf à annuler l'un des deux termes, réside pour l'avant-garde en ce que la détermination du beau par l'utile ne paraît pas toujours une condition suffisante à la réalisation de la beauté moderne ; cette « nécessité » demeure, tous comptes faits, problématique.

En fait, ce qui est en jeu dans ce débat (qui n'est pas propre à l'avant-garde mais où elle prend toujours, au moins dans une large mesure, le parti du fonctionnalisme machiniste), ce n'est pas le faux problème du rapport entre deux ordres d'activité qu'on puisse considérer d'emblée dans leur autonomie. La séparation du beau et de l'utile n'est pas le fait d'une différence de nature originelle, devenue antinomique — la société machiniste permettant sous certaines conditions nouvelles, comme le firent certaines sociétés antérieures, sinon l'identification, du moins le retour à une complémentarité harmonieuse de ces deux finalités de la production. La séparation du beau et de l'utile relève de l'ordre du système, d'un état donné de la division du travail. Toute tentative de rétablir

100. Fernand LÉGER, *Fonctions de la peinture,* ouvrage cité, p. 53. — Cf. aussi Théo VAN DOESBURG, *The end of art* (1926), cité par Paul OVERY, *De Stijl,* ouvrage cité, p. 94.

101. *Sic, ibidem,* pp. 54 et 65.

directement l'unité perdue sans toucher au système même, est une autre forme d'utopie ou de fantasme : pour Mondrian et pour De Stijl, celui d'un univers dont les signes spatiaux seraient entièrement transparents aux relations sociales ; pour les futuristes et les constructivistes, le rêve — très équivoque — d'une sorte d'assimilation de l'homme à la machine, mais qui débouchera sur un univers de robots ou sur la domination absolue de la matière par l'homme (102) ? Quant à Fernand Léger, il projette le malaise qu'il éprouve dans cette sorte de rêve aussi — qui prendra un autre sens plus tard du fait de son engagement politique — d'une identification ou du moins d'un passage sans rupture de la condition d'ouvrier à celle d'artiste.

C'est chez Fernand Léger, dans toute l'avant-garde, que la rationalisation par quoi se trouve surmontée idéalement l'antinomie de l'art et du travail, trouve son expression la plus systématique. Il pose en principe que « le hasard seul préside à l'événement de beauté dans l'objet fabriqué » (103). S'agissant de l'objet technique industriel, ce hasard consiste en un double « événement » : la lumière joue sur les parties métalliques nues de la machine, créant des effets constamment variés et aléatoires ; d'autre part, la nécessité de recouvrir de peinture — de couleur pure en aplats — certaines parties de l'objet, constitue « l'événement de l'architecture mécanique polychrome » (104). Au peintre de rivaliser avec la machine, de se servir « de la machine comme il arrive à d'autres d'employer le corps nu ou la nature morte » ; d'inventer « des images de machines, comme d'autres font, d'imagination, des paysages » ; d'essayer, « avec des éléments mécaniques, de créer un bel objet » (105). Il arrive même que Léger affirme que le « vrai créateur », c'est l'artisan, l'ouvrier, le commerçant, l'étalagiste ; qu'il condamne la pratique des artistes « professionnels », lorsqu'en surajoutant un décor à l'objet technique ils font le jeu du mercantilisme (106). Il reste cepen-

102. « Il n'y a aucune différence essentielle entre un cerveau humain et une machine » (B. Corradini et E. Settimeli, « Poids, mesures et prix du génie artistique », *Archivi del futurismo,* ouvrage cité, p. 41). — En U.R.S.S., Meyerhold fait appel à des constructivistes pour le décor de pièces de théâtre où le jeu des acteurs est défini comme une « biomécanique » (le jeu corporel de ces acteurs obéissant à une rythmique analogue à celle des cadences de la production industrielle) et l'avant-garde russe considère constructivisme et biomécanique comme l'avers et l'envers d'une même réalité à la fois matérielle et spirituelle.

103. Fernand Léger, *Fonctions de la peinture,* ouvrage cité, p. 55. — Il est vrai que Léger remarque souvent, non sans contradiction, que les raisons « géométriques » qui déterminent la forme industrielle, constituent par soi une valeur esthétique.

104. *Ibidem.*

105. *Ibidem,* p. 63.

106. *Ibidem,* p. 57 et sq.

dant qu'au-dessus de l'artisan et de l'ouvrier, « quelques hommes, très peu, sont capables de s'élever dans leur concept plastique à une hauteur qui domine ce premier plan du beau » [107] ; et c'est sans doute, sous une forme plus rigoureuse, la même conception qui fait Gabo affirmer la suffisance et la fonctionnalité spécifique des « images », disant qu'elles ne sont pas images *de* quelque chose, mais des « constructions » aussi réelles et aussi fonctionnelles que les ponts construits par l'ingénieur [108].

La force de ce désir de retrouver l'unité perdue des pratiques humaines qui dresse l'avant-garde contre la culture humaniste et sa tradition d'un beau absolu, s'exprime plus spécifiquement comme projet d'un art total dont les conditions de possibilité paraissent établies ou rétablies par la société machiniste. Cette notion n'est pas du vocabulaire de l'avant-garde des plasticiens. Sous sa forme contemporaine, peut-être faut-il la repérer d'abord, comme on l'a dit, dans la conception de l'opéra wagnérien. Au cours des années 1910, elle qualifie aussi le projet de Serge de Diaghilev et trouve des réalisations particulières dans le simultanisme, tel que le définit Apollinaire ; dans des tentatives comme celle des *Calligrammes* (avec ce qu'elles ont de simplificateur, d'anecdotique, par rapport à la typographie mallarméenne) ; dans la collaboration de Blaise Cendrars et de Sonia Delaunay pour *La Prose du transsibérien* [109] qui entrelace l'espace du texte et l'espace de la couleur ; dans l'idée futuriste d'un spectacle qui mêlerait des formes, des bruits, des odeurs [110].

L'idéologie d'un art total, dans les doctrines de l'avant-garde artistique, définit de tout autres fins que celles d'un spectacle polyvalent et un autre champ d'action que le théâtre ou le livre. Elle se fonde sur deux considérations connexes. En matière d'arts plastiques, la civilisation de la Renaissance a fait de l'individu le sujet absolu de sa création, elle a donné corps au mythe du génie créateur. Elle a donc mis fin, sinon à des phénomènes de création collective, comme le croit Fernand Léger, du moins à une « écriture » figurative du sensible dans des formes et rythmes plastiques capables d'informer l'existence collective. Voici que la civilisation machiniste constitue de nouveaux types de collectivités dont les membres ne sont plus associés par des formes religieuses et mythiques auxquelles la pratique artistique est indistinctement liée, mais par les contraintes du nouveau mode de production : les populations urbaines

107. *Ibidem,* p. 61.

108. Naum Gabo, *Of diverse arts,* ouvrage cité.

109. Guillaume Apollinaire, « *Calligrammes* », *Œuvres poétiques,* Paris, Bibliothèque de la Pléiade, 1956. — Blaise Cendrars et Sonia Delaunay, *La prose du transsibérien* (Paris, 1912).

110. *Archivi del futurismo,* ouvrage cité, p. 43.

et les concentrations de la main-d'œuvre industrielle. Cette même puissance de l'industrie offre aussi à l'art de nouveaux espaces matériels à l'échelle de l'action des masses : les murs, la ville, l'environnement en général (111). Gabo cite son frère Antoine Pevsner : « Les constructions gigantesques du monde moderne, les prodigieuses découvertes de la science ont changé la face du monde... Gabo et moi, nous nous sommes trouvés engagés dans des recherches nouvelles dont l'idée directrice est la quête d'une synthèse des arts plastiques : peinture, sculpture et architecture... Il n'est pas déraisonnable d'imaginer que la période qui succédera à la nôtre sera, une fois de plus, une période de grandes œuvres collectives, qu'elle verra l'exécution de constructions imposantes dans de vastes espaces urbains » (112).

La seconde considération, c'est la possibilité offerte par l'art dit abstrait d'appliquer les formes que crée le plasticien à l'organisation de l'environnement dans son ensemble et dans ses parties. Le processus décrit par Mondrian semble réserver une hiérarchie : du tableau de chevalet, les schèmes visuels inventés par le peintre s'étendront à l'ordre de la chambre individuelle et de la ville universelle (113). Léger croit au contraire que ces deux ordres de réalité : la production picturale de formes non représentatives et la production industrielle d'objets techniques, sont déterminées par les mêmes conditions historiques. En dernière analyse, malgré ses hésitations et contradictions, il ne pense pas que la première de ces données soit la cause efficiente, unilatérale, de la seconde ; toutes deux sont sur le même plan et peuvent communiquer sur un mode de détermination réciproque. Leur rencontre non fortuite, nécessaire, dans l'histoire contemporaine devrait, sinon aboutir à leur fusion, du moins supprimer, comme parle ce peintre, le « préjugé de hiérarchie d'art », c'est-à-dire la séparation, en matière de création formelle, du travail intellectuel et du travail manuel (114).

Léger a raison de prendre ici repère avec insistance sur l'art de la Renaissance. L'accession des arts plastiques au statut d'activité intellectuelle — on l'a dit (115) — est un processus contemporain de l'institution du capitalisme. Si la carrière de Giotto peut marquer un premier stade de ce processus, celle des grands peintres renaissants en est un second, plus décisif. C'est à ce stade nouveau de la division du tra-

111. Fernand LÉGER, *Fonctions de la peinture,* ouvrage cité, pp. 59 et sq.

112. Naum GABO, *Antoine Pevsner,* ouvrage cité.

113. Piet MONDRIAN, *Réalité naturelle et réalité abstraite* (traduction dans Michel SEUPHOR, *Piet Mondrian, sa vie, son œuvre,* Paris, Flammarion, 1956).

114. Fernand LÉGER, *Fonctions de la peinture,* ouvrage cité, pp. 53 et sq.

115. Ci-dessus, section I.

vail atteint par la Renaissance dans le domaine des activités culturelles, que sont formulables, dans leur acception toujours actuelle, les notions d'art et d'artiste elles-mêmes. Supprimer l'art comme activité séparée des autres pratiques humaines, ce serait supprimer l'art même puisque seule, sociologiquement, cette séparation le constitue comme pratique spécifique.

Dada et De Stijl ont déduit de ces mêmes données qu'effectivement le temps était venu de la mort de l'art ; mais en mettant l'accent sur un autre aspect des choses que Léger. Dada refuse qu'on le dise artiste, que l'on nomme œuvres d'art les objets qu'il fabrique. Selon le mot de Picabia, Dada est un « viveur » ([116]). Il veut identifier absolument l'art et la vie, comme jaillissement et spontanéité. Et van Doesburg : « On ne peut pas renouveler l'art. L' " art " est une invention de la Renaissance... Il fallut une énorme concentration de moyens pour faire de bonnes œuvres d'art. Mais on ne put réaliser une telle concentration qu'en négligeant la vie (comme fait la religion) ou en oubliant la vie. Ceci est impossible aujourd'hui, car nous n'avons d'intérêt que pour la vie. / Nous aussi nous devons mettre nos forces au service de la vie. C'est cela le vrai progrès. Le progrès est contraire à toute concentration exclusive... C'est la première raison pour laquelle l'art est impossible... / Par amour du progrès, nous devons tuer l'art » ([117]).

Mondrian s'est séparé de van Doesburg lorsque celui-ci envisagea de rapprocher De Stijl et Dada, quand il participa à titre personnel à certaines activités Dada. C'est que Mondrian s'est trouvé placé, ici, devant la ligne de clivage qui a toujours divisé l'avant-garde dans ses profondeurs ; il est vrai que la rupture de la masse ne s'est jamais tout à fait accomplie, pas même dans l'art tout actuel : les deux versants idéologiques renvoient à la même réalité sociale et il est arrivé qu'un même artiste s'établisse sur l'un et l'autre, successivement, sans se contredire au fond. Van Doesburg s'opposant à Mondrian, c'est l'opposition très générale de Dada et des productivistes au reste de l'avant-garde. Elle peut être thématisée par deux notions : la mort de l'art dont on vient de dire que Dada la réalise par identification de l'art et de la vie, mais dont les productivistes envisagent l'événement par résorption de la pratique artistique dans la production des biens matériels ; d'autre part, la notion de réalisme qui est explicitement commune à Mondrian, aux constructivistes stricts, à Léger.

116. Francis Picabia, « Instantanéisme », *Comoedia* du 21 novembre 1924.

117. Théo van Doesburg, « La mort de l'art » (1926), cité par Paul Overy, *De Stijl*, ouvrage cité, p. 94.

L'opposition des deux notions — l'opposition, sur ce point doctrinal, de deux fractions de l'avant-garde — naît effectivement de la situation contradictoire de l'art dans le système social. Par sa haute technicité et par sa puissance productrice, celui-ci donne à l'art des moyens de production et de diffusion qui sont à l'échelle des masses ; mais ces moyens ne peuvent être utilisés que pour reproduire une situation culturelle discriminatoire qui maintient la fonction artistique, sous tous ses aspects, en position marginale. L'idéologie de la mort de l'art donne à penser (mais l'analyse des œuvres contredira à cette interprétation) qu'il s'agit d'une conduite suicidaire, résolvant la contradiction de façon simplificatrice par l'élimination de l'un de ses termes. Celle du « réalisme » de certaines formes d'art, par ailleurs souvent dites « abstraites », est apparemment plus complexe. Elle présente l'intérêt ici, au plan de l'analyse des doctrines, d'expliciter les principes et la stratégie de ce courant doctrinal.

Son principe fondamental est que l'art échappe aux contradictions objectives induites par le système social, pour autant qu'il produit lui-même une « réalité » mentale dont les « abstractions », à la façon de celles de la science et de la technologie, seraient indemnes de toute idéologie. L' « image » définie par Malévitch et par les constructivistes stricts (image qui n'est pas image *de* quelque chose mais, en soi, une « construction ») ; les schèmes optiques de Mondrian, extensibles à la chambre, à la ville, à l'environnement ; la « réalité de conception » théorisée par Fernand Léger, toutes ces productions formelles reçoivent le même qualificatif de « réalistes ». Cela signifie deux choses. D'une part, qu'il est erroné de définir le réalisme d'une image en fonction de son référentiel. La réalité, en matière d'art, n'est pas déterminée par la fonction désignative de la représentation. Elle consiste en ces modèles visuels, codés comme des systèmes d'oppositions, qui définissent des corps de règles dont la logique est indépendante de tous « contenus » et applicable, en conséquence, dans divers procès de transformation de la matière sensible (objets esthétiques, ustensiles, espace architectural, espace urbain). D'autre part, la réalité visuelle instituée par le travail du plasticien est en relation d' « équivalence », selon le terme de Léger, avec les autres formes de la pratique dans la société machiniste : celles de la quotidienneté, de la production technique et industrielle des biens matériels, de la pensée scientifique.

Les thèses de Fernand Léger apportent, concernant ce dernier point, quelques éléments particuliers qui ont l'intérêt de préciser cette notion d'équivalence. Il font apparaître aussi comment les peintres, qui ont été les théoriciens d'une modernité de l'art adéquate à la société machiniste, ont pu juger que leurs recherches étaient identiques, plastiquement, à celles d'autres artistes, rangés eux aussi dans l'avant-garde ou revendiqués par elle, qui n'ont jamais posé sous une forme directe la question du statut problématique de l'art dans la société contemporaine. En distinguant le « réalisme visuel » du « réalisme de conception » (118) — grossièrement parlant : la représentation imitative du formalisme, qu'il soit « abstrait » ou non — Léger se réfère implicitement aux conceptions d'Apollinaire et, par là, aux travaux des cubistes (119). Il se réfère aussi à Cézanne qui, note-t-il, énonça la loi la plus générale de l'art contemporain : « réaliser ses sensations », mais échoua à donner sa pleine extension à cette réalisation (120). En annonçant quant à lui « l'avènemcnt du contraste plastique » généralisé, en qualifiant cette nouvelle plastique — comme le faisaient aussi les futuristes — en termes de rythme, de mouvement, de vitesse, de ruptures, mais surtout en insistant, de façon très originale, sur le fait que les contrastes de lignes, de surfaces, de volumes, de couleurs, de valeurs, viennent se surdéterminer les uns les autres et font système dans le cadre de ce qu'il nomme un « état intensif organisé » (121), Léger définit l' « équivalence », l'homologie formelle de son propre système figuratif et de la pratique machiniste.

Cet ensemble théorique — avec ses contradictions qui sont ellesmêmes significatives — représente de beaucoup la plus grande part des textes publiés par ceux que leurs contemporains, aux origines de l'art actuel, rangèrent empiriquement sous la catégorie de l'avant-garde. Le support idéologique de ce regroupement empirique fait apparaître que les diverses formations sociales de l'Europe industrialisée (ou, pour la Russie, cette société semi-féodale qui projette de passer directement à l'industrialisation par la voie d'une révolution des rapports de production), ces sociétés ont commencé au début du XXe siècle à créditer d'une valeur culturelle les instruments de leur puissance économique. La science et les techniques viennent occuper la place centrale dans les débats autour de la notion de progrès, alors que la pédagogie classiquc, toujours vivace au XIXe siècle, les consacrait pour l'essentiel aux « humanités », aux arts et surtout à la littérature, c'est-à-dire à tout un savoir psychologique et moral en voie d'accumulation. La logique économique du « machinisme » faisant passer au premier plan les applications pra-

118. Fernand LÉGER, *Fonctions de la peinture,* ouvrage cité, p. 11 et *passim.*

119. « Ce qui différencie le cubisme de l'ancienne peinture, c'est qu'il n'est pas un art d'imitation, mais un art de conception... » (Guillaume APOLLINAIRE, *Les peintres cubistes. Méditations esthétiques,* ouvrage cité, p. 26).

120. Fernand LÉGER, *Fonctions de la peinture,* ouvrage cité.

121. *Ibidem,* p. 51.

tiques de la science, l'idéologie déplace l'axe de répartition des valeurs : la fonction artistique, à la limite atteinte par l'avant-garde des années 1910-1920 et telle que la définit l'idéologie de cette avant-garde, paraît devoir se subordonner aux finalités de la production industrielle et même à ses techniques.

Une question théorique se trouve ainsi posée à l'historien. Quel type de communication et d'échanges existe-t-il entre les différentes séries d'activité d'une même formation sociale historique, singulièrement lorsqu'il s'agit de pratiques intellectuelles — en tant que telles voisines — comme l'art et la science avec ses applications techniques ? Dès les premières œuvres qui ressortissent au système figuratif contemporain, critiques et artistes ont prétendu établir des rapports entre l'impressionnisme et les théories physiques de Chevreul, entre le néo-impressionnisme de Seurat et le calcul du nombre d'or, entre la spatialité des figurations cubistes et la notion de quatrième dimension empruntée à la théorie de la relativité. Si de tels rapports existent, sont-ils de causalité directe, de détermination univoque d'une série par l'autre, d'analogie ou d'homologie, ou bien d'« expression » du tout dans chacune de ses parties (122) ?

Ces questions ne sont pas abstraites. La recension et l'examen des thèses de l'avant-garde concernant l'existence de tels rapports mettent en évidence que ces questions ont d'abord été posées en termes de morale sociale et de politique. Du point de vue des peintres, ce double caractère de leurs conceptions est absolument justifié et n'infirme en rien la portée critique, au plan même de la pratique artistique, des prises de positions de l'avant-garde. Mais si des rapports positifs existent entre peinture et machinisme, on ne peut pas en connaître la réalité en se fondant sur des déclarations d'intention. On ne la découvrira pas non plus dans l'imposition sur les œuvres de marques superficielles. Il faut rechercher dans ces œuvres si la nouvelle façon d'informer le donné perceptif, de produire du visible comme dit à peu près Paul Klee (123), engage à des conduites mentales et pratiques capables d'intervenir dans la transformation des rapports sociaux, au sein de formations historiques qui justifient la valeur de leur propre système par sa capacité technique de production.

122. Panofsky établissant une homologie structurelle entre le système de l'architecture gothique et celui de la pensée scolastique, dans leurs synchronies et leurs diachronies, est à cet égard un modèle de prudence méthodologique, comme l'analyse Pierre Bourdieu dans sa « postface » à Erwin Panofsky, *Architecture gothique et pensée scolastique,* ouvrage cité.

123. Paul Klee, *Théorie de l'art moderne,* ouvrage cité, pp. 31 et 34.

IV

IMAGES

MACHINES EN REPRÉSENTATION.

Les premières productions picturales de l'art contemporain (ces ensembles visuels faits de couleurs, de tracés linéaires et même de reliefs, car dans les « collages », « montages » ou « constructions », s'efface la différence de la peinture et de la sculpture), ces images, quand elles se réfèrent à l'univers de la machine, le font selon deux axes que l'analyse doit distinguer : elles renvoient à un objet ou à un ensemble d'objets techniques, que ceux-ci soient réels ou imaginaires ; et elles se donnent d'autre part, comme le veut Fernand Léger, pour plastiquement « équivalentes » aux règles d'association et de fonctionnement d'un univers de formes, de mouvements, de comportements soumis à la rationalité des techniques machinistes.

Sous le premier de ces aspects, le statut de l'image ne pose pas de questions qui soient particulières à l'art contemporain : l'image — que l'on nommera signe iconique, pour autant que l'on considère l'art comme mode de communication — entretient avec son référent (réel ou imaginaire) une relation de similitude, de ressemblance globale, fragmentaire ou détaillée. Cela est vrai de toutes figurations, de celles même que Rodchenko ou Delaunay nomment « inobjectives », que l'on nomme plus souvent « abstraites » : chacune de leurs unités distinctes, nommables par métaphore, innommables peut-être, descriptibles du moins par leurs traits formels, ou aussi bien l'ensemble de la figuration, peuvent toujours être considérées comme ressemblant à un objet susceptible d'être construit et qui posséderait, sous un certain point de vue, une apparence similaire à celle de la forme peinte.

A suivre ce premier axe de référence, on ne fait donc qu'établir l'appartenance de toute figuration objective ou inobjective (« figurative » ou « abstraite ») à la catégorie de l'icône, parce que tous ces signes ou ensembles de signes sont dans une relation de similitude aux objets qu'ils désignent. La différence entre les deux modes de figuration (ceci n'est évidemment pas propre aux images mécanomorphes) consiste en ce que, dans le premier cas, le référent de l'image est un objet usuel, tel qu'on a pu ou qu'on pourrait en rencontrer dans la pratique quotidienne ; ou bien il est un objet imaginé à la semblance de ce dont on a l'expérience dans la quotidienneté : objet onirique, surnaturel, monstre obtenu par mixage d'éléments objectifs hétérogènes ou par déformation. Dans le second cas, cette référence à l'usuel est abolie ; le référent imaginaire appartient à une autre catégorie que l'onirique, le surnaturel, le monstrueux. S'agissant d'images qui se veulent en forme de machines, on peut dire sommairement que ce référent est une construction d'éléments réguliers ou irréguliers, ayant valeur pour le peintre de modèle mécanique idéal.

Cette notion de modèle introduit le deuxième aspect des recherches de l'avant-garde « machiniste » : celle-ci n'a pas seulement voulu constituer un nouvel ensemble iconographique ; elle a aussi prétendu instituer un nouvel ordre plastique. On ne peut réduire, en effet, la signification d'une image à cette fonction référentielle qui fait qu'elle désigne, par ressemblance, un objet extérieur à son ordre propre. Sa signification ne peut s'interpréter qu'en considération de cet ordre interne qui est le sien. L'analyse formelle a précisément pour tâche d'établir le système des écarts et des oppositions qui lient les uns aux autres les éléments iconiques distincts (1). En matière d'art, évidemment, ce système est spatial (forme et couleur). Il sera, d'autre part, nécessairement défini par une analyse comparative. Or, dans le cas particulier de l'art contemporain, tout essai d'analyse systématique devra se donner pour point de comparaison privilégié ce qu'on a nommé, par simplification et par généralisation, l'image de tradition classique. Les règles de visibilité qui

1. Ou plus rigoureusement : il faudra dans tous les cas énoncer les principes d'organisation interne d'une image ou d'une série historique d'images ; ce seront comme des éléments systématiques de différents systèmes historiques postulés, comme des fragments de codes, d'ailleurs souvent empruntés à d'autres pratiques sémiotiques ; ils permettront une série de lectures de l'image qui se recouvriront sans que ces recouvrements constituent jamais un système clos sur lui-même, comme l'est, pour le linguiste, le code global de la langue.

sont à l'œuvre dans l'art contemporain ne peuvent être déterminées que par rapport à l'espace imaginaire qui relève de cette tradition (2).

Cette nécessité est inscrite dans l'histoire. L'espace plastique imaginé par la peinture du *quattrocento,* ses règles essentielles de composition se sont imposés à l'ensemble de la production artistique européenne de l'âge classique. En France, depuis Colbert, les grands débats de l'Académie montrent que l'exercice du pouvoir de cette institution fut lié, entre autres activités, à la normalisation de cet espace imaginaire de la peinture, à travers certaines variations et contradictions historiques (3). Cette situation est inchangée au XIXe siècle, au moment où s'opère la révolution industrielle. Les épigones du néo-classicisme davidien et, en général, les tenants des « grands genres » manifestent la force de coercition des normes académiques à l'encontre, en particulier, des tentatives de la peinture dite romantique et réaliste, qui visent à introduire dans les règles de l'art des variations formelles, et non seulement thématiques, accordées au sentiment de la « modernité ». En 1899, Paul Signac se réclame encore de Delacroix, de sa technique de la touche, de l'espace de la couleur que cette technique permet de construire (4). C'est la preuve que la volonté d'innover formellement fut l'une des causes — celle-là interne à la pratique picturale — du mouvement très général des jeunes peintres « indépendants » de la fin du siècle, lorsqu'ils se sont tournés à la fois contre la tradition normative de la peinture classique et contre les institutions qui en assuraient matériellement la permanence.

2. Pierre Francastel parle d'espace « renaissant », parce qu'il lui importe moins de déterminer son extension que son point d'apparition dans l'histoire. Il a d'ailleurs montré que l'espace figuratif qui se constitue au cours du *quattrocento* ne peut lui-même être défini qu'en relation avec un autre système spatial, celui de la figuration médiévale, en opposition auquel il se constitue. C'est une des thèses majeures des travaux de Pierre Francastel que d'avoir comparé la rupture provoquée dans l'histoire de l'art par la peinture du *quattrocento* avec celle qu'effectue la peinture impressionniste, à l'aube de l'art contemporain. Parler d'espace figuratif « médiéval », « renaissant » ou « classique », se poser la question d'une spatialité spécifique de l'art contemporain, n'est pas une simplification abusive : c'est marquer la nécessité de rechercher l'extension temporelle de grandes stratifications historiques au cours desquelles la figuration a obéi à quelques règles invariables dans l'ordre de l'espace imaginaire (règles jouant le rôle d'invariants à l'échelle de ces grands pans d'histoire) et c'est formuler l'hypothèse que cette même recherche peut être entreprise pour l'actualité de l'art, en sachant qu'elle ne saurait être que très approximative, pour la raison que cette nouvelle ère de la peinture est toujours en genèse. — Cf. Pierre FRANCASTEL, *Peinture et société,* Lyon, Audin, 1952. — Marc LE BOT, « Art, sociologie, histoire », *Critique,* n° 239, avril 1967.

3. Bernard TEYSSÈDRE, *Roger de Piles et les débats sur le coloris au siècle de Louis XIV,* Paris, La Bibliothèque des Arts, 1965.

4. Paul SIGNAC, *D'Eugène Delacroix au néo-impressionnisme,* ouvrage cité.

Les premières recherches de l'art contemporain n'ayant de sens que dans ce rapport d'opposition historique, il faut les considérer sous un double aspect : elles ont donné lieu, indissociablement, à une critique des règles figuratives classiques et à plusieurs séries d'expériences nouvelles fondées sur de tout autres règles. Mais cette dernière proposition demande qu'on la précise. Il n'est plus question ici d'une critique et d'une recherche conduites dans le domaine des débats idéologiques et des théories que définissent occasionnellement des textes écrits par les peintres. Ce qui est en cause, c'est une critique et une recherche positives qui s'effectuent par la voie des modifications internes que la peinture elle-même opère dans la pratique picturale. D'autre part, il faut fonder cette même proposition. C'est-à-dire qu'il faut reprendre les thèses plus ou moins explicites de l'avant-garde « machiniste », pour les vérifier au plan de l'analyse formelle des œuvres : dans quelle mesure peut-on considérer qu'il existe, entre les séries d'expériences très diverses de l'art contemporain, une cohérence qui leur confère réellement, dans leur ensemble, cette valeur à la fois critique et novatrice ? Peut-on penser, plus précisément, qu'elles constituent, selon l'hypothèse de certains peintres, comme autant d'éléments d'une nouvelle problématique figurative qui serait caractéristique du destin de l'art dans les sociétés machinistes ? S'il est vrai qu'il s'agit de passer, par une sorte de subversion totale, d'un espace figuratif à un autre, il faut établir que l'image, dans l'art contemporain en général, a changé de structures.

Le choix, ici, d'engager l'examen de ces recherches et expériences en prenant pour objet des œuvres qui se réfèrent directement ou indirectement à l'univers de la machine, ne garantit certainement pas qu'on ait délimité le secteur où ont été prises les initiatives les plus déterminantes. Mais le point n'est pas décisif. La réponse à la question posée par l'activité même de l'avant-garde « machiniste » ne dépend pas de façon absolue du bilan de cette action. Le problème est plus général ; il ressortit à la théorie de l'histoire. Ces peintres ont pensé que la pratique artistique ne devait, ni en fait, ni en droit, être séparée des autres secteurs de la production ; que si elle paraissait l'être, c'était la conséquence d'une sorte de perversion ou de ruse du système social ; que la question déterminante pour eux était donc celle d'une modification radicale de la pratique artistique elle-même, en vue d'entraîner un changement également radical de son statut — de ses lieux et modes d'intervention — à l'intérieur de ce système. Ils se sont ainsi donné à eux-mêmes (et par voie de conséquence ils ont donné à l'historien) un réel point de vue critique à la fois sur l'art du passé et sur l'ensemble des travaux de l'art contemporain, puisqu'ils ont voulu que la peinture, en tant que pratique spécifique, soit rapportée à la pratique sociale actuelle, aux comportements et aux conduites mentales exigés par son développement technologique.

Cette position du problème, dans toute son ouverture théorique, fait effectivement d'abord apparaître le rôle critique de l'art contemporain dans l'histoire. Face à l'art du passé il agit comme un révélateur. Il a fait surgir une différence dont le premier effet fut de rendre manifestes les artifices systématiques de l'ordre figuratif qui lui était immédiatement antérieur. Cet ordre de la figuration classique s'était établi en relation avec le développement de la science qui s'accomplit dans la physique galiléenne, c'est-à-dire avec la capacité de la pensée scientifique de produire des modèles abstraits dont la logique est indépendante des champs concrets de ses applications ([5]) ; ce système renonçait d'autre part — au moins tendanciellement — à la transcription, strictement codée par l'art du Moyen Age, des significations tirées des textes sacrés, pour s'attacher à l'inventaire empirique du spectacle des apparences.

Plus précisément, l'espace imaginaire classique est ordonné à la géométrie euclidienne et aux règles de la perspective qui en sont déduites. Mais on sait aussi — ceci manifeste l'intérêt de la culture humaniste pour les apparences sensibles — que cette déduction s'est faite au prix de nombreuses modifications des figures produites par le calcul géométrique, lorsque des volumes sont projetés sur un plan ; au prix d'adaptations destinées à sauvegarder la « vraisemblance » en regard des conditions empiriques de la perception par l'œil humain, auquel la rigueur des constructions scientifiques est étrangère ([6]). Ainsi, en termes absolus, la construction perspective n'est-elle pas plus « naturelle » ou plus « vraie » qu'une autre. Mais elle possède une qualité remarquable : l'image soumise à l'ordre géométrique perspectif renvoie à l'expérience quotidienne de l'espace sensible ; elle tient compte, en particulier, de certains effets ou « illusions » d'optique. Sa réputation de vérité a donc quelque chose de paradoxal. Elle se justifie pourtant, à condition d'entendre que cette construction introduit un ordre régulier de compréhension — et aussi la possibilité de certaines attributions de valeur codifiées — dans le vécu de la perception. Cette référence au vécu prétendu immédiat, à la perception prétendue « naturelle », est propre à la peinture produite au cours de l'ère historique dominée par l'idéologie humaniste. Pour ne rappeler d'abord que le point de comparaison qui fut réellement celui des peintres du *quattrocento,* on sait que les règles de la figuration médié-

5. Alexandre Koyré, *Du monde clos à l'univers infini,* Paris, P.U.F., 1962. — Alexandre Koyré, *Etudes galiléennes,* Paris, Hermann, 1966.

6. André Barre et Albert Flocon, *La perspective curviligne. De l'espace visuel à l'image construite,* Paris, Flammarion, 1967.

vale, en général, ressortissaient à de tout autres principes d'intelligibilité, à un tout autre ensemble de croyances et de valeurs : elles se donnaient pour homologues de l'ordre hiérarchique qui déterminait la conception théologique du cosmos (7).

Visant au « vraisemblable », l'image classique ne se définit donc pas par le seul schéma géométrique de la projection des lignes orthogonales sur un plan. Elle se réfère aussi, pour ordonner les « corrections » qu'elle impose à ce schéma, à deux modèles concrets : l'image dans un miroir et l'espace de la scène théâtrale. Mais il faut comprendre que ces modèles n'ont pu être imposés à la peinture comme du dehors ; c'est le travail de l'art qui les a conçus, élaborés à l'intérieur de son ordre propre, qui les a conciliés avec les régularités de son écriture géométrique. Cet ensemble de moyens et d'artifices a permis à l'image classique de se donner pour un double imitatif d'une réalité qui, concrètement, est perçue comme un espace profond ; et cette profondeur illusoire, globale et régulière, par quoi l'image classique se démarque absolument de l'image médiévale, est plastiquement sa caractéristique essentielle.

La construction perspective linéaire intervient dans cet illusionnisme spatial, parce qu'elle reconduit tous les éléments visuels au point de fuite d'un réseau de lignes — réellement figurées ou seulement idéales — qui donne la mesure de la grandeur relative de ces éléments ; cet effet d'éloignement est repris par le dégradé des teintes, dans la perspective atmosphérique ; il est aussi corroboré par l'orientation de l'éclairage et par la production régulière de l'ombre et de la lumière. Le système constitue de la sorte un ensemble unifié d'échelles fixes pour la mesure des rapports quantitatifs (de grandeur, de couleur, de valeur) des différents éléments perceptifs entre eux. D'autre part, toutes ces mesures sont prises à partir du point de fuite situé sur l'axe central, autour de quoi le visible s'ordonne d'ailleurs symétriquement ou asymétriquement. Mais ce point de fuite est aussi le point de vue idéal. Celui qui regarde l'image de peinture se trouve bien de la sorte idéalement situé dans les conditions générales qui s'imposent à la vision lorsque quelqu'un observe une représentation théâtrale ou bien l'image renvoyée par un miroir — toutes deux conçues, elles aussi, comme des doubles de la réalité visible. En effet, dans tous les cas (miroir, scène, image de peinture), le spectacle se trouve distancié et cadré ; d'autre part (au moins pour la scène et la peinture), la référence au découpage normalisé de l'espace par le réseau des lignes orthogonales tend à inclure ce spectacle dans une structure cubique.

7. Edgar DE BRUYNE, *L'esthétique du moyen-âge,* Louvain, Editions de l'Institut Supérieur de Philosophie, 1947.

Ainsi le spectateur du spectacle de peinture se trouve-t-il placé dans une situation équivoque : en tant que spectateur, il est mis hors spectacle, hors jeu, mais de telle sorte que les règles du jeu ne jouent que de son point de vue privilégié ; en outre, il est situé exactement à la limite externe de la représentation et il se trouve sollicité, en conséquence, de structurer l'espace imaginaire comme si cet espace était celui-là même de sa propre pratique, bien qu'il en soit exclu. Il est pris dans un piège d'illusions, où toute réalité et vérité du visible sont rapportées à son seul regard, au point de vue limitatif qui est le sien, à son interprétation, à sa mise en scène de l'image scénographique, à sa fantasmatique personnelle. Absent de la représentation où ni sa parole ni son action transformatrice ne peuvent intervenir, il s'y croit pourtant présent ; il s'y projette et son désir d'action ne s'accomplit que sur un leurre, sur une scène où tout est toujours déjà joué selon un ordre qui ne sera jamais modifié : jeu de miroirs qui renvoie à l'infini l'objet au sujet de la perception, et inversement.

Devant cet espace homogène, régulièrement mesurable de part en part, l'œil est sollicité d'en parcourir les régularités et de les reprendre au compte de sa propre appréhension du visible. Il accommode de telle sorte qu'il saisisse de façon distincte, successivement, chacun des élément constitutifs de l'espace feint. La succession des actes perceptifs dans le temps et la mesure de la position des éléments discrets dans l'espace imaginaire (par leur grandeur, leur coloration, leur luminosité) coïncident donc d'une certaine façon : chacun des parcours de l'œil sur la surface peinte actualise dans le temps une des interprétations possibles des rapports déterminés par le schème spatial. En raison de ses références légendaires, mais aussi bien — et même fondamentalement — à cause de sa structure spatiale, le parcours optique et l'interprétation verbalisable que sollicite l'image classique, suivent l'ordre discursif d'une description et d'un récit : l'ordre temporel d'une action ou d'un événement racontables, qui s'accomplissent dans le cadre descriptible en tous points d'une scène unitaire. La signification d'une telle image se fonde toujours — du moins au niveau d'analyse que Panofsky nomme iconographique — sur ce que « nous avons coutume de... nommer *histoires* et *allégories* » ([8]). Si une infinité de parcours et de discours interprétatifs sont toujours possibles, chacune des lectures optiques de la représentation relève pourtant du même type de cohérence à la fois narrative et spatiale. L'incohérence réelle, les perturbations, la multiplicité hétérogène des expériences concrètes de l'espace se trouvent niées ou

8. Erwin PANOFSKY, *Essais d'iconologie,* ouvrage cité, p. 18.

censurées par l'image classique au titre du non-sens, qui est en réalité le non-discursif.

Le rappel sommaire, ici, de ces lieux communs vaut pour évaluer le bien-fondé des thèses formulées par les peintres-théoriciens de l'avant-garde, répétant qu'ils détruisaient l'art du passé, l'ordre à la fois discursif et perspectif de la représentation ; qu'ils substituaient à l'image-spectacle une image-mécanisme, une image dont la logique « constructive » était « équivalente » à celle de certaines opérations techniques.

Ce rappel permet déjà de préciser comment l'introduction de l'image de la machine dans la peinture du XIXe siècle n'a pas perturbé par soi l'ordonnance classique de l'image, son espace scénographique. Dans les œuvres de Bonhommé, de Menzel, de Constantin Meunier, la machine figure au même titre que l'animal, l'arbre, la pierre, l'objet manufacturé, l'édifice. Elle est décor, ou lieu scénique, ou comparse sur le théâtre des actions humaines ; elle peut même être considérée comme un attribut substitutif de l'homme, un protagoniste de l'action. Ces quatre termes — décor, lieu scénique, comparse ou accessoire, protagoniste — décrivent quatre grandes fonctions de toute scénographie. L'image de la machine, comme tout autre signe figuratif, a pu tenir chacune de ces fonctions dans certaines œuvres du XIXe siècle, sans produire aucune discordance à l'intérieur de l'ordre représentatif parce que la logique de celui-ci ne laisse en droit rien échapper des apparences.

L'histoire des rapports explicites et intentionnels de la peinture et du machinisme fait apparaître que la première atteinte à cette logique, la première perturbation dans le système — sinon sa destruction — se rencontrent dans la série des *Gare Saint-Lazare* de Claude Monet. Joris-Karl Huysmans, s'agissant de représenter l'intrusion de la machine dans la vie quotidienne, attendait du « grandiose » et du « terrifiant », c'est-à-dire un certain « genre » dramatique. Ce qu'il nomme les « incertaines abréviations » de Claude Monet interdit un tel effet ([9]). C'est donc le style de ce peintre, son écriture figurative, et non pas le choix d'un symbolisme « machiniste » — tout au contraire — qui, selon Huysmans, gênent la dramaturgie. Et si ce sont des « abréviations » qui empêchent le mouvement dramatique de se développer, il faut comprendre qu'elles viennent rompre le fil et la logique de l'action en agissant sur son infrastructure formelle : en brisant la linéarité du schème spatial perspectif et celle de la narration dramatique. Ces « abréviations » sont des solutions de continuité, des points aveugles, des écarts, des glissements de la perception.

9. Cf. ci-dessus section II, 4.

La gare Saint-Lazare du musée du Jeu de Paume (1877) sollicitait certainement, de la part de Huysmans, une lecture repondant aux normes traditionnelles. La structure perspective de l'espace s'efface par endroits dans le recouvrement des couleurs ; mais elle est tracée avec une netteté appuyée par l'armature métallique du hall et par le réseau des rails qui marque la fuite des parallèles vers un point à l'horizon. Deux trains, à gauche et au centre, et quelques petits personnages, à droite, jouent le rôle de figures (de protagonistes) sur un fond (un décor) fait de fumées, de ciel, d'immeubles. La composition symétrique de l'image accentue ce que la construction spatiale a de régulier. L'éclairage (la lumière conçue comme un ensemble de rayons en faisceau) est orienté de gauche à droite, à peu près parallèlement au plan du tableau. Il répond en cela, lui aussi, aux exigences de la norme classique.

Toutefois, cette dernière remarque ne vaut que pour les premiers plans. Au-delà de la représentation du hall, la figuration reçoit une lumière sans ombre ; la lumière y est un effet des juxtapositions de couleurs claires. De plus, cet effet lumineux global s'accompagne d'un certain effacement des lignes et de cette sorte de brouillage que produit la figuration des fumées. Il ne subsiste dans le fond de la représentation qu'un quadrillage linéaire (la structure des immeubles), déterminé de façon imprécise par la jonction des différentes unités colorées ; ce quadrillage s'inscrit sur la surface de la toile en faisant valoir les deux dimensions du plan. Absence d'ombres, recouvrements et juxtaposition de zones colorées sans délimitations nettes et sans jeu perspectif linéaire, ces irrégularités entraînent plusieurs conséquences quant à la structure de l'espace plastique.

La lumière qui traverse de part en part l'espace de la représentation classique est conçue comme une réalité autonome, indépendante du groupement d'objets dont l'ensemble constitue le spectacle. Elle remplit donc une fonction très particulière : elle est cette force matérielle qui fait surgir de l'ombre une part limitée des objets du monde, dont la totalité énumérable constitue le visible. C'est elle qui donne à voir. Qu'elle vienne de l'autre monde solaire ou qu'elle soit artificielle, qu'elle appartienne à ce monde-ci et que sa source objective soit figurée dans l'espace même de la représentation, cela n'importe pas : même dans ce dernier cas, elle n'est pas prise — en tant que rayonnement — dans le cadre perspectif ; dans tous les cas, elle est en situation d'extériorité relativement à l'organisation spatiale linéaire du spectacle. Son rôle est donc double. En tant qu'agent d'une sorte de révélation, elle révèle la nature matérielle des choses : chaque chose figurée a pour substance une matière colorée qui la caractérise ; la couleur est un attribut des choses révélé par la lumière, non pas un phénomène lumineux. D'autre part, la source de lumière ajoute au point de fuite un second repère fixe par rapport au spectacle : la rectitude de son rayonnement recoupe le faisceau des lignes de fuite et ce recoupement réalise les conditions d'une sorte de triangulation de l'espace.

En regard de cette régularité mesurée, l'espace impressionniste apparaît comme un espace de la démesure : l'espace de la couleur pure. La lumière n'y figure pas comme un agent extérieur au spectacle. Elle est sans ombre, c'est-à-dire qu'elle est dans la couleur ; elle est la couleur même. Les rapports des couleurs entre elles constituent la réalité du visible : ils créent un espace qualitatif par le jeu des oppositions de teinte, de saturation, de luminosité des taches colorées. Pour la construction d'un tel espace, il n'y a pas prévalence d'un modèle préconçu, qu'il soit abstrait (projection perspective) ou concret (scène de théâtre, miroir). Il se construit devant les yeux du peintre, au cours de son travail ; il naît de ce travail, qui n'est pas d'imitation mais de recherche : recherche d'une ordonnance de touches de couleur, capable de signifier les conditions mêmes de la perception de la réalité colorée. Le peintre expérimente alors des agencements, des juxtapositions, des permutations d'éléments visuels discrets, d'unités iconiques. A ce niveau d'analyse optique du visible, ces unités n'ont plus chacune pour soi aucun référent concret ; dans le réseau des signes figuratifs inscrits sur la toile, elles sont autant de traits par eux-mêmes insignifiants, comme si l'on touchait ici à un second niveau d'articulation du signifiant iconique. Cependant, en tant qu'elles forment un ensemble, ces unités renvoient globalement à la matière de l'univers dans sa réalité colorée, qui est l'objet de la perception.

A l'arrière-plan de *La gare Saint-Lazare* de Claude Monet, la lumière joue effectivement dans les conditions qu'on vient de dire. La juxtaposition et le chevauchement des zones de couleurs qu'on y observe ne correspondent pas exactement au découpage des formes objectives. Ce sont bien là les « incertaines abréviations » qui déçoivent le commentaire de Joris-Karl Huysmans. Le récit dramatique et la description par quoi l'interprétation s'efforce de lier entre elles les données picturales, ne les recouvrent plus dans leur totalité.

L'ensemble de l'image est en effet construit sur une opposition de deux couleurs : des bleus et des ocres jaunes. A l'avant-plan jouent l'ombre et la lumière : c'est dire que les couleurs coïncident ici avec les contours des choses représentées et que l'agencement des zones colorées, de valeurs différentes, produit l'illusion de volumes dans un espace profond, comme s'il s'agissait d'objets prenant place dans l'espace de la pratique quotidienne. A l'arrière-plan, au contraire, les mêmes couleurs appartiennent indistinctement aux immeubles, au ciel, aux fumées. Aucun de ces objets figuratifs (de ces unités iconiques possédant un référent objectif) n'est une totalité définie par un ensemble de graphismes, de couleurs et de valeurs qui le constituerait en une donnée visuelle stable. D'autres totalités se signalent ici, qui ne possèdent pas ce type de cohérence : des formes-couleurs variables, dont les limites se déplacent au cours de la succession des actes perceptifs, qui se composent, se décomposent, se reforment ailleurs sur la surface sensible recouverte de couleurs. Unités visuelles instables qui, pour cette raison, sont non discursives, inénarrables, et en même temps indépendantes du code d'opposition des couleurs, des valeurs et des lignes qui ordonne la profondeur feinte de la représentation.

Ce quelque chose d'« abrégé » et d' « incertain » qui échappe au code classique d'opposition des données optiques et à sa discursivité virtuelle, Claude Monet lui donne d'ailleurs constamment un nom dans l'intitulé de ses œuvres. Il le nomme « effet » ou « impression ». Effets de lumière, rompant la chaîne de l'ordre perspectif, intervenant dans le procès de perception par surprise, par glissements soudains et imprévus. Effets de sens, du même coup, rompant la chaîne des significations discursives parce qu'ils rendent possible — hors de toute prévision ou calcul précis du peintre lui-même — que chacun introduise dans la lecture de l'image des représentations qui n'y sont pas représentées et qu'il les dote d'une charge affective également surprenante.

Ces observations ont une valeur très générale. Produire des « effets », des événements lumineux colorés qui viennent perturber la rigueur de l'écriture classique de l'espace, c'est une des recherches les plus constantes dans l'œuvre de Claude Monet. C'est elle, précisément, qui précipite le scandale originel de l' « impressionnisme » — il reçoit alors son nom par dérision — à l'occasion de l'exposition de 1874 où Claude Monet montre *Impression, Soleil levant,* du musée Marmottan, œuvre peinte dès 1872. Cette recherche, de toute évidence, n'est donc pas liée directement à l'apparition de l'image de la machine dans la série des *Gare Saint-Lazare,* au sens où le choix d'un certain thème serait à l'origine de l'invention d'une forme plastique. Mais la proposition inverse peut être vraie et l'on peut établir l'existence d'un lien indirect entre ces deux termes : l'apparition d'une thématique machiniste, avec et après Claude Monet, n'est pas sans rapport avec la signification de ces premières recherches formelles de l'impressionnisme.

Pour saisir ce lien, il faut considérer d'abord que la modernité, telle que la conçoivent les peintres impressionnistes, s'oppose à celle que définit Baudelaire, aussi bien qu'au « naturalisme » de Huysmans. Mais il faut considérer surtout que la définition impressionniste de la modernité n'est pas purement affaire de « sujet », de choix par la peinture d'une certaine réalité de référence. Elle ne se fonde pas essentiellement sur des données et des options idéologiques, celles qui ont fait qu'un peintre des années 1870 pouvait préférer la représentation des spectacles de la « mode » à celle du travail industriel. Son fondement réel se situe au niveau de la plastique, des conditions internes auxquelles est soumise la pratique artistique. De ce fait, elle a bien valeur d'événement historique dans l'histoire des rapports de la peinture et du machinisme, en tant que système social : elle a créé les conditions de possibilité spécifiquement picturales de l'établissement d'une certaine « équivalence » entre la logique figurative de l'art contemporain et celle qui anime les autres secteurs de la pratique sociale, dans leurs aspects les plus actuels. C'est donc en conséquence de cette ouverture du nouveau système figuratif à une nouvelle catégorie de significations, que l'art contemporain a pu se constituer un nouveau matériel iconographique.

L'image impressionniste, si elle perturbe le système de la représentation, n'échappe pas vraiment à ce système. Elle possède la structure double de toute image représentative : celle-ci désigne hors d'elle un objet de référence qui est absent du lieu figuratif, mais qui s'y trouve représenté sur le mode d'une présence illusoire ; et d'autre part l'image inscrit en elle, sur le support de l'écran plastique, les traces des éléments de perception qui permettent l'identification de la référence et qui sont assemblées selon un ordre intelligible. Erwin Panofsky a fait la démonstration que les images représentatives classiques appellent une interprétation qui répond à cette structure. L'interprétation y prend son départ dans une saisie globale des significations déjà impliquées dans un « sujet », telles qu'elles sont définies par la culture commune : par des récits mythiques, par des recueils de règles, par des rituels sociaux, comme a fait en effet la culture chrétienne et humaniste. Puis l'interprétation descend, pour ainsi dire, jusqu'aux détails des qualités de la forme.

Aux deux niveaux préiconographique et iconographique de l'interprétation, les significations sont celles de ce que Panofsky nomme le « sujet naturel » et le « sujet conventionnel » : elles sont déterminées par le choix d'un de ces « sujets » déjà constitués qui appartiennent au fonds commun culturel, et par la mise en scène particulière qu'en réalise une œuvre ou un groupe historique d'œuvres. Au niveau iconologique, l'interprétation a à connaître des expressions historiques particulières des « tendances essentielles de l'esprit humain ». C'est seulement à ce niveau qu'elle peut se saisir, pour en énoncer la signification, non seulement des « principes de style » qui ordonnent une œuvre, mais des « habitudes techniques » d'un artiste, comme Panofsky l'indique à propos des « contre-hachures » qui apparaissent dans les sculptures et les dessins préparatoires de Michel-Ange. Principes et habitudes qui sont à lire, ajoute-t-il, comme autant de « symptômes de l'essence intime de la personnalité » de cet artiste, dans ses relations avec le « malaise culturel » caractéristique de la pensée de son temps ([10]).

Or, si la peinture impressionniste conserve ces deux termes entre lesquels se développe le procès interprétatif, elle exige, selon sa logique propre, un renversement de la démarche. Elle inverse l'ordre des priorités, s'agissant de déterminer sur quel élément de base l'interprétation élèvera son édifice. Le choix d'un « sujet » de référence par la représentation classique détermine d'emblée dans ses limites, avant toute mise en œuvre picturale, le champ des significations. La peinture impressionniste fait au contraire passer au premier plan la recherche formelle dans la production du sens. Cette recherche exclut que le choix d'un « sujet » déjà constitué ait un rôle prioritaire et déterminant, parce qu'elle se donne à elle-même pour objet (pour « sujet ») la définition des conditions de la perception, l'acte perceptif lui-même. Elle vise à analyser l'ordonnance du champ de vision lorsqu'on refuse de se soumettre aux artifices du géométrisme normatif de la peinture classique ; elle fait apparaître dans ce champ ce qu'on a déjà nommé les incohérences réelles, les perturbations, la multiplicité hétérogène des expériences concrètes de l'espace. Par là, la peinture impressionniste échappe au système de la représentation.

Ce qui lie entre eux les peintres impressionnistes, au-delà de leurs différences souvent profondes, ce n'est donc plus une culture essentiellement livresque, une mythologie, une liturgie profane ou sacrée, un ensemble de savoirs qui constituent comme une réserve thématique et qu'ils ont en commun avec les autres catégories d'intellectuels ainsi qu'avec les classes sociales cultivées. C'est la finalité de leur pratique picturale, qui n'est plus seulement la représentation. Leur goût commun du plein air aussi bien que des spectacles artificiels de la ville, est directement et essentiellement déterminé par le plaisir de voir (et de faire voir, et de peindre). S'ils prennent pour références de leurs figurations les données toujours changeantes des phénomènes lumineux colorés, naturels ou artificiels, c'est que ceux-ci permettent une infinie répétition de ce plaisir dans la différence toujours renouvelée. D'où sont nées dans l'œuvre de Claude Monet les séries des *Meules,* des *Nymphéas,* des *Cathédrales* et aussi bien celle des *Gare Saint-Lazare.* Cette conception toute nouvelle de la série en matière de production d'images ([11]) achève de démon-

10. Erwin PANOFSKY, *Essais d'iconologie,* ouvrage cité, pp. 13-31 et 256 et sq.

11. La conception « romantique » de la série, telle qu'elle apparaît dans l'œuvre de Géricault ou de Delacroix, semble essentiellement liée à des thèmes obsessionnels. — Cf. Marc LE BOT, « Géricault », *Encyclopedia Universalis,* vol. III, Paris, 1970.

trer qu'ici la question du « sujet » est seconde par rapport à celle des qualités de l'écriture plastique. Celle-ci attire l'attention sur les conditions de formation et sur le mode d'existence des images sur la rétine ; elle fait l'analyse de leurs composantes élémentaires avant tout repérage d'un référentiel objectif ; elle est capable aussi de signifier le surgissement, au cours de la perception, d'événements imprévus et innommables.

L'analyse formelle de *La gare Saint-Lazare* du Jeu de Paume montre que la triangulation euclidienne de l'espace est conservée par Claude Monet dans sa structure linéaire générale. Mais elle ne l'est que partiellement. De la même façon le dessin qui, dans la tradition classique, suit le contour externe des formes objectives, se trouve élidé, sans qu'il s'agisse de cette sorte de gommage que produit le jeu devenu académique du clair-obscur. Surtout, les oppositions de couleurs et de valeurs n'ont plus pour effet essentiel de concourir à l'établissement des objets dans l'espace feint. Dans l'étendue continue de la matière colorée qui recouvre la toile, le spectateur de l'œuvre classique marque des césures en fonction de certains repères formels qui correspondent toujours au découpage relativement variable d'un récit connu, mal connu peut-être, même ignoré, mais possédant, du moins, les caractères d'un récit vraisemblable. Dans ce même *continuum,* l'image impressionniste présente des trous, du non-identifiable, du hors-texte, quelque chose qui n'est ni décor, ni personnage, ni figure, ni fond : du sensible qu'on ne peut réduire à l'écriture intelligible d'une géométrie.

Cette ouverture au sensible, qui est une dislocation de l'espace mesuré de la scénographie classique, constitue par soi une ouverture à la modernité. La critique des années 1900 et 1910, qui feint de réhabiliter l'aspect luministe de la peinture impressionniste, est particulièrement injuste envers elle : elle n'y voit qu'une sorte de rejeton — mais dégénéré, « décadent » ou « névrosé », comme on disait alors — de la peinture de paysage que Corot et les « maîtres de 1830 » avaient portée à une perfection toute classique. Elle ignore qu'allant beaucoup plus loin que Théodore Rousseau, Constantin Guys et Adolf Menzel, les peintres impressionnistes n'ont pas trouvé les seuls supports ou les seuls prétextes de leurs recherches formelles dans le milieu prétendu vrai et naturel de l'univers campagnard, ni dans le charme de la mode, ni dans le terrifiant des activités industrielles devenues objets de curiosité parmi d'autres. Ils ont détaché la peinture de son commentaire narratif ; ils se sont détourné du livresque, du déjà su. Ils n'ont donc pas éprouvé la nécessité de reconduire le paysage à un modèle bucolique, l'usine aux forges de Vulcain, la modernité à des variations dans les rituels sociaux toujours déjà marqués au sceau de la culture d'élite. Mais ils ont ouvert les yeux sur les aspects actuels de ce qui se donnait à voir, sous des formes toutes nouvelles, dans l'existence quotidienne de la petite bourgeoisie à laquelle ils appartenaient. Non seulement les loisirs à la campagne où conduisent les trains de banlieue, mais tous les artifices de la ville, avant même que la nouvelle mythologie urbaine ne prenne corps dans les écrits des unanimistes, des futuristes, des constructivistes, de Dada, des néo-plasticiens : les rues, la foule, les fêtes, les spectacles, les éclairages artificiels.

Il faut penser que c'est l'attention portée à toutes les expériences perceptives concrètes, aux événements visuels quels qu'ils soient et où qu'ils surgissent, dans leur absolue nouveauté antérieure à toute coordination scénographique, qui a permis que se constitue, d'abord dans l'œuvre des impressionnistes et de leurs successeurs les plus directs, une thématique de la civilisation urbaine, machiniste et technicienne. Dans la nouvelle iconographie de l'art contemporain à ses origines, les fumées de *La gare Saint-Lazare* sont des phénomènes optiques de même nature que les fumées dans la ville dans l'œuvre de Fernand Léger ; et les formes colorées-lumineuses de Monet renvoient sans rupture à ce qu'Apollinaire nommait les « couleurs formelles » de Robert Delaunay ([12]) : les formes hélicoïdales et circulaires qui apparaissent à la pointe de l'avion de Blériot, les halos des lumières électriques du *Manège de cochons ;* et, avant elles, l'éclairage au gaz de *La parade* de Seurat, les feux de la rampe dans l'œuvre de Toulouse-Lautrec et de Degas.

SYMBOLES, MYTHES, IMAGES.

On peut dater avec assez de précision le moment où l'objet technique, la machine, le milieu urbain mécanisé, apparaissent dans l'iconographie de l'art contemporain comme formant un répertoire privilégié de thèmes et de symboles. Ce fut au cours des années 1911-1912, au même moment où la critique commença d'employer le terme d' « avant-garde » pour qualifier un ensemble de productions artistiques apparemment très disparate. Les conduites et les objets dont on estime qu'ils sont soumis à une certaine logique mécanique, ainsi que les effets perceptifs qu'ils provoquent, deviennent alors, pour un grand nombre de peintres de cette avant-garde, comme une réserve de nouveaux sujets.

La nouvelle thématique machiniste se généralise rapidement et presque simultanément dans toute l'Europe. En Italie, ce sont les peintres futuristes ; en France, Robert Delaunay, Fernand Léger, Marcel Duchamp,

12. Guillaume APOLLINAIRE, *Les peintres cubistes, Méditations esthétiques*, ouvrage cité.

Francis Picabia, que l'on classe dans la catégorie du cubisme ; en Russie, l'avant-garde qui se nomme d'abord « cubo-futuriste ». Cette thématique apparaît en Allemagne de façon moins systématique et moins caractérisée dans certaines productions de la Brücke, celles de Kirchner et de Pechstein, par exemple, avec le thème de la ville. En Hollande, les artistes que réunira De Stijl réfèrent explicitement à l'univers mécanique leurs agencements de formes géométriques. Aux Etats-Unis d'Amérique, la machine est le modèle concret qui détermine directement les compositions de la plupart des peintres qui se regroupent, de façon informelle, autour de la Photo-Secession Gallery de Stieglitz (mais tous ces artistes américains se sont engagés dans la peinture d'avant-garde à l'imitation des peintres européens qui s'étaient trouvés représentés à l'exposition de l'Armory Show, en 1913 ; ils subissent en particulier l'influence directe de Marcel Duchamp et plus encore celle de Francis Picabia, qui sont tous deux venus s'installer à New York en 1915 ; ce qui empêche que l'on considère, à cette date, leur production comme originale) (13). Un peu plus tard, Dada s'implantera dans ces mêmes lieux, à l'exclusion de la Russie, et reprendra à son compte cette imagerie de la machine.

Avant toute analyse de ses divers aspects et de son symbolisme, cette thématique présente donc d'emblée des caractères qui l'opposent à ce que l'on a observé dans l'art de tradition classique du XIXe siècle. Ici, les images de l'univers industriel n'étaient que des éléments additionnels, parcellaires, dans un inventaire virtuellement universel du contexte culturel, social et naturel, dont les composantes et les qualités devaient permettre à la personne humaine de se représenter ses conditions d'existence, au double plan éthique et esthétique. La nouvelle iconographie de la machine possède au contraire une extension telle, dans le temps et dans l'espace de la peinture d'avant-garde, qu'on ne peut la considérer comme une donnée accessoire ou occasionnelle. Cependant, elle n'apparaît dans l'histoire de l'art contemporain qu'avec un certain retard, après les scandales et les innovations de l'impressionnisme, du fauvisme et même du cubisme. Mais son retard lui-même et l'énorme appareil idéologique qui accompagne son développement rapide (14) obligent à se demander si l'on ne touche pas là à un point extrême de cette violence généralisée qui a dressé l'art contemporain contre la tradition du passé. Sans être un trait universel, constant, de l'art d'avant-garde, tout porte à penser d'abord que la thématique machiniste est l'indice d'un de ses caractères essentiels.

13. On peut citer : Mardsen Hartley ; Morton Schamberg ; Charles Demuth ; Charles Scheeler ; Louis Lozowick ; Joseph Stella ; Georgia O'Keeffe ; Max Weber ; Gleen O. Coleman ; Man Ray.

14. Cf. ci-dessus section III.

Ces remarques, qui touchent à l'extension des nouveaux thèmes machinistes et à la chronologie de leur apparition, soulèvent donc à nouveau, de façon concrète, l'un des problèmes théoriques majeurs (15) que met en évidence l'histoire des rapports entre peinture et machinisme : celui des temporalités différentielles des éléments qui composent une formation sociale historique. Les transformations et mutations structurelles dans l'ordre de l'économique, du politique, de l'idéologique, de l'artistique (y compris ses aspects techniques), ne coïncident pas dans le temps. Le temps de l'histoire est un faisceau de temporalités non homologues et ses décalages temporels internes pointent à l'horizon des recherches historiques la question des déterminations causales qui jouent entre les différents éléments du tout social, au cours de son développement.

L'idée d'une causalité simple et directe, donnant à concevoir qu'une modification de la pratique sociale en général — principalement, ici, au niveau économique des moyens et des rapports de production — viendrait s'inscrire, comme de soi, dans l'ordre de l'imaginaire pictural, est donc inacceptable. On ne peut même pas simplement penser qu'à dater de 1910 environ l'intrusion massive des objets techniques et des machines dans la vie quotidienne aurait franchi une sorte de seuil quantitatif ; qu'au-delà de ce seuil, l'univers de l'industrie aurait acquis une évidence telle, dans son omniprésence, que sa représentation se serait imposée de façon préférentielle aux peintres dont on dirait alors qu'ils furent les plus sensibles à la modernité. Cette sorte d'observations empiriques n'ont pas en elles-mêmes de signification historique.

Le premier fait significatif, ici, est précisément que la nouvelle thématique ne s'est pas imposée à tous les artistes de l'avant-garde ; qu'elle n'a jamais marqué non plus l'ensemble des travaux d'aucun d'entre eux. Par contre, toute cette avant-garde, qu'elle fasse ou non référence aux nouveaux « sujets » machinistes, se réclame plastiquement, de façon explicite, des recherches des peintres impressionnistes, de Seurat, surtout de Cézanne. C'est-à-dire qu'elle tend à reconnaître son unité dans un certain ordre de recherches formelles, bien davantage que dans ses références à certains aspects vécus de la modernité.

La réalité de cette unité ou, du moins, de cette convergence des recherches est ici un point capital, parce qu'il peut seul autoriser que l'on rapporte à la problématique générale de l'art contemporain les problèmes figuratifs particuliers posés par la peinture mécanomorphe ; et que l'on évalue ainsi le rôle propre joué par la production de cette catégorie d'images dans le contexte d'une crise généralisée des valeurs figuratives,

15. Cf. ci-dessus section II-6.

au cours des années 1910-1920. Pour étayer cette hypothèse, avant l'examen décisif des œuvres, on retiendra d'abord un fait, le seul dans les années 1910 qui ait eu valeur de pétition de principes générale de la part de l'ensemble des artistes de l'avant-garde. L'exposition de l'Armory Show, qui eut lieu à New York en 1913, s'est donnée comme un bilan exhaustif de l'art « moderne ». Elle a réuni les peintres impressionnistes, ceux que l'historiographie nomme les post-impressionnistes, ceux qu'elle amalgame, malgré leurs différences irréductibles, sous le vocable d' « expressionnisme », enfin les « fauves » et les « cubistes » de Paris. Ingres, Delacroix, Corot, Courbet, Goya y figurent comme des précurseurs, à côté d'un dessin anatomique anonyme du XVIe siècle où la structure du corps humain est ramenée à des formes géométriques. Si l'on veut de la sorte affirmer la continuité sans rupture de la pensée artistique en Occident, ce dernier trait confirme que l'ensemble de la manifestation est centré sur l'art d'avant-garde. Seuls en sont absents les peintres russes qui sont sans doute demeurés ignorés des organisateurs, en raison de la position excentrique de Moscou et de Saint-Pétersbourg comme hauts lieux de l'avant-garde en Europe ; en raison aussi d'une ancienne méconnaissance de la Russie comme foyer culturel européen. En sont également absents les futuristes italiens, de façon paradoxale puisque l'art nouveau est généralement qualifié du terme générique de « futurisme » par la presse et le public américains. Mais, précisément, on a refusé la participation des Italiens parce qu'ils voulaient exposer en groupe ; c'est-à-dire qu'ils voulaient se présenter comme l'élément le plus dynamique et le plus cohérent, comme la pointe directrice des nouvelles recherches picturales, alors que les organisateurs de l'Armory Show voulaient au contraire, à juste titre, souligner leur diversité multiple dans une cohérence très générale qui pouvait être présupposée, mais nullement encore définie.

Or ces présupposés sont effectivement ceux de la nouvelle peinture elle-même, sous ses diverses formes, et ceux des critiques qui la soutiennent ; cette conception résulte directement des enquêtes et des discussions menées pendant l'année 1912 par Walter Pach, émissaire des organisateurs de l'Armory Show en Europe, alors que le premier projet de l'exposition, en accord avec l'esprit anecdotique qui marquait généralement la critique d'art de l'époque aux Etats-Unis, devait au contraire souligner, dans un but publicitaire, le caractère scandaleux et non la cohérence de la peinture d'avant-garde (16). Si cette conception et ces

16. Cf. Les treize volumes in-4° de coupures de presse du *Dossier Picabia,* Bibliothèque littéraire Jacques Doucet, n° 7164-A-I.I., dont une grande partie a trait à l'Armory Show.

jugements sont fondés, il faut considérer que la nouvelle thématique machiniste, avec les questions essentielles qu'elle introduit dans la problématique aux multiples aspects de l'art d'avant-garde, a trouvé ses conditions de possibilité, de formulation, dans ce qu'on pourrait nommer les capacités d'accueil de la nouvelle plastique en voie de constitution depuis les dernières années du XIXe siècle. Elle n'en serait qu'une virtualité parmi d'autres (sans doute particulièrement significative à cause de la liaison qu'elle établit avec l'infrastructure économique des sociétés industrialisées), à ce stade du développement de sa logique interne qui marque les années 1910.

Cette position de principe vaut comme affirmation de la spécificité de la pratique du plasticien, en tant que mode de communication : aucune donnée historique externe à l'art (l'industrialisation en général ; en particulier la mécanisation de la vie urbaine) ne peut produire un effet quelconque dans le système artistique, y laisser une trace durable, y être l'occasion d'une modification interne, si ce système n'est pas constitué de telle sorte qu'il permette de penser de façon nouvelle la catégorie d'événements à laquelle cette donnée appartient. Mais il faut concevoir, réciproquement, que le nouveau système figuratif s'est lui-même constitué, dans les travaux des peintres de l'avant-garde aussi bien que dans ceux des artistes qu'ils considèrent comme leurs initiateurs, en relation avec les modifications générales de structure qui affectent les sociétés qui sont entrées, dès le XVIIIe siècle, dans l'ère de l'industrialisation. Cette seconde hypothèse permet de considérer que le nouveau système figuratif ne donne pas seulement prise intellectuelle, au plan de la plastique, sur les nouveaux types d'expériences sensibles autorisées par les techniques machinistes. D'une façon beaucoup plus générale, elle permet de penser que la peinture intervient, positivement ou négativement, dans la modification des rapports sociaux, pour autant qu'ils se jouent dans la production des biens symboliques.

Pour vérifier ces hypothèses, il faut d'abord rappeler et préciser la visée ou les intentions significatives qui sont celles des artistes, lorsqu'ils produisent des images qui ont pour objet ou référent général les aspects nouveaux, tout actuels, de la pratique sociale dans ses conduites techniques. Le premier manifeste futuriste de 1909 fait date à cet égard. Les futuristes italiens, on l'a dit, n'ont pas été les premiers doctrinaires qui aient voulu procéder à une nouvelle évaluation esthétique des données diverses introduites par le machinisme dans la pratique sociale. Depuis le début du siècle, plusieurs groupes d'écrivains et de critiques demandaient que soient réhabilités socialement et, par voie de conséquence, esthétiquement, l'activité industrielle et ses produits ; que cesse l'ostracisme culturel dont ils étaient frappés ([18]). Toutefois, leurs prises de position demeuraient fondées sur les mêmes principes humanistes qui avaient déjà justifié, au XIXe siècle, l'introduction de l'image de la machine dans la peinture. Ou bien ils ont procédé à une évaluation optimiste des nouvelles possibilités ouvertes aux groupes humains et à la personne humaine — conçue comme dotée de besoins stables, naturels, universels — par la civilisation machiniste ; ou bien ils ont posé la question de l'homme en proie à la machine, aliéné par le travail industriel. Dans cette perspective, l'art (littéraire, mais aussi bien pictural) conserve pour objet la représentation dramatique du destin historique de l'humanité.

Les futuristes, dès 1909, prennent intentionnellement sur ces phénomènes un tout autre point de vue, qui serait en quelque sorte celui de la machine elle-même. C'est elle, dans sa nature propre, qui tend à devenir l'objet de la figuration. De là va naître une nouvelle mythologie des temps modernes. Cette mythologie de la machine se substitue à la « légende de l'industrie » que la peinture du XIXe siècle, de Bonhommé à Meunier, a voulu représenter en images et qu'elle a conçue comme un fragment d'une « légende des siècles » universelle. Dans l'art d'avant-garde, le mythe nouveau prendra, lui aussi, des aspects optimistes ou pessimistes. C'est qu'un peintre ne peut jamais produire son œuvre qu'en relation avec une certaine idéologie morale et politique. Mais celle des futuristes, en 1909, présente déjà l'intérêt d'apparaître d'emblée comme un antihumanisme de principe, lorsque ces artistes cessent de faire de l'homme cette sorte de centre absolu à partir de quoi l'histoire tout entière devient intelligible. Les futuristes inversent l'ordre des valeurs. Ils prennent essentiellement en considération l'existence et les qualités propres du système industriel de production, plus exactement, la logique interne de sa technologie et les effets spécifiques de celle-ci dans la pratique sociale en général ; effets dont l'art aurait pour fonction de décrire la nature et de développer les implications au plan d'un certain type de conduites, à la fois mentales et corporelles. Ils considèrent donc que le dynamisme et la puissance des techniques machinistes possèdent une réalité autonome et déterminante. S'ils déduisent de cet état de fait une morale pour ainsi dire sacrificielle (comme il est apparu surtout dans les textes que Marinetti rend publics pendant la guerre de 1914-1918) et s'ils en déduisent aussi une politique dont on a pu dire qu'elle ébauchait la doctrine fasciste ([18]), on ne peut considérer que ces déductions soient une conséquence nécessaire du renversement de perspective qu'ils ont opéré. En effet, c'est le même

17. Cf. ci-dessus section III-5 et 6.
18. Cf. ci-dessus section III-3.

renversement qui rend compte des recherches de Fernand Léger, des artistes russes révolutionnaires, de Robert Delaunay et même de Dada, bien que leurs positions morales et politiques aient été tout opposées à celles des futuristes (19).

Or, ce sont nécessairement ces idéologies morales ou politiques — en général toutes les interprétations globales qui se donnent pour spontanées et donc pour évidentes — dont l'historien d'art a d'abord à connaître, lorsqu'il entreprend l'analyse systématique des œuvres. C'est que ces interprétations immédiates décrivent le rapport vécu de l'artiste, du public, des critiques, de l'historien lui-même, aux productions de l'art. Leurs caractères divergents ou contradictoires ne peuvent surprendre. Elles sont directement, impérativement déterminées par le contexte social et culturel où chacun des interprètes — le public, les critiques, les artistes eux-mêmes — occupe une position particulière, objectivement définie par son statut social. De telles interprétations sont donc, sinon superficielles, sinon d'importance seconde dans l'activité artistique des individus et des groupes, du moins déterminées de façon décisive par l'ordre interne du champ culturel où elles sont apparues. Elles sont condamnées à disparaître, à se modifier, à se tourner même en leur contraire, avec les modifications historiques de la structure de ce champ. Il est donc nécessaire et possible de les critiquer par une double démarche, dont la seconde est propre à l'historien d'art. Il convient de déterminer la valeur circonstancielle que de telles interprétations doivent aux conditions sociologiques de leur apparition ; il convient, d'autre part, de procéder à un déchiffrement analytique de la structure des œuvres elles-mêmes, où se détermine un ordre spécifique de conditions pour la production des significations artistiques.

A un niveau d'abord descriptif, cette analyse portera sur l'inventaire du nouveau matériel symbolique des images mécanomorphes. Les textes des futuristes, de Fernand Léger, de Robert Delaunay, de Francis Picabia, se complaisent à énumérer eux-mêmes les nouveaux objets figuratifs que ces peintres introduisent dans l'univers imaginaire de la peinture : trains, tours, tramways, automobiles, avions, gares, buildings, éclairage électrique, panneaux publicitaires ; c'est-à-dire, en général, les objets qui entrent en jeu dans l'animation des villes modernes et les marquent au sceau du machinisme. Il s'agit donc pour ces peintres de figurer des lieux qualifiés par la présence active — et non plus décorative ou accessoire —

19. C'est effectivement sur le plan moral et politique que les futuristes sont condamnés par Gabo et Pevsner dans leur *Manifeste réaliste* de 1920 (traduction française dans le catalogue de l'exposition *Naum Gabo,* Musée National d'Art Moderne, Paris, novembre-décembre 1971).

de certains objets techniques ; ou bien de figurer ces objets pour eux-mêmes. Or, ces lieux et ces objets ont en commun de n'être ni des lieux ni des objets de travail. En principe, c'est-à-dire dans les textes des artistes, il est indiqué ou du moins il n'est pas exclu que ce nouveau matériel symbolique renvoie, comme le faisait la peinture à thèmes machinistes du XIXe siècle, à l'existence d'une nouvelle classe sociale : le prolétariat. En fait, c'est-à-dire dans les œuvres, ce nouveau jeu de symboles ne renvoie pas dans son ensemble ni essentiellement au travail industriel, mais à des expériences perceptives nouvelles relevant de la quotidienneté de la vie dans un milieu mécanisé, que ces expériences soient déjà communément réalisables ou seulement promises par les nouvelles techniques.

La nouvelle thématique n'apparaît donc pas, à ce point, comme un simple enrichissement ni même comme un renouvellement du matériel symbolique. Le contexte référentiel de la peinture à thèmes machinistes a été déplacé de telle sorte qu'il ne coïncide plus avec celui auquel renvoyait la « légende de l'industrie » du siècle précédent. Cependant, il faut entendre que ce déplacement n'est pas un glissement dans un espace continu ; c'est un changement d'univers, une rupture entre deux mondes. Les deux domaines de référence ont bien en commun certains éléments symboliques, si l'on considère ceux-ci isolément ; mais ils sont de nature différente. On avait affaire, au XIXe siècle, à une série de tentatives pour conférer une valeur esthétique à une nouvelle catégorie d'activités sociales, impliquant de nouveaux rapports sociaux ; avec l'avant-garde, c'est une tentative pour définir de nouvelles valeurs figuratives, dont beaucoup estiment qu'elles sont, sinon imposées, du moins rendues possibles par les expériences sensibles dont certains objets techniques nouveaux sont communément l'occasion. Dans le premier cas, il s'agit effectivement d'un enrichissement du contexte référentiel de la « peinture de genre » ou de la « peinture d'histoire », qui est entièrement descriptible en termes de nouveaux « sujets », parce que le code formel de l'image classique ne se trouve pas modifié. Dans le second cas, une description analogue (disant par exemple qu'on passe de l'univers de l'usine à celui de la ville moderne) laisserait échapper l'essentiel : certains éléments de l'image, sinon sa totalité, définissent dans tous les cas de nouvelles modalités de la perception esthétique (un nouveau code figuratif). Par une conséquence nécessaire, ils décrivent aussi de nouveaux « objets » ou ensembles visuels, de nouveaux signes ou entités iconiques, produits par le nouveau codage. La description — dans leur nouveauté — d'images comportant de tels éléments ne peut se faire en termes de « sujets » nouveaux. Aussi faut-il penser que le changement du référent général des images mécanomorphes de l'avant-garde est indissociable de l'institution d'un code figuratif propre à en rendre compte. Et l'on était donc fondé à poser que fait événement à l'intérieur du système, cela seulement que le système peut prendre pour objet.

Ceci soulève une question fondamentale pour l'histoire de l'art. On peut la formuler, dans un premier temps, en constatant que se trouve ici mise en cause la validité opératoire du concept de « sujet », lorsqu'on l'applique à de telles données figuratives et, en général, à l'analyse des productions de l'art contemporain, cette mise en cause étant le fait, très particulièrement et très intentionnellement, des images mécanomorphes. Le concept de « sujet » a été élaboré par les théoriciens de l'art classique. Il est défini en termes rigoureux par Erwin Panofsky ([20]), lorsqu'il distingue les significations secondaires ou conventionnelles de l'image représentative classique : des « motifs » ou des « combinaisons de motifs (c'est-à-dire des représentations d'objets naturels) » sont mis « en relation » (par convention historique) « avec des *thèmes* ou *concepts* » qui sont, de ce fait, « incarnés en *images, histoires* et *allégories* » dont « l'identification... constitue le domaine propre de l'iconographie au sens strict ».

Or, par définition, toute image — tout signe iconique — a un référent. Mais elle n'a pas nécessairement, en ce sens strict défini par l'iconographie classique, un « sujet » énonçable en termes d' « histoires » ou d' « allégories ». Avant que l'analyse n'établisse cette différence dans les conséquences théoriques et méthodologiques qu'elle emporte, il faut en signaler d'emblée le repère le plus visible : cette différence apparaît sous son aspect le plus caractéristique lorsqu'on voit se substituer totalement ou partiellement aux « motifs » de la peinture classique (à des représentations d' « objets naturels ») des signes iconiques non mimétiques ; c'est-à-dire lorsque l'on considère les diverses formes de l'art « inobjectif » ou « abstrait ». La question du sujet — de sa définition limitative, rigoureuse — est ainsi une des premières questions théoriques qui se trouvent soulevées par la pratique de l'art contemporain.

Cette question se précise lorsqu'on observe que les artistes de l'avant-garde machiniste s'accordent à définir de façon cohérente le jeu des significations générales qu'ils attribuent nommément aux configurations d'objets symboliques identifiables et de signes non mimétiques qu'ils inscrivent sur la surface de leurs toiles. Ils les nomment de plusieurs termes connexes : dynamisme, mouvement, vitesse et (s'agissant surtout de Fernand Léger et de Delaunay) rythmes contrastés et discontinus. Certaines de ces notions peuvent caractériser des œuvres de l'avant-garde des années 1910, qui ne font aucune part à la thématique ni à la symbolique

20. Erwin PANOFSKY, *Essais d'iconologie,* ouvrage cité, pp. 17-19.

machiniste, en particulier lorsque les critiques, en France, parlent de quatrième dimension (celle du temps) ou de déplacement et de multiplication des points de vue (discontinuités et ruptures dans la perception) à propos du cubisme. Cela est également vrai des œuvres nombreuses des futuristes, de Fernand Léger et de Robert Delaunay, de Marcel Duchamp et de Francis Picabia, où ne figure aucun élément référable à l'univers de la machine.

Mais ces dernières remarques ne font que mettre davantage en évidence le caractère radical des interventions des peintres de la machine dans le cadre des visées générales communes à toute l'avant-garde. Ils ont voulu contribuer à la subversion de l'art classique en portant aussi le débat sur un terrain qu'ont évité ceux des artistes de cette avant-garde qui ont continué de peindre des natures mortes, des portraits, des paysages. En constituant une imagerie mécanomorphe, les futuristes, les constructivistes et Dada, tout particulièrement, ont pris des initiatives dont ils auraient voulu qu'elles soient inacceptables. Ces initiatives ont visé à mettre en cause, radicalement et globalement, l'univers des « sujets » traditionnels de la peinture, c'est-à-dire la culture du passé dans ses valeurs et ses significations les plus explicites, auxquelles la nouvelle peinture mécanomorphe oppose ouvertement un tout autre jeu de significations et de valeurs.

A reprendre les choses d'un point de vue historique, on constate que la crise du sujet au XIXe siècle — le découpage limitatif de certains aspects du contexte général de référence de la peinture, défini par de nouvelles « histoires » et « allégories » qui furent alors jugées incongrues — passe par plusieurs phases aiguës. La première est celle que manifeste déjà l'œuvre de Géricault lorsqu'il cherche de nouvelles « histoires » dans les faits divers (21) ; la plus violente est celle que marque la querelle du réalisme social lorsque Courbet entreprend de constituer un nouveau jeu d' « allégories » qu'il qualifie de « réelles ». Ses *Baigneuses* sont des « percheronnes » aux yeux de l'impératrice Eugénie. Mais l'insulte reste dans le cadre des antagonistes culturels qu'autorise la tradition représentative : le laid est une catégorie esthétique. Considérer que la machine est porteuse, ou plutôt productrice de nouvelles valeurs esthétiques est une tout autre chose. Dans l'idéologie culturelle du XIXe siècle, la machine est hors culture. Elle peut figurer comme décor ou accessoire dans la représentation des destinées humaines. Mais, en soi, elle n'est ni belle ni laide. Elle est utile. A cette relation d'exclusion réciproque du beau et de l'utile, de l'art et du travail productif, l'avant-garde machiniste

21. Marc LE BOT, « Géricault », *Encyclopedia Universalis,* article cité.

semble d'abord vouloir substituer l'idée d'une identité de l'utile et du beau, voire d'une réduction du beau à l'utile.

Cette confusion des valeurs est donc, en premier lieu, une provocation et une agression. A la mythologie de l'homme se substitue un mythe d'abord triomphaliste de la machine. Il se manifeste avec le plus d'éclat dans quelques œuvres célèbres, dont les intentions polémiques ressortent à la fois du mouvement d'idées contemporain qui pose la question de l'intégration de l'univers technique à la culture ; des commentaires que les artistes font de leurs travaux ; des intitulés qu'ils leur donnent : Léger veut que ses œuvres rivalisent en beauté avec l'objet technique ; Delaunay répète : « La Tour à l'univers s'adresse » (22) ; Tatlin conçoit une autre tour, rivale de celle d'Eiffel et des gratte-ciel américains, consacrée à la gloire de la IIIe Internationale. Le caractère contestataire de cette nouvelle mythologie a pour fins proclamées l'exaltation, par les futuristes, des forces productrices de l'industrie ; l'exaltation, par Fernand Léger, de la pratique sociale commune, populaire ; l'exaltation de la révolution socialiste, liée à la révolution industrielle, par les artistes soviétiques. Un peu plus tard, Dada donnera au mythe de la machine une valeur négative et pessimiste, avec la dénonciation du non-sens d'un système dont la guerre a manifesté les pouvoirs destructeurs.

Mais le point décisif de cette démarche d'agression contre l'ordre traditionnel de l'image consiste effectivement en ce que l'introduction de la thématique machiniste dans l'univers imaginaire de la peinture ne suffit pas à produire ces nouvelles significations expressives, nommées dynamisme, mouvement, vitesse, rythmes contrastés et discontinus ; de telles intentions significatives emportent aussi nécessairement des conséquences perturbatrices au plan de la pratique picturale elle-même. Guillaume Apollinaire, qui sut souvent enregistrer certains aspects des intentions de ses amis, ne touche directement à cet ordre de questions qu'une seule fois dans son œuvre de critique antérieure à la guerre de 1914. Il le fait dans des termes tels que la cohérence du projet de l'avant-garde machiniste s'y manifeste, ainsi que les problèmes qu'il soulève. Apollinaire note, à propos de Marcel Duchamp : « Un art qui se donnerait pour but de dégager de la nature, non des généralisations intellectuelles, mais des formes et des couleurs collectives dont la perception n'est pas encore devenue notion, est très concevable et il semble qu'un artiste comme Marcel Duchamp soit en train de la réaliser. / Il est possible que pour être émouvants, ces aspects inconnus, profonds et soudainement grandioses de la nature n'aient pas besoin d'être esthétisés, ce qui expliquerait

22. Robert DELAUNAY, *Du cubisme à l'art abstrait,* ouvrage cité, *passim.*

l'aspect flammiforme des couleurs, les compositions en forme d'N, les grouillements parfois tendres, parfois fermement accentués. Ces conceptions ne sont point déterminées par une esthétique, mais par l'énergie d'un petit nombre de lignes (formes et couleurs). / Cet art peut produire des œuvres d'une force dont on n'a pas idée. Il se peut même qu'il joue un rôle social. / De même que l'on avait promené une œuvre de Cimabué, notre siècle a vu promener triomphalement, pour être amené aux Arts et Métiers, l'aéroplane de Blériot tout chargé d'humanité, d'efforts millénaires, d'art nécessaire. Il sera peut-être réservé à un artiste aussi dégagé de préoccupations esthétiques, aussi préoccupé d'énergie que Marcel Duchamp, de réconcilier l'art et le peuple » ([23]).

Apollinaire caractérise ici la crise du sujet en comparant une œuvre de Cimabué à l'aéroplane de Blériot « chargé... d'art nécessaire » ; en opposant l'artiste préoccupé d' « esthétique » à l'artiste préoccupé d' « énergie ». La seconde formule est douteuse : ses deux termes ne sont pas opposables parce qu'ils sont hétérogènes. Mais elle renvoie à l'opposition, celle-là pertinente, des « généralisations intellectuelles » (des images dont les « motifs » renvoient à des « concepts » ou « thèmes » culturels authentifiés par la tradition) et, d'autre part, des « formes » et « couleurs collectives, dont la perception n'est pas encore devenue notion » (c'est-à-dire des formes et couleurs libres de toute référence à la thématique définie par la culture d'élite). Dans la formule, d'abord surprenante, où il parle de formes et de couleurs « collectives », Apollinaire tente en réalité, avec justesse, de reprendre en quelques mots les deux aspects sous lesquels les artistes de l'avant-garde machiniste percevaient leur propre travail : ils voulaient se détacher formellement de la culture d'élite — détruire les formes de l'art du passé, de l'art « bourgeois » — pour que l'art contemporain ait véritablement un « rôle social » dans les nouvelles « collectivités » industrielles — la référence à Cimabué, à un Moyen Age idéalisé comme forme de société où l'art est intimement lié à la vie publique, étant ici très significative. Et il est de fait que pour plusieurs de ces artistes, un tel changement n'a paru pouvoir s'opérer que par l'institution indissociable d'une nouvelle thématique et d'une nouvelle plastique.

Le problème ainsi posé excède ce cas historique particulier, mais qui est exemplaire. Il concerne, de façon très générale, la production de toutes les significations artistiques et leur interprétation. Pour interpréter les nouvelles significations qui sont celles de la peinture d'avant-garde, il ne suffit donc pas de constater que le contexte social et culturel, marqué

23. Guillaume APOLLINAIRE, *Les peintres cubistes,* ouvrage cité, p. 76.

par l'opposition ou l'identification du beau et de l'utile, est tel à cette date que la notion d'énergie, considérée comme une valeur caractéristique de la civilisation industrielle, se trouve communément connotée par l'image de l'avion de Blériot : cette image peut aussi bien être l'avion lui-même donné en spectacle dans la rue, ou une photographie, ou l'œuvre que Delaunay peint au même moment. D'autre part, à ce niveau d'interprétation symbolique globale, toute image est très équivoque parce que cette sorte d'interprétation par le contexte est nécessairement circonstancielle : l'avion qui a été le symbole de la conquête de l'air a pu devenir une image de mort dans les journaux illustrés qui paraissent pendant la Grande Guerre. Enfin l' « énergie » est une signification expressive qui, dans sa généralité, pourrait être attribuée à une œuvre littéraire ou musicale, comme elle l'est à une image visuelle. Il est donc vrai que l'œuvre de Delaunay représentant l'avion de Blériot ouvre la possibilité que soient reprises toutes les significations connotatives qui sont virtuellement attachées à l'objet de référence. Mais il apparaît de nouveau et plus précisément dans ce cas concret que de telles interprétations n'ont jamais qu'une valeur occasionnelle et qu'elles sont en outre largement subjectives. Elles sont tout à fait secondaires ici : leur connaissance scientifique relève d'une histoire des idéologies, d'une sociologie de la culture, d'une psychologie ; non d'une histoire de formes.

L'énoncé d'Apollinaire donne les moyens d'introduire une distinction entre ces significations contextuelles et celles que l'on peut dire formelles, parce qu'elles sont déterminées par l'ordre des relations que toute production artistique instaure entre ses éléments. Apollinaire ébauche l'analyse de certains traits formels de la plastique de Marcel Duchamp en 1912 : « l'aspect flammiforme des couleurs ; les compositions en forme d'N » ; ce qu'il nomme des « grouillements parfois tendres, parfois fermement accentués » de formes colorées ; enfin, « l'énergie d'un petit nombre de lignes (formes et couleurs) », qu'il ne caractérise pas de façon descriptive. Ce sont là des traits inobjectifs, détachés de toute référence à un objet concret. Or, du point de vue ici adopté par Apollinaire, ces traits sont les plus distinctifs de la nouvelle plastique puisqu'ils permettent de dénoter pour elles-mêmes, sans aucune ambiguïté, des significations caractéristiques de la modernité machiniste. Sans doute ces significations ne sont-elles pas réductibles, comme le dit Apollinaire, à la notion vague d'énergie ; elles ne le seraient pas davantage aux notions trop générales de mouvement, de vitesse, de rythme, sauf à les caractériser plus précisément par les nouvelles conduites mentales qu'impliquent de telles transformations du matériel et de l'ordre perceptif.

Du moins cette analyse partielle et cette interprétation d'Apollinaire suffisent-elles à apporter la preuve que les peintres, dont le critique se fait toujours l'écho, ont été conscients de leurs buts et de la valeur des moyens qu'ils ont employés. Le caractère subversif de leur démarche apparaît, à ce point, dans ses implications essentielles : on ne saurait les réduire à un changement thématique. Des images comme celles de la série mécanomorphe peinte par Marcel Duchamp en 1912, portent des titres ([24]) qui énoncent de nouvelles « histoires » et « allégories ». Il en va de même pour les travaux contemporains de Robert Delaunay, de Francis Picabia, des futuristes italiens, de Fernand Léger. Mais ces œuvres ne traitent pas seulement de thèmes plus ou moins aberrants au regard de l'iconographie traditionnelle. Elles contredisent surtout à l'ordre signifiant lui-même de l'image classique : leurs traits non mimétiques et leurs références à une combinatoire abstraite — celle de l'ordre mécanique — font que, malgré ces intitulés, la catégorie de « sujet », si on l'applique à leur analyse, ne rend en effet aucunement compte de ce que sont essentiellement les nouvelles significations qu'elles introduisent dans l'univers de la peinture, parce qu'elles sont déterminées précisément par un nouveau système de l'image.

Il est déjà probant que la subversion ait été reçue pour telle. Le scandale de l'art contemporain passe, à cette date, par une de ses phases paroxystiques. Marcel Duchamp et Francis Picabia, qui furent les initiateurs en France de l'imagerie mécanique la plus caractérisée dans les années 1912-1914, font l'objet de critiques qui vont jusqu'à l'injure grossière. Ils sont tenus pour les chefs de file d'une « école » de la déraison, de la folie ([25]). Ces réactions sont bien faites pour confirmer que ce ne sont pas seulement les références et les valeurs de la culture humaniste qui sont mises en cause, parce qu'on les remplace par de nouvelles valeurs liées à la technologie. C'est la logique même de l'imaginaire artistique qui est bouleversée. La crise du sujet, portée à ce point extrême, est en son fond la crise de tous sujets : s'il est avéré qu'une image peut signifier quelque chose (mais sous quelles conditions nouvelles ?), sans nécessairement se référer en tous points ni à un répertoire, d'ailleurs ouvert, d' « objets naturels » (eux aussi réels ou imaginaires), c'est bien la question de la nature de l'image picturale et celle de la fonction artistique en général qui se trouvent posées en termes absolument nouveaux par rapport à la tradition classique.

Il faut préciser. Ce qui est essentiel dans cette crise du sujet — ou

24. Le *Jeune homme triste dans un train ;* le *Nu descendant un escalier ;* la *Mariée* et la série dont les intitulés renvoient au *roi* et à la *reine* du jeu d'échec dans leurs rapports avec les *nus vites.*

25. Cf. par exemple, *Le Petit Dauphinois* du 30-9-1912 ; *Le Radical* du 24-3-1913 ; *Les Hommes du Jour,* de mai 1913.

mieux : ce qui lui donne son sens historique — c'est que la peinture d'avant-garde en général, par sa pratique même, opère une critique de la notion de représentation, de la définition limitative que la pensée classique donne de ses conditions de possibilité. Les traits inobjectifs qu'isole l'analyse d'Apollinaire ne peuvent être saisis comme éléments identifiables d'un récit ; ni comme éléments renvoyant à la « signification abstraite et générale » d'un spectacle ; ni comme éléments servant à illustrer visuellement une signification emblématique (26). Leurs agencements, on l'a dit, engagent des conduites perceptives inédites et qui veulent signifier de nouvelles expériences sensibles et de nouveaux calculs combinatoires d'éléments dans l'espace plastique, dont les occasions ou les modèles logiques sont fournis par le fonctionnement et la structure des objets techniques.

De telles expériences et calculs n'ont pas de référents objectifs assignables. Ils ne sont pas représentables, au sens précis et très restrictif où l'image classique définit les conditions de la représentation picturale. Celle-ci se fonde, au premier niveau d'analyse décrit par Panofsky, sur l'identification de « pures formes (c'est-à-dire : certaines configurations de lignes et de couleurs...) comme représentation d'objets naturels... » (27). Or, les agencements de traits inobjectifs dans les images mécanomorphes ne constituent précisément pas des figures identifiables en termes d' « objets naturels » qui, représentés plastiquement, posséderaient d'une part leurs limites propres, internes et externes, d'autre part un ton local. En outre, dans ces images, les relations de position et la configuration des diverses unités iconiques — signes mimétiques ou non mimétiques — ne sont pas davantage qualifiables en termes d' « événements » et de « qualités expressives », comme elles le sont dans une image de représentation (28). A cet égard, l'image mécanomorphe ne fait que reprendre, avec cette référence volontairement agressive aux artifices de la machine, un problème figuratif qui concerne la totalité de l'art contemporain, dans ses aspects mêmes les plus liés aux sujets traditionnels de la peinture de paysage. Les expériences perceptives non représentables en termes d' « objets naturels » qu'entendent signifier ainsi certains artistes de l'avant-garde, sont nommés par eux : vitesse, mouvement, rythme. Claude Monet et les impressionnistes nommaient « effets » et « impressions » les jeux de la lumière colorée dans la matière atmosphérique, dans les brouillards et les fumées, dans les reflets sur l'eau ; toutes choses pour

26. Erwin Panofsky, *L'œuvre d'art et ses significations,* ouvrage cité, pp. 258 et 259.

27. Erwin Panofsky, *Essais d'iconologie,* ouvrage cité, p. 17.

28. *Ibidem.*

ainsi dire immatérielles. De tels phénomènes optiques étaient également non représentables sous une forme objective stable ; elles étaient signifiées dans la peinture impressionniste par des unités de formes-couleurs dont la perception était donnée comme incertaine et constamment variable.

L'histoire de l'art consigne aujourd'hui cette série d'initiatives, dont l'impressionnisme déjà présente en effet certaines formes, comme l'acte de naissance de la peinture qu'elle dit « abstraite » ([29]). C'est peu et mal dire. Il ne s'agit pas d'abstraction au sens où les formes non mimétiques de la peinture d'avant-garde auraient une valeur plus générale que celles de la peinture classique. En ce sens, celle-ci n'est pas moins abstraite, dans tous les aspects de son ordre interne, que les modes les plus récents de la figuration vers 1912. Les premières œuvres dites abstraites de l'art contemporain seraient mieux nommées formalistes, parce que leur ordonnance plastique met en évidence les modalités logiques de leurs agencements plutôt que la nature et les qualités esthétiques des phénomènes optiques auxquels, éventuellement, elles se réfèrent.

La plastique formaliste de l'ensemble de l'art d'avant-garde, vers 1912, intègre d'ailleurs des signes mimétiques ou non mimétiques ; mais c'est bien son formalisme, en général, qui met effectivement en cause la fonction même de l'art dans la culture contemporaine. A cet égard, au cours de ce processus historique complexe de rupture avec la tradition de la peinture d' « histoires » et d' « allégories » — de la peinture à « sujets » — on voit comment l'avant-garde machiniste est intervenue de façon pour ainsi dire démonstrative, en prenant à son compte tous les points d'une critique radicale de la notion de représentation. Elle a procédé par une sorte de ruse ou de détour stratégique. Elle a d'abord remplacé la référence à l'objet que la culture dominante reconnaît pour beau ou laid, par la référence à la machine, modèle moderne de l'objet utile, c'est-à-dire de l'objet qui est placé hors culture. Mais l'essentiel est que cette insolence ne constitue pas en soi une solution alternative à la crise du sujet. En réalité, la machine est moins ici le nom générique d'une nouvelle catégorie d'objets de référence que celui des procédures générales de l'action dans les pratiques productives mécanisées de la société industrielle. C'est à ces procédures que renvoie précisément, dans l'image peinte, l'ordonnance des signes objectifs ou inobjectifs qui la composent. C'est pourquoi les œuvres se donnent souvent — surtout les travaux de Duchamp et de Picabia, ceux des constructivistes et de Dada — comme figurant de pseudo-machines, comme des assemblages

29. Apollinaire commence d'employer ce terme, avec beaucoup de réticence et dans un esprit très critique, à propos de Picabia en 1912. — Cf. Guillaume APOLLINAIRE, *Les peintres cubistes,* ouvrage cité, pp. 70 et sq.

pseudo-mécaniques d'éléments mécanomorphes divers : éléments mimétiques, éléments non mimétiques, éléments ne possédant qu'une analogie partielle — de forme, de couleur, de luminosité, de matière — avec les pièces de série qui composent un objet technique, sans qu'elles aient elles-mêmes le statut d'objets autonomes.

La fonction sociale de l'image de peinture n'est donc plus de mettre en représentation un univers fermé sur soi de thèmes culturels, d'histoires et d'allégories, dont la connaissance est transmise dans les conditions discriminatoires de l'apprentissage scolaire de la culture d'élite et que la division du travail manuel et du travail intellectuel, des tâches d'exécution et de conception, coupe toujours davantage de la plus grande partie du corps social. L'art classique renvoyait comme des reflets d'eux-mêmes aux individus et aux groupes cultivés ; croyant se reconnaître dans des images fidèles à l'apparence des choses, ceux-ci reconnaissaient en fait, répertoriées sous cette forme d'histoires et d'allégories, les valeurs de l'idéologie humaniste dont le principe essentiel, dans l'ordre pictural, consistait à faire de l'œil humain comme le centre idéal du visible, situé au point de vue — au point de fuite — de l'image perspective. En ce sens, on peut dire de l'art classique que sa fonction nécessaire, impliquée par la structure spectaculaire et spéculaire des images qu'il produit, fut idéologique.

L'art contemporain au contraire, dans le cas exemplaire des images mécanomorphes, se réfère aux nouvelles pratiques « collectives » ; il donne pour modèle concret de ces images, non un fragment du spectacle du monde, mais le fonctionnement mécanique d'organismes qui intéressent la totalité du corps social. Il produit de ce fait des ensembles visuels qui paraissent décentrés ou disséminés, car cet ordre « mécanique » n'est pas unitaire au sens de l'ordre perspectif qui détermine l'ordonnance du spectacle du point de vue privilégié du spectateur. Le regard ne peut plus ici entretenir avec l'image cette relation spectaculaire-spéculaire (ou idéologique), qui le fixe en un point de la limite externe de l'espace imaginaire et lui donne l'illusion d'une continuité et d'une homogénéité entre l'espace figuratif et l'espace empirique. Plus encore, l'image ou objet esthétique (qui ne devrait plus alors être dit « œuvre d'art », comme le demande formellement Dada) est parfois censé se situer lui-même en tant qu'objet (et non seulement situer son référent) dans la pratique quotidienne de tous, hors culture, comme peut l'être une épure d'ingénieur ou un ustensile. L'art contemporain prend de la sorte sur l'art tout entier, y compris sur lui-même, une distance qui lui confère une réelle valeur critique.

En prétendant — illusoirement, mais il n'importe — sortir de la culture, reporter les valeurs esthétiques de la nouvelle société industrielle sur des objets ustensiles produits par les techniques machinistes, de telles « œuvres » se présentent enfin comme le produit d'un travail, fût-il celui d'autrui, celui de quiconque. Elles refusent que leur valeur leur soit conférée par leur insertion dans le domaine des significations culturelles, toujours déjà définies par la tradition, sinon dans l'absolu. La fonction critique de l'art contemporain, pour autant qu'elle s'oppose à la fonction idéologique de l'art classique, se définit ici en termes positifs, parce qu'elle oppose à l'idée d'une imitation des beautés naturelles ou idéales (de leur « représentation ») celle d'une production des significations artistiques.

L'art classique a toujours conçu que ce qui se trouve représenté par l'image préexiste et donne son sens général au travail de l'art qui en réalise la « représentation ». En dernière analyse, dit Panofsky (30), l'image classique a pour signification les « principes sous-jacents qui révèlent la mentalité de base d'une nation, d'une période, d'une classe, d'une conviction religieuse ou philosophique — particularisés inconsciemment par la personnalité propre à l'artiste qui les assume — et condensés dans une œuvre d'art unique ». Panofsky précise par ailleurs (31) que les « histoires » et « allégories » où s'exprime cette mentalité de base sous des formes toujours particulières et qui constituent les sujets de la peinture de représentation, sont transmises par des « sources littéraires » de tradition écrite ou orale. Il n'y a pas là seulement la reconnaissance d'un privilège absolu du langage sur les autres modes de communication ; c'est surtout la confirmation que l'âge classique a cru que les significations assignables à une œuvre de peinture sont toujours données à l'avance, qu'elles possèdent une sorte d'existence idéale et antérieure à leur « incarnation » dans la matière picturale, comme parle Panofsky en des termes logiquement empruntés à la langue de la théologie.

Tout à l'inverse, l'art contemporain semble vouloir établir, par sa pratique même, que les significations d'une œuvre quelconque — car cette thèse vaut rétrospectivement — sont toujours l'effet d'un travail de transformation d'un matériel déjà signifiant ; que lui-même le prouve par excellence lorsque ses propres démarches opèrent un retour critique sur la pratique traditionnelle de la peinture de représentation ; que les significations d'une œuvre sont donc déterminées spécifiquement au niveau formel par le codage spatial et coloré des éléments visuels ; qu'enfin ce travail de codification apparaît comme à nu dans certains agencements d'éléments inobjectifs. Ici encore l'imagerie mécanomorphe pousse ces principes à leurs extrêmes conséquences. Elle force l'atten-

30. Erwin PANOFSKY, *Essais d'iconologie,* ouvrage cité, p. 20.
31. *Ibidem,* pp. 18 et 26.

tion à se porter sur ses propres procédures formelles, à interroger leur logique interne, parce qu'elle les prétend analogues (« équivalentes » dit Fernand Léger) aux techniques productives mécanisées. De la sorte, elle affirme en outre que la fonction sociale de l'art est d'élaborer des conduites perceptives qui seraient dans cette relation d' « équivalence » avec l'ensemble de la pratique sociale.

Mais ce corps de propositions comporte une incertitude. Quel lien réel existe-t-il entre la pratique formelle de cette peinture et ses visées sociales ? Y a-t-il ici deux aspects complémentaires d'une même démarche, ou bien une alternative dont les deux termes s'excluent ? S'agit-il d'instituer des conduites perceptives d'adaptation au nouveau système de production industriel, à l'accélération et au rythme des échanges imposés par la nouvelle rationalité technique ? Ou bien les modèles mécaniques que se donne la nouvelle imagerie ne sont-ils là mis en avant que pour justifier une peinture essentiellement formaliste de rompre avec l'idéologie de la représentation en donnant à l'art une fonction réellement critique dans la culture, de la même façon, selon les artistes russes du Proletkult, que le prolétariat contredit à la culture « bourgeoise » ? La crise des anciens mythes et des anciens symboles culturels, telle qu'elle se joue très ouvertement et agressivement dans l'image mécanomorphe, déboucherait alors sur une pratique artistique capable à la fois d'identifier et de modifier les conditions de travail qui sont les siennes, ainsi que les limites qui lui sont assignées par le système social et ses institutions. Le véritable objet ou référent de cette peinture serait donc la peinture elle-même, en tant que l'on tenterait de cerner et de maîtriser intellectuellement ses moyens spécifiques de produire des significations.

Dans ces conditions, les ambiguïtés propres aux images mécanomorphes seraient celles-là mêmes du statut qui est imposé à l'art par la société industrielle. Du modèle technique et scientifique qu'elles se donnent, faut-il penser qu'il est « modèle » au sens où les deux logiques seraient en quelque façon isomorphes ? Ou bien au sens où la société industrielle ne pouvait manquer de valoriser par tous les moyens la science et la technique dont dépend son développement économique, fût-ce au prix d'une crise violente de croissance culturelle dont les traces matérielles font aujourd'hui l'ornement du musée ?

Espace social et temps de l'avant-garde.

Dans l'histoire des sociétés industrielles ou en voie d'industrialisation, la guerre de 1914-1918, la révolution manquée de 1905 en Russie, la révolution soviétique de 1917 ont été des épisodes violents, non des accidents qu'une autre politique aurait évités. Ces événements historiques ont eu leur nécessité. Ils ont été les moyens pratiques qui ont permis de modifier à la fois l'économie propre et les rapports économiques internationaux des diverses sociétés industrielles, les rapports de ces sociétés avec les formations sociales préindustrielles et la structure politique elle-même de plusieurs Etats. Dans tous les cas, ces bouleversements ont changé l'ordre interne ou l'acuité des oppositions entre les classes des sociétés industrielles : partout en Europe on assiste alors à des mouvements de révolte ou à des révolutions, ainsi qu'à la constitution de nouvelles organisations ouvrières. La crise politique armée est un moment déterminant des luttes pour l'hégémonie économique qui opposent ces sociétés les unes aux autres et dont le secteur décisif est devenu depuis environ un siècle la production industrielle ; et ce sont bien les structures d'ensemble des diverses formations sociales considérées qui se sont trouvées mises en cause en l'occurrence, y compris leurs activités et institutions culturelles (32), même si les épisodes de la crise de culture marquent des coupures et des rythmes temporels spécifiques.

Par hypothèse, l'historien d'art considère que cette crise culturelle, dont il a à connaître certains aspects particuliers, est une des modalités, et non seulement un contrecoup ou un indice, de cette crise généralisée des systèmes sociaux à l'échelle mondiale. D'emblée, il peut observer qu'à l'intérieur du domaine culturel se manifestent des relations positives — qui du moins se donnent pour telles — entre les faits artistiques d'une part, les faits économiques, techniques et politiques d'autre part : l'art d'avant-garde s'est souvent voulu un agent social de plein exercice (33). L'historien constate également, dans le développement temporel des deux crises, que non seulement certaines coïncidences ou certains décalages paraissent significatifs de liens qui sont à la fois de dépendance et d'indépendance relatives, mais en outre que leur caractère

32. Marc Le Bot, « Dada et la guerre », *Europe*, n°s 421-422, mai-juin 1964.
33. Cf. ci-dessus section III.

radical semble comparable, puisque dans les deux cas c'est la nature même des systèmes politiques et artistiques qui a pu être mise en cause (34).

La question des relations historiques qui ont existé entre la crise artistique et la crise sociale du début du XXe siècle appelle aussi, immédiatement, des observations encore très générales, mais qui établissent en les précisant déjà les fondements hypothétiques de la recherche. En premier lieu, la crise artistique a réellement concerné les sociétés industrielles ou en voie d'industrialisation dans leur totalité. Comme la Grande Guerre, cette crise fut « mondiale » dans le même sens restrictif qui réduit le « monde » à la civilisation de l'Occident. Cela est vrai, bien que cette crise ne se soit pas ouvertement jouée, concernant les arts plastiques, dans toute l'aire géographique marquée par l'industrialisation. Car là même où la crise des valeurs figuratives n'a pas pris ce tour spectaculaire qui fut la marque de l'art dit d'« avant-garde » dans plusieurs pays d'Europe cette forme d'art s'est partout et rapidement imposée. Sous ses aspects les plus antitraditionalistes et telle qu'elle s'est trouvée intégrée au système des rapports sociaux depuis cette crise du début du XXe siècle, elle est devenue la forme de culture artistique mondialement dominante.

Un autre aspect général de cette crise, c'est que des rapports semblent exister entre les différences qui ont marqué ici ou là le destin historique de l'art contemporain et les différences de statut économique et politique des diverses formations sociales où il s'est imposé. L'Allemagne et surtout l'Angleterre n'ont pas connu des crises artistiques aussi violentes que la France, l'Italie et la Russie. Mais Paris, Rome ou Milan, Moscou et Saint-Pétersbourg ne doivent pas à l'on ne sait quel génie du lieu d'être dans les années 1910 les capitales des arts. Dans ces pays, ce sont les discordances dans le développement relatif des instances culturelles et des instances économico-politiques qui ont rendu nécessaire une transformation brusque de la pratique artistique et qui ont donné à cette transformation une forme de violence révolutionnaire. La France, depuis le règne de Louis XIV, possédait des institutions et des traditions académiques qui avaient été ébranlées dans la seconde moitié du XIXe siècle par la création des galeries et celle des « salons sans prix ni jury », mais qui étaient demeurées capables de s'opposer fortement à l'établissement de nouvelles formes de la vie culturelle, en particulier d'une nouvelle pratique et d'une nouvelle fonction de l'art. La situation est différente, spécifique, mais également génératrice de

34. Cf. ci-dessus section IV-2.

contradictions violentes en Italie, dont on a déjà dit qu'elle avait à constituer à la fois son unité politique et sa structure économique d'ensemble. Il en est de même en Russie, où l'on entreprend de passer d'un état semi-féodal à un état d'économie industrielle ([35]).

Quant à l'Allemagne et à l'Angleterre, il faut penser que l'industrialisation y a atteint au début du XXe siècle un degré de puissance et une force de cohésion qui n'ont pas permis aux contradictions sociales de s'y exprimer avec la même violence au plan des conflits culturels. C'est surtout vrai de l'Angleterre où l'activité artistique, au XIXe siècle, est plus fortement marquée qu'en aucun autre pays européen par les recherches d'art appliqué à l'industrie. L'institution et le succès temporaire du Bauhaus dans l'Allemagne des années 1920-1930 indiquent qu'on y a cherché une solution de même nature aux rapports de l'activité artistique et de la production économique, d'une façon plus systématique que partout ailleurs. Mais il aura fallu auparavant que ce pays affronte (et liquide par la violence), à la fois une situation politique révolutionnaire et la crise artistique à caractère politique très marqué que constituèrent les activités de Dada à Berlin, à Cologne, à Hanovre, au début des années 1920 ([36]).

Enfin les Etats-Unis d'Amérique sont le lieu où l'art contemporain s'est implanté de la façon la plus rapide et dans les conditions les moins conflictuelles. Ce pays est intervenu dans la lutte armée pour l'hégémonie sans que cet épisode du développement de sa puissance économique ait eu pour prodrome ou pour répercussion une grave crise de culture, c'est-à-dire un conflit interne pour la possession du pouvoir culturel. Celle-ci en effet n'a fait question à aucun moment, même lorsqu'on est brusquement passé de la tradition académique à l'art d'avant-garde, comme forme d'art dominante. Les *Academies of design* du XIXe siècle étaient des institutions locales ; elles ne représentaient aucune tradition assez forte — aucun système de valeurs esthétiques avec quoi le système économique et politique se soit assez longtemps compromis dans le passé — pour faire obstacle, quand l'occasion s'en présenta, à la mainmise directe, sous des formes nouvelles, du pouvoir économique sur les instances culturelles. Concernant les arts plastiques, cette mainmise se réalisa dans deux domaines ou sur deux modes originaux qui sont apparemment très distincts et dont il est pourtant remarquable que certains acteurs en aient été les mêmes. C'est aux Etats-Unis d'Amérique que l'institution des journaux à faible coût de revient et à grand

35. Cf. ci-dessus section III-3 et 4.
36. Marc LE BOT, « Dada (art) », *Encyclopedia Universalis,* vol. II, 1969.

tirage (*yellow-papers*) permit l'usage des illustrations, en particulier de la bande dessinée, comme moyen de communication de masse dès les dernières années du XIXe siècle. Et ce sont des reporters-illustrateurs et des dessinateurs de ces journaux — ceux en particulier qui se regroupaient en tant que peintres à l'Ash-Can School — qui furent à l'origine de l'Armory Show, c'est-à-dire de l'événement qui décida du brusque succès de l'art contemporain en Amérique, d'une façon que ne connut aucun autre pays.

Ces dessinateurs fondèrent d'abord une *Association of American Painters and Sculptors* qui prit en charge l'exposition projetée. L'opération avait pour but de réaliser un retournement de l'opinion publique, de légitimer toutes les tentatives d'un art antiacadémique (qui ressortissait d'ailleurs au réalisme social, non à l'avant-garde), pour ouvrir le marché de l'art aux jeunes peintres américains. En faisant connaître les œuvres européennes exposées à l'Armory Show, ces jeunes artistes voulaient se donner des modèles et surtout une caution. Le résultat ne fut pas ce qu'on attendait. L'expérience disqualifia aussi bien le réalisme de l'Ash-Can School que l'académisme. L'Armory Show connut à New York, à Chicago, à Boston, un succès qui occupa pendant trois mois la première page des grands quotidiens. Elle fut moins une occasion de scandale qu'un événement à sensation. Elle provoqua une conversion rapide des artistes et des collectionneurs aux formes européennes de l'art contemporain, jusque sous ses aspects d'avant-garde extrêmes. Plusieurs centaines de peintures furent vendues ; or, si Marcel Duchamp et Francis Picabia eurent aux Etats-Unis leurs premiers acheteurs, il est de fait que le pouvoir économique ne trouva dans la modernité de leurs œuvres aucune contradiction à ses propres finalités, puisque dès l'origine (1913) les achats d'œuvres d'avant-garde eurent en Amérique un caractère spéculatif ([37]).

Dans des contextes sociaux aussi différents et qui relèvent pourtant d'une même conjoncture de crise, les œuvres de l'avant-garde ont pu jouer des rôles sensiblement diversifiés ; elles ont pu, en particulier, donner à la crise culturelle dont elles étaient les agents actifs un caractère plus ou moins radical, une valeur plus ou moins critique. Elles ont aussi fait immédiatement l'objet d'interprétations très diverses. Les visiteurs de la galerie de Stieglitz et de l'Armory Show, ceux des expositions libres de l'avant-garde et ceux des collections (ouvertes au public) de Chtchoukine et de Morozov à Saint-Pétersbourg et à Moscou, ceux des salons « indépendants » parisiens ou de la galerie Kahnweiler, n'ont

37. Gabrielle BUFFET-PICABIA, *Aires abstraites*, ouvrage cité.

dans l'esprit ni les mêmes repères ni les mêmes critères de jugement. En outre, le destin social de ces œuvres, depuis leur apparition jusqu'aujourd'hui, les a livrées à une sorte d'interprétation globale et réductrice qui a permis au musée de s'en emparer pour assurer à la fois leur conservation matérielle et leur intégration dans les circuits fermés de la culture d'élite, faisant d'elles les témoins désormais quasi muets d'une histoire dont elles ne rappellent plus qu'une série d'inventions formelles dont le caractère d'étrangeté, en regard de la tradition représentative, constitue encore pour beaucoup la seule signification. Mais on a déjà dit que, malgré cette érosion du sens qui fait l'œuvre se dessécher au musée, il n'est pas impossible de donner à nouveau la parole à ces images. Comme en arrière ou en dessous des interprétations immédiates ou spontanées qui furent celles des contemporains — les artistes y compris — ou qui sont celles d'aujourd'hui, il faut mettre au jour, en les caractérisant de façon comparative, les systèmes plastiques dont elles relèvent, c'est-à-dire les systèmes historiques de production de messages iconiques qui les constituent en ce qu'on a justement nommé des « matrices de sens » ([38]). C'est aussi dire à nouveau qu'à travers les détours, les accidents, les régressions, les excès des productions de l'art contemporain, une certaine logique, connaissable, est à l'œuvre ; que si cette nouvelle logique figurative s'articule réellement à celles que manifestent d'autres pratiques sociales, il faut d'abord tenter de la définir dans sa cohérence propre pour situer son point d'insertion et son efficace spécifique dans la structure du tout social.

Du point de vue ici adopté, il faut enfin répéter que l'image mécanomorphe présente l'intérêt exceptionnel de chercher elle-même à se donner une structure capable d'établir une relation positive entre son ordre propre et celui de l'organisation économique, technique et politique de l'espace social. Ce ne sont plus de nouveaux symboles et une nouvelle mythologie dont il s'agit de saisir les implications historiques générales. Il faut définir ce dont ce nouveau symbolisme est à la fois le symptôme et l'agent, ce qui se trouve par lui radicalement mis en cause : non seulement la structure signifiante de l'image, dans sa généralité, mais les diverses constitutions réellement effectuées, dans des œuvres ou des séries d'œuvres singulières, du champ de l'icône mécanomorphe. Il faut examiner si de telles organisations spatiales des nouveaux éléments symboliques sont en effet significatives d'une nouvelle appréhension — en partie ou sous certains aspects inconsciente — que les artistes ont pu avoir des rapports sociaux ainsi que de l'insertion que

38. Louis Marin, « La description de l'image : à propos d'un paysage de Poussin », article cité.

devait y trouver la « nouvelle plastique », soit dit pour reprendre les termes de Mondrian. Car cette organisation de l'espace plastique, dans ses aspects intentionnels ou non intentionnels dont témoignent les textes des peintres, définit le statut historique particulier de l'image de peinture dans les communications sociales : l'image est un espace « utopique » ([39]), un non-lieu, une sorte d' « écran » selon la terminologie de Pierre Francastel ; les rapports sociaux vécus s'y trouvent comme projetés et repris plastiquement, selon les contraintes propres à un système formel ; et celui-ci est, en dernière analyse, significatif de la fonction nécessaire de l'art qui le fait intervenir dans l'ordonnancement matériel ou seulement idéal, imaginaire, de l'espace social, selon des modalités historiquement variables, de valeur en effet utopique et critique.

Se fier et s'attacher à une stricte chronologie de la production des images mécanomorphes ferait courir le risque d'éluder le problème central posé par l'art contemporain tout entier à ses origines historiques : cette origine n'est pas ponctuelle ; la rupture avec l'art du passé n'est strictement localisable ni dans le temps ni dans l'espace ; elle n'est pas assignable à une œuvre particulière d'où découlerait une suite généalogique des recherches plastiques nouvelles. Cette rupture, dans sa logique interne, s'est effectuée selon une ligne de faille discontinue. Mais plutôt que cette métaphore de la ligne discontinue, il faudrait employer ici celle d'une constellation d'événements — les œuvres ou, mieux encore, les formes produites — dont le centre ne serait nulle part ailleurs qu'en un point idéal de convergence : la logique de cette rupture n'est pas d'abord une chrono-logique. Ce qui permettrait de concevoir que chacune des initiatives de l'avant-garde pour promouvoir un art nouveau est à elle-même son propre commencement ; que chacune a dû prendre sur soi la responsabilité de rompre — se définissant chaque fois contre l'art du passé, contre les autres tentatives de l'avant-garde et, positivement, comme un système totalitaire, autosuffisant. Ceci peut rendre compte de l'agressivité — dont l'histoire de l'art contemporain s'étonne parce qu'on ne la rencontre pas dans le passé de l'art classique soumis à un tout autre rythme temporel — de l'esprit de rivalité qui marque chaque nouvelle initiative, de la rapide succession de ce que l'historicisme nomme naïvement des « écoles » quand il s'agit, au contraire, de tentatives pour rendre impossible toute définition stable, toute sclérose académisante d'une entreprise qui est, à proprement parler, de recherche et non d'institution. La règle du développement historique d'un art où chacun se prétend à l'avant-garde des autres est celle d'un détachement (au sens de la tactique militaire et au sens d'une conduite

39. *Ibidem.*

psychologique à la fois) et celle d'une reprise sur un autre terrain de problèmes analogues à ceux d'autrui, dans le cadre d'une problématique d'ensemble qui définit l'art contemporain, non pas comme la multiplicité incohérente d'une suite d'actions en ordre dispersé, mais comme une entreprise où les rivalités internes n'entament pas l'unité d'intention.

Ces polémiques ont donc leur signification historique. Elles permettent de concevoir le développement de l'art contemporain comme procédant par surgissements brusques, par à-coups, par démarches toujours paradoxales, par différences affirmées dans le traitement répétitif des mêmes problèmes figuratifs. Dans son historicité elle-même, l'art contemporain contredit donc la temporalité linéaire de toutes les pratiques artistiques fondées sur l'observance, soit-elle novatrice, d'une tradition. Il est possible de préciser concrètement : vers 1910, Paris est le centre artistique le plus important. Les autres foyers de l'art européen d'avant-garde se déterminent pour beaucoup par rapport à ses productions, qui sont en réalité celles d'un groupe de peintres de toutes nationalités. En 1911, plus précisément, le cubisme tient le devant de la scène. Mais ce centre d'attraction, cette sorte de modèle internationalement reconnu que devient le cubisme lorsqu'il apparaît sur la scène publique, est aussitôt contesté. Il l'est de l'intérieur, parce que les productions artistiques que la critique range empiriquement sous cette catégorie sont par trop hétérogènes en apparence. Elles révèlent une grande diversité des recherches. Ceux qui les mènent ne peuvent pas saisir dans son ensemble la problématique dont elles relèvent et dont l'existence, pourtant supposée par tous, justifie l'usage de cette catégorie historique. Chacun des artistes qui se rattachent d'une certaine façon au cubisme est comme condamné à l'expérimentation personnelle d'une pratique de l'art qui se veut légitimement toujours originale, différente, exploratoire. Le cubisme de Braque et de Picasso qui sert de référence, apparaît à beaucoup comme une voie en impasse (comme un système de formes susceptible d'être répété, appris, imité jusqu'à Prague et Moscou) et en même temps comme le lieu central où viennent se recouper d'autres séries de recherches dont il ne donne pourtant pas les modalités d'articulation. L'ouvrage qu'Apollinaire consacre en 1912 aux « peintres cubistes » témoigne, par ses propres contradictions et malgré le désir personnel du critique d'apparaître comme le doctrinaire de l'ensemble de la nouvelle peinture, de ce que le cubisme, comme il y est écrit, se trouve « écartelé » ([40]).

Apollinaire distingue deux « tendances pures » du cubisme (et d'ail-

40. Guillaume Apollinaire, *Les peintres cubistes, Méditations esthétiques,* ouvrage cité.

leurs deux autres qui ne le sont pas). Picasso appartient à ces deux catégories distinctes à la fois. Sous celle du « cubisme scientifique », il figure avec Braque ; sous celle du « cubisme orphique », il figure avec Delaunay, Léger, Duchamp et Picabia (41). En fait, l'apparentement de Picasso aux quatre peintres ici qualifiés comme lui d'orphiques, est douteuse pour Apollinaire lui-même, contredit par certains autres de ses textes (42) où les œuvres de Delaunay, Léger, Duchamp et Picabia sont considérées à part, réunies entre elles seules pour faire l'objet de comparaisons, de rapprochements. Encore ces rapprochements ne sont-ils pas faits non plus sans hésitations ni repentirs. En particulier, Apollinaire hésite beaucoup à cette date, dans *Les peintres cubistes* et dans l'ensemble de ses chroniques (43), à caractériser les travaux de Picabia (44), plus encore ceux de Marcel Duchamp. Il apparente pourtant ces quatre peintres, avec une certaine insistance, en raison de l'usage qu'ils font d'éléments inobjectifs et de la couleur.

La vérité, c'est qu'en 1912 l'amitié et l'admiration d'Apollinaire pour Delaunay le poussent à faire de l'œuvre de cet artiste le principal modèle de ce qui échappe à la définition du cubisme fondée sur l'œuvre de Braque et de Picasso. Et cependant, Delaunay, Léger, Duchamp et Picabia ont alors un réel point commun, inaperçu d'Apollinaire. Ils sont les principaux initiateurs, en France, d'une plastique de la machine et de la ville moderne. Ce trait distinctif paraît plus pertinent que leur prétendue recherche « orphique » dans le domaine de la lumière pure et de la couleur (Duchamp n'a jamais été un coloriste), pour les opposer ensemble à Braque et à Picasso, sans que cette opposition permette d'ailleurs davantage de réduire leur diversité à l'unité. C'est d'une façon très générale que tous quatre se démarquent, en théorie et en pratique, des exposants de la galerie Kahnweiler. Francis Picabia, en particulier, affirme avec insistance qu'il a « dépassé » le cubisme et (un peu contradictoirement au plan du vocabulaire) qu'il s'est trouvé confirmé dans ses initiatives récentes en matière de peinture inobjective, lorsqu'il a découvert New York en 1913, à l'occasion de l'Armory Show. New York est la « ville

41. *Ibidem*, pp. 27 et 28. Cf. aussi les textes spécialement consacrés à Léger, p. 65 et sq., à Picabia, p. 70 et sq., à Duchamp, p. 74 et sq.

42. *Ibidem*. — Guillaume APOLLINAIRE, « Art et curiosité. Les commencements du cubisme », *Le Temps* du 14-10-1912. — Guillaume APOLLINAIRE, « Les commencements du cubisme », dans Robert DELAUNAY, *Du cubisme à l'art abstrait*, ouvrage cité, pp. 151-154.

43. Guillaume APOLLINAIRE, *Chroniques d'art (1902-1918)*, ouvrage cité.

44. Marc LE BOT, *Francis Picabia et la crise des valeurs figuratives*, ouvrage cité, pp. 49-50 et p. 49, note 24.

cubiste » par excellence. C'est un milieu urbain extraordinairement mécanisé. Les rythmes accélérés de la vie moderne, les points de vue sans cesse et rapidement modifiés par le déplacement à l'intérieur des profonds labyrinthes des rues (de « noirs canyons ») composent des effets visuels toujours variables où entrent en jeu les objets symboliques les plus caractéristiques de la modernité : les gratte-ciel, les ponts d'acier et de béton, le mouvement des automobiles, les lumières de la publicité ([45]). Or, les principales oppositions externes au cubisme, dans le domaine de la peinture d'avant-garde, celles du futurisme italien et du constructivisme russe, se font tout aussi explicitement sur des bases analogues, c'est-à-dire en se référant aux « réalités » les plus actuelles : la mécanisation de la vie urbaine et l'univers des objets industriels.

Ainsi les images mécanomorphes ou à thèmes machinistes ne se définissent-elles pas seulement, comme toutes les productions de l'avant-garde, contre la structure de l'image classique. Elles se définissent aussi par rapport à l'image cubiste : sinon toujours par opposition à elle (quoiqu'une opposition réelle au cubisme se manifeste souvent dans les querelles idéologiques internes à l'avant-garde), du moins en se démarquant d'elle. Toutes les productions plastiques de l'avant-garde ont en commun d'introduire dans l'image peinte au moins des éléments parcellaires qui défont la cohérence de l'espace spectaculaire de la tradition classique. Mais à cet égard le travail des cubistes a souvent été critiqué, comme un travail de laboratoire, par les peintres qui réfèrent quant à eux les nouveaux modes de la perception esthétique à la pratique sociale commune dans un univers soumis à la logique des objets techniques. Ces peintres considèrent effectivement l'ordre structurel qu'ils imposent à l'écran figuratif, comme la projection idéale de l'espace social vécu, avec son apport actuel de représentations et d'expériences perceptives nouvelles. Leurs mots d'ordre — demandant que l'art nouveau soit significatif du mouvement, de la vitesse, des rythmes contrastés et discontinus — indiquent donc clairement, sinon de façon suffisante, la visée proprement plastique d'une entreprise qui n'est d'abord apparue que comme l'institution d'une mythologie nouvelle des temps modernes.

45. *Dossier Picabia* de la Bibliothèque Littéraire Jacques Doucet, ensemble documentaire cité.

ART ET NON-ART.

Les peintres italiens d'avant-garde ont les premiers critiqué, au plan de la doctrine, la conception de l'image-spectacle. Ils ont prétendu que l'image futuriste exigeait de celui qui ne devait plus être considéré comme un « spectateur », qu'il se projette pour ainsi dire à l'intérieur de l'ensemble figuratif où il se trouverait alors pris — comme il l'est à l'occasion de ses expériences concrètes de l'espace urbain — dans un réseau de « lignes de force » qui le définiraient objectivement par ses relations toujours changeantes avec un certain nombre d'objets mobiles, dont la mobilité l'emporterait lui-même. Plastiquement, les futuristes signifient de façon caractéristique cette expérience du déplacement rapide généralisé par trois catégories principales de traits formels. Ce sont des traits constants dans les travaux des protagonistes du futurisme pictural : Balla, Boccioni, Carrà, Russolo, Severini. C'est-à-dire qu'il y a là une recherche d'effets systématique qui, au-delà des différences individuelles, semble constitutive des spéculations proprement plastiques qui donnent au futurisme une réelle unité.

Le premier de ces traits consiste à signifier par des réseaux de lignes orthogonales ou diagonales, des « lignes de force » dont un objet ou un ensemble d'objets que l'on veut figurer en mouvement, seraient les centres énergétiques. Les impulsions visuelles que sont censés provoquer ces tracés linéaires, doivent projeter le regard vers les quatre limites du tableau que les « lignes de force » outrepassent virtuellement. En même temps, ces lignes effectuent un découpage régulier de la surface peinte. Dans les cantons ainsi découpés du champ de l'image, un certain nombre de signes mimétiques fragmentaires ou d'unités non mimétiques se trouvent superposés ou juxtaposés, mais avec des effets de valeurs lumineuses qui conservent une illusion de profondeur de l'espace. Cette fragmentation des signes est un autre trait commun à l'ensemble des travaux des futuristes ; il est nécessairement, c'est-à-dire systématiquement, lié aux précédents. Car le découpage du plan figuratif peut aussi prendre un aspect caractéristique qui n'est pas une variante du premier procédé. Ce dernier trait apparaît dans la peinture futuriste dès 1911, sans lui être absolument propre ; on le trouve à la même date dans deux œuvres de Marcel Duchamp : le *Jeune homme triste dans un train* et la première version du *Nu descendant un escalier*. Mais pour les futuristes, ce fut là une recherche de groupe, étendue sur plusieurs années, qui produisit des œuvres nombreuses. Ce trait formel consiste à utiliser, pour la scansion régulière du plan de la toile, la répétition de la ligne de contour antérieure ou postérieure du corps ou d'une partie du corps que l'on veut ainsi représenter en mouvement (corps humain, corps animal, objet matériel). Le procédé a éventuellement pour corollaires le recouvrement partiel des plans ainsi délimités, avec ou sans transparence de l'un à travers l'autre et, de nouveau ici, l'attribution à chaque fragment découpé d'une luminosité variable qui lui est propre.

On sait que cette décomposition cinématographique du mouvement (y compris les effets de recouvrement, de transparence, de valeurs lumineuses variables) est une reprise, dans l'ordre pictural, des travaux que réalise Etienne-Jules Marey à la fin du XIXe siècle. En utilisant un appareil mécanique, ce physiologiste produisit, sur une même surface, une succession de photographies instantanées qui avait précisément pour but l'analyse graphique du mouvement rapide. Cet emprunt de la peinture à un modèle scientifique et technique caractérise bien l'idéologie futuriste ; moins bien celle de Marcel Duchamp dont les œuvres se donnent aussi d'autres références. Mais si la science et la technique jouent ici un rôle de modèle, il ne s'agit pas à proprement parler d'un « emprunt » de la peinture à une autre catégorie d'images, puisque passant du contexte du travail scientifique à celui du travail plastique, l'élément « emprunté » change de valeur. Il n'a plus valeur de connaissance, mais valeur esthétique. Dans la catégorie d'images de peinture ici en question, les trois traits essentiels à leur ordre plastique font en outre système ; ils sont liés entre eux par une logique qui donne sa structure à l'image picturale. Il faut donc considérer que l'inscription sur le plan figuratif d'une série répétitive de contours et de plans souvent à demi superposés, l'inscription de ce que les futuristes nomment des « lignes de force », la fragmentation et la dispersion de signes mimétiques ou non dans le champ de l'image, constituent un ensemble cohérent de traits réellement nouveaux dans la longue histoire des formes picturales susceptibles de signifier le mouvement. Enfin ces recherches ne se sont pas seulement donné un modèle scientifique et technique. Elles ont presque toujours été liées à la thématique de la machine et de la ville moderne. Cela est vrai à l'évidence des œuvres futuristes. Ce l'est aussi de celles de Marcel Duchamp : ses travaux de 1912 (la seconde version du *Nu,* la *Mariée,* la série des *Nus vites*) comportent encore, au moins partiellement, certains des traits formels qu'on vient de décrire ; mais ils préparent aussi la conception du *Grand verre* qui sera commencé en 1915, avec son appareillage pseudo-mécanique.

Pourtant, ni Marcel Duchamp en 1911, ni les futuristes en général n'ont radicalement rompu avec le système classique de l'image. Si l'unité de l'espace perspectif, spectaculaire et spéculaire, se trouve brisé, c'est au sens où l'image en miroir est fragmentée, comme par le bris du miroir lui-même, sans que la qualité de l'image reflet soit absolument mise en cause. La lisibilité de cette sorte d'images tient encore à ce que le « sujet » de la figuration y est définissable en termes d' « histoires ». Les unités mimétiques, en tant que « configurations de ligne et de couleur », y sont toujours perçues comme « des représentations d'objets naturels », soient-ils fragmentaires. Enfin les réseaux de lignes orthogonales et diagonales, propres aux peintures futuristes, apparaissent comme plaqués sur un ensemble représentatif de l'espace empirique : son éclatement, sa dispersion sont repris dans l'esprit pour recomposer un tout dont la cohérence est celle du récit de ce qui se voit dans la ville, dans la rue animée par le mouvement d'engins mécaniques. En ce sens, ces réseaux de lignes, au même titre que les fragments identifiables d'objets techniques, ne signifient le mouvement rapide produit par ces engins qu'en tant que symboles conventionnels du mouvement et de la vitesse, caractéristiques de la civilisation machiniste.

Il reste que cette reprise des détails et cette recomposition d'un ensemble spectaculaire impliquent que l'œil réponde à certaines contraintes optiques qui opèrent dans le champ figuratif, dont la surface est régulièrement découpée et les éléments disséminés. Compte tenu du contexte référentiel de l'image (du renvoi que font certains signes symboliques et, en général, les titres des œuvres à la modernité machiniste, au type de mouvements et de rythmes qu'elle permet), ces contraintes formelles, dans leur liaison systématique, sollicitent une interprétation de la structure de l'image comme signifiant par soi le mouvement accéléré. Le mouvement réel du regard qu'entraîne nécessairement le déchiffrement de toute image de peinture est ici celui d'une perception très fragmentaire, discontinue, parfois floue et supposant souvent la prise de points de vue multiples sur le spectacle de référence. Etant donné la dissémination des unités perceptives, ce mouvement réel de l'œil est aussi très aléatoire, même lorsqu'il est déterminé pour une part par l'orientation des traits qui découpent le plan ; et il est d'autant plus aléatoire qu'un plus grand nombre de ces unités sont non mimétiques ou seulement mal identifiables. Ce jeu du discontinu, de l'indistinct, des liaisons indéterminées, va en particulier jusqu'à faire disparaître, dans l'ordre du spectacle éclaté, la distinction entre des éléments dont on ne sait plus s'ils appartiennent à la figure ou au fond. Il y a donc là, au moins sur ce point essentiel qui remet en cause la profondeur illusoire de l'espace figuratif classique, pour autant qu'elle se fonde sur l'opposition figure/fond, non seulement la possibilité d'introduire de nouvelles significations d'incertitude, de discontinuité, de perception indistincte, mais l'amorce d'un retour critique, réflexif, comparatif, de l'œil sur l'ordre de ses propres parcours, lorsqu'ils viennent structurer la spatialité propre à l'image classique ou, au contraire, celle de l'image futuriste. Il s'agit donc bien d'une amorce de déconstruction de l'image classique, mais qui tourne court. Elle n'est qu'un effet second de la recherche primordiale de cette catégorie de travaux : signifier des phénomènes ou effets perceptifs liés à l'introduction des objets techniques et à leur mobilité dans l'espace de l'expérience commune ; signifier du non-représentable dans la représentation. La fonction de signification de l'image (dénotant formellement la perception rapide, discontinue, indistincte) ne cause pas de modification de sa fonction de désignation (l'image se référant toujours à un spectacle, celui de la rue ou de la machine en mouvement). Au contraire, d'autres recherches de l'avant-garde machiniste supprimeront tout référent spectaculaire de l'image dont la nature se trouvera ainsi transformée.

Ce pas sera franchi, de façon comparable, par Robert Delaunay et Fernand Léger. Il le sera au terme — d'ailleurs provisoire — de recherches qui sont à certains égards analogues à celles des futuristes et différentes d'elles. Analogues parce qu'elles ont d'abord visé, elles aussi, à produire des effets perceptifs non représentables dans l'ordre de la représentation et parce que ces effets sont rapportés, surtout par Fernand Léger, à une thématique de la modernité mécanique. Différentes parce qu'elles conduisent à des formalisations beaucoup plus liées à une réflexion sur l'ordre pictural lui-même, qui aura pour conséquence l'élimination de tout référent objectif, c'est-à-dire ce que l'on considère comme le passage à des formules d' « art abstrait ».

Robert Delaunay, peignant le *Manège de cochons* en 1906 et 1913 ([46]), puis la série des *Hommage à Blériot* en 1914 ([47]), vise bien lui aussi à signifier des effets lumineux non représentables (produits dans la réalité par la lumière électrique et par la rotation d'une hélice d'avion), à l'intérieur d'un cadre représentatif où les analogies avec l'espace empirique se trouvent défaites localement par des ensembles formels qui renvoient à ces jeux éphémères de la lumière colorée. A cet égard, Delaunay continue, en les systématisant à sa façon, les recherches de Claude Monet. Sa systématisation propre est celle de ce qu'il nomme le « métier simultané », d'une formalisation qui se fonde sur deux lois optiques. La première de ces lois est celle qui formule qu'une teinte s'auréole toujours de sa

46. On ne possède plus que trois reprises, réalisées en 1922, du thème d'abord traité en 1906 et 1913 : l'huile sur toile du Musée National d'Art Moderne, à Paris ; une aquarelle entoilée, sans date ; et une gouache sur papier datée de « 1906 et 1913 ». — Cf. Le « Catalogue de l'œuvre de Robert Delaunay », par Guy HABASQUE, dans Robert DELAUNAY, *Du cubisme à l'art abstrait,* ouvrage cité, pp. 245 et sq., n°s 193, 194 et 384.

47. *Ibidem,* n°s 137 à 140.

complémentaire, de telle sorte que deux surfaces colorées juxtaposées modifient chacune la teinte de la surface voisine, sur son bord. La seconde loi est celle du contraste simultané : un ton sombre rend en apparence plus clair un ton voisin et réciproquement ; d'autre part, une teinte exalte sa complémentaire si l'on juxtapose des couleurs sans mélange pigmentaire (48). La mise en œuvre de ces lois objectives de la perception des couleurs produit donc un mouvement réel de l'œil, entraîné dans un parcours que Delaunay veut circulaire, spiralé ou hélicoïdal, à la façon des halos et des arcs-en-ciel, pour signifier symboliquement l'infinitude de l'espace sensible. Le regard y passe nécessairement d'une unité colorée à l'autre, appelé par les interférences et les modifications des couleurs dans le jeu de leurs relations objectives.

Le lien de ces recherches plastiques avec la thématique machiniste n'est pas occasionnel. C'est un lien privilégié. Delaunay a rapporté ses artifices de peintre à la fois à des lois scientifiques et à des exemples concrets donnés par des éléments de la modernité : la décomposition prismatique de la lumière par le mouvement rotatif d'une hélice d'avion ; celle de la lumière artificielle dans l'atmosphère. Il a lié aussi cette recherche d'un espace non représentatif, mais significatif des phénomènes lumineux colorés, au thème de la ville et à la longue série des *Tours*. Pourtant, ce lien privilégié n'est pas un lien absolument nécessaire : les effets de décomposition prismatique de la lumière sont aussi bien rapportés à des phénomènes naturels qu'artificiels. En tant qu'ils composent des espaces figuratifs spécifiques, ils constituent des ensembles inobjectifs, dès 1912, aussi bien qu'ils défont la structure spatiale de la Tour et de la ville. La première œuvre inobjective de Delaunay est un *Disque ;* en 1912 et 1913, il nommera cette sorte de compositions *Formes circulaires* et les référera (par le titre des œuvres) à la perception de l'espace cosmique, précisément à la lumière du soleil et de la lune (49). Delaunay fournit ainsi une autre preuve que c'est l'exploration des virtualités d'un nouveau système formel (pour lui, l'écriture, la technique du « métier simultané ») qui est la condition de possibilité d'une thématique machiniste et non l'inverse.

Les œuvres de Fernand Léger antérieures à la guerre de 1914 sont comparables à celles de Delaunay sur un point fondamental. Leur ordon-

48. Dans ses *Notebooks,* ouvrage cité, Paul KLEE propose une théorie beaucoup plus complexe du contraste simultané que celle de Delaunay. Cette théorie a pour origine certaines spéculations de Delacroix : cf. Jules RAIS, *L'exposition de Paris (1900), Encyclopédie du siècle,* tome I, Paris, Mongrédien, 1900, p. 131, article « Delacroix ».

49. *Ibidem,* n°s 113, 114, 119-122 et 128-132.

nance interne impose des conduites optiques qui ont, elles aussi, valeur d'analyse des conditions de la perception esthétique, bien qu'elles ne se donnent pas comme fondées sur des lois objectives. Mais pour Fernand Léger (comme le veulent ses textes lorsqu'ils rendent compte de sa pratique de peintre), ce nouvel ordre figuratif est un ordre du discontinu et du contraste généralisé des formes, des couleurs et des matières, alors que la recherche de Delaunay porte essentiellement sur les contrastes colorés. D'autre part, cet ordre semble toujours rapporté, d'abord symboliquement, à des spectacles qui mettent en jeu les objets de la modernité dans le milieu urbain. Cependant, des indices proprement plastiques (non seulement des signes symboliques) montrent aussi que ces recherches ont été faites par le peintre en se référant, de façon beaucoup plus générale, aux qualités matérielles des objets techniques, telles que le langage et aussi la peinture peuvent les déterminer dans l'abstrait. Cet aspect des recherches de Fernand Léger apparaît avec le plus de rigueur dans une série de travaux qui ressortissent sans doute à l' «art abstrait », mais non pas seulement au sens où l'histoire de l'art utilise ordinairement cette expression pour classer des images qui ne renvoient plus à un spectacle donné dans la réalité vécue ; d'ailleurs, cette série n'est pas chronologiquement ni même plastiquement distincte d'autres productions des années 1911-1914, où Léger conserve à l'image un référent objectif.

Dans un premier temps, Fernand Léger met en balance sur la surface de la toile deux catégories d'éléments. Les œuvres de 1911 (par exemple, *Les fumeurs, La noce*) et de 1912 (par exemple, *La fumée, Paris par la fenêtre, Le passage à niveau*) ont pour référents objectifs les univers urbain et mécanique. Comme dans les peintures des futuristes, des signes mimétiques fragmentaires sont dispersés sur la surface peinte. Mais ils sont séparés — et donc regroupés en sous-ensembles — par des bandes verticales de fumées. Ce sont des fumées artificielles, caractéristiques de l'univers urbain ; et ce sont des réalités quasi immatérielles, comme les fumées de la *Gare Saint-Lazare* peinte par Claude Monet. Elles prennent sur la toile forme de surfaces claires, possédant une couleur à peine modelée et des limites incurvées. Ces surfaces sont relativement larges, sans repères ni limites internes. Pour toutes ces raisons, elles entraînent une vision sans accommodation. Les fragments d'objets identifiables exigent au contraire un effort de perception, à cause de leur fragmentation et de la petitesse relative de leur taille. Le mouvement fictif de l'œil va ici du distinct au flou, de la vision en accommodation du détail identifiable, à la vision sans accommodation d'ensembles quasi inobjectifs. Il s'accomplit selon une discontinuité et une suite de contrastes réels.

En 1912 et surtout en 1913, Fernand Léger peint ses premiers *Contrastes de formes*. Ce sont comme les répondants plastiques de ses thèses théoriques, au sens où l'on est peut-être fondé à dire qu'ici la peinture tend à se faire elle-même théorie de sa propre pratique. Ces images soumettent en effet l'œil à la perception de « contrastes » qui opposent entre elles des formes (des tracés de limites), des couleurs et des matières (cette dernière notion recouvrant à la fois les valeurs lumineuses et les modes d'apparition des couleurs). De telles oppositions systématiquement répétées ont une valeur analytique. Elles font apparaître la forme, la couleur et la matière, comme ce que l'on peut nommer des formants picturaux. C'est-à-dire que les procédures de lecture optique imposées par l'image font concevoir ces formants comme des abstractions : celles-ci sont applicables à l'analyse de toute image de peinture, actuelle ou historique ; mais elles ne sont jamais données concrètement que dans des unités formelles colorées, qui combinent toujours l'ensemble de ces formants. Cela est certainement vrai des signes iconiques produits par Fernand Léger, comme de tous autres. Mais il est très remarquable que son écriture plastique soit la première et la seule, à cette date, qui tente à dissocier réellement la perception de chacun de ces formants : plus exactement, qui engage l'activité perceptive à en opérer la dissociation ou l'abstraction. Les taches de couleur ne s'étendent pas jusqu'aux traits, alors que ceux-ci délimitent des formes selon certains tracés qui donnent à ces formes l'unité et l'identité d'éléments comparables à des figures géométriques. Cependant, ces tracés eux-mêmes ne sont pas purement mimétiques : les traits sont perçus comme tels, comme formants plastiques, parce qu'ils sont souvent discontinus ou parce qu'ils outrepassent les limites de la forme pseudo-géométrique. Enfin, dans l'interstice des couleurs et des traits, apparaît la matière nue de la toile ou du papier. L'image se donne ainsi comme un agencement de matériaux perceptifs et non comme un miroir des apparences, celles-ci soient-elles des phénomènes lumineux quasi inobjectifs.

Par comparaison avec les œuvres de Robert Delaunay déjà analysées ici (mais ce serait aussi bien avec les autres productions d'images inobjectives des années 1912-1914 : celles de Marcel Duchamp, de Francis Picabia, de Franz Kupka), les travaux de Fernand Léger apparaissent dans le contexte de la peinture qui se fait alors en France, comme l'entreprise la plus systématique à cet égard. Les images qu'il ordonne ne donnent pas à voir de ces formes circulaires, spiralées, hélicoïdales, qui symbolisent les mouvements observables de la lumière dans l'espace cosmique. En ce sens, elles n'ont de référent ni objectif ni, pour ainsi dire, phénoménal. Le référent de ces images est un objet idéal : la nouvelle logique elle-même du discontinu et du contraste généralisé qui opère dans leur procès de production ; c'est-à-dire, en fait, la systématisation de quelques-unes des conditions objectives de la pratique picturale en général, telles que Léger peut les concevoir et les formuler plastiquement en fonction du contexte social et culturel où il vit. Celui-ci engage Léger à une analyse des formants picturaux ; il l'engage à déterminer selon ces voies et moyens la fonction critique de l'art contemporain, en ce point de son histoire, à l'égard de la peinture en général. C'est donc leur propre code que ces images exhibent ; et cette logique, Léger la pose comme « équivalente » à une logique mécanique purement fonctionnelle, mais non comme un simple redoublement de celle-ci.

Cette notion d'équivalence fait difficulté. C'est qu'elle marque un point décisif. Il s'agirait pour Fernand Léger d'instituer un ordre figuratif effectivement accordé (homologue) aux autres pratiques productives de l'ère machiniste. Cependant, cette institution aurait pour condition immédiate une analyse perceptive abstraite de certaines des conditions de la production picturale. Plus précisément, une telle analyse engagerait à une suite d'opérations optiques qui constitueraient en leur ordre cohérent un élément d'une théorie iconique de l'icone ; et cette démarche définirait strictement la fonction critique (capable de déterminer une crise culturelle) que l'art s'attribue dans la culture des sociétés industrielles, à ce stade de leur développement. L'œuvre de Léger — et quelques autres, comme celles de Mondian, Malévitch, Tatlin — aurait donc dans l'histoire de l'art contemporain l'intérêt particulier de lier, dans sa pratique même, cette recherche critique dans l'ordre propre de la peinture, au statut de celle-ci dans les sociétés industrielles.

Cette liaison peut se comprendre d'abord dans la façon dont elle s'impose. Dans les œuvres inobjectives de Fernand Léger antérieures à 1914, il y a un double jeu constant qui renvoie du concret à l'abstrait et inversement. Des unités iconiques agencées dans ces images, de ces formes-couleurs, on doit dire à la fois et sans contradiction qu'elles n'ont ni référent objectif, ni référent phénoménal, et qu'elles sont pourtant mimétiques sous certains aspects. Ces unités présentent toujours plusieurs analogies qualitatives, qu'isole la pratique picturale, avec les objets techniques : les formes pseudo-géométriques (les limites décrivant des plans et des volumes feints) sont analogues à celles des éléments produits en série pour la fabrication d'objets techniques ; les effets de lumière sont des effets de « luisance » (une traînée de couleur blanche est posée selon l'axe central de chaque unité) analogues à ceux que produit le reflet de la lumière sur un objet métallique, ici le plus souvent incurvé ; les zones de couleurs monochromes (jaune, rouge, vert, bleu) sont peintes en aplats, avec un effet de rugosité, comme le sont les couleurs industrielles, en particulier sur le mobilier urbain que Léger évoque souvent dans ses textes ; enfin, la matière de la toile et du papier nus réfèrent à des matériaux artificiels, non naturels. Ainsi, la loi du contraste généralisé énoncée par Fernand Léger est un système purement pictural d'opposition qui opère par combinaisons variées de traits formels abstraits ; mais ces variables sont sélectionnées pour leurs qualités en rappel analogique (« équivalent ») d'un type d'expériences perceptives qui sont privilégiées, pour des raisons qui restent à définir.

Le double jeu de renvoi du concret à l'abstrait est justifié s'il est vrai, comme on l'a avancé, que la peinture projette dans l'imaginaire, sous des contraintes propres à la pratique figurative, un désir (de destruction, de construction) qui concerne l'ordre social. Les expériences perceptives que le peintre a choisies comme modèles analogiques de son travail (théorique) d'abstraction picturale, sont donc celles des modes d'apparition des objets techniques. En raison de ce lien privilégié du travail du peintre et d'un domaine concret d'expériences perceptives, on comprend que la pratique de l' « abstraction » picturale, excluant tout référent objectif, n'ait été qu'un moment dans les recherches de Fernand Léger. En 1914, il revient à une thématique de la machine et de la réalité urbaine. Dans la série des *Escaliers,* où figurent des personnages en mouvement qui ont l'apparence mécanomorphe de robots, ce sont les mêmes lois combinatoires des mêmes formants variables qui sont à l'œuvre. Mais ces travaux permettent de préciser un point capital : ces robots en situation sur un fond d'escaliers métalliques sont des figures agencées avec les mêmes éléments mécanomorphes que le fond. La distinction classique de la figure et du fond tend ici aussi à s'abolir en raison de cette analogie formelle, par quoi Léger reprend à son compte une spéculation de Braque et de Picasso, en 1910-1912, lorsqu'ils composent des images — figure et fond — avec les mêmes particules élémentaires : cette sorte de « facettes » en forme d'éclats, dotées de couleurs et d'une luminosité qui leur sont propres, comme par exemple dans le *Portrait d'Ambroise Vollard* (1910) de Picasso. Dans tous ces travaux (de Braque, de Picasso, de Léger), la figure et le fond se distinguent pourtant comme une zone centrale (où les éléments sont plus étroitement articulés, plus resserrés) d'une zone périphérique (où les éléments sont de taille plus grande et moins étroitement agencés au fur et à mesure qu'on approche des quatre marges de l'image). Dans tous les cas, ce rapport spatial figure/fond cesse d'être pris dans un ordre de profondeur perspective. L'image est comme un tissu d'éléments dont la texture serait plus serrée au centre, plus lâche à la périphérie.

Or, dans les images non représentatives ou « abstraites » de Fernand Léger, en 1912-1913, on doit opérer une distinction analogue de la figure et du fond. Toutefois, si la figure y est toujours composée d'éléments mécanomorphes, le fond y est souvent composé de bandes verticales dont les couleurs et la matière sont pourtant les mêmes que celles des volumes généralement coniques ou cylindriques qui composent la figure. Mais l'essentiel est que, dans tous les cas, le rapport de la zone centrale à la zone périphérique constitue, en effet, un espace non perspectif et que la juxtaposition des éléments sur le plan ou leur emboîtement feint dans un relief illusionniste ait un caractère pseudo-mécanique.

Que l'on considère les procédures d'abstraction des formants plastiques ou les règles de leurs agencements (au niveau des unités iconiques aussi bien qu'au niveau du champ global de l'image), Fernand Léger apparaît donc comme un peintre (le premier) que les modèles mécaniques aient détaché absolument de l'expérience commune de l'espace pour le renvoyer à une réflexion de portée théorique sur les espaces imaginaires de la peinture. Isolant les qualités perceptives tout inédites des objets industriels, il a reporté cette démarche d'analyse abstraite sur la peinture elle-même. Il compose alors des ensembles (objectifs ou inobjectifs) codifiés par la loi proprement picturale du contraste généralisé : l'image, on l'a déjà dit, a pour véritable référent son propre code. Cette coupure absolue qui intervient entre l'ordre perceptif prétendu « naturel » de l'image classique et l'ordre pictural conçu « abstraitement » comme un système d'oppositions, a donc eu pour occasion privilégiée les innovations de la technique industrielle. La machine a joué pour le peintre le rôle de modèle historique concret de toutes les constructions spatiales artificielles, comme si le système social ne laissait à l'art d'autre issue, s'il veut jouer un rôle positif dans l'activité culturelle, que de construire à son tour des modèles abstraits comparables, dans leur visée de connaissance, aux modèles scientifiques dont les modèles mécaniques ne sont que des applications pratiques. La peinture, comme suite historique de constructions spatiales imaginaires, fait retour sur son ordre propre pour le connaître. Enfin, il est très remarquable qu'en prenant pour modèle la machine, la peinture se donne ici sur elle-même un réel point de vue critique, extérieur à son ordre spécifique. Contrairement aux cubistes en général, Léger n'interroge pas la peinture sur sa logique constructive au nom de la peinture elle-même. Il le fait au nom de ce que l'idéologie culturelle dominante des sociétés industrielles a posé comme l'autre de l'art : le travail productif.

La guerre de 1914 a fait Léger rompre avec ces recherches critiques et, pour ainsi dire, théoriques (à ce sujet, on pourra sans doute, au terme de travaux qui sont à peine commencés, déterminer plus exactement le rôle répressif de la Grande Guerre : en France, par exemple, l'arrêt brusque des recherches « écartelées » du formalisme cubiste). Léger désigne lui-même sa peinture des premières années 1920, du terme de période « mécanique ». Depuis *Le mécanicien* ou *Les disques dans la ville* de

1920, jusqu'à *La gare* de 1923, il procède à d'autres recherches formelles. Elles portent désormais sur certains effets propres à ce qu'on pourrait nommer l'écriture plastique spontanée ou l'idéologie visuelle née de la généralisation de la production industrielle : le cerne net des contours ; les couleurs luisantes et régulièrement modelées ; les matières lisses ; l'inscription des formes-couleurs sur le plan. Si ces effets ont valeur idéologique d'exaltation de la beauté mécanique — selon le terme même de Léger — on comprend que leur recherche aille de pair, dans sa peinture, avec l'introduction de « sujets » où la figure est mécanomorphe comme l'est son contexte d'objets mécaniques, c'est-à-dire avec une nouvelle mythologie de l'industrialisation que le peintre renouvellera jusqu'à la fin de sa carrière.

Le coup d'arrêt marqué par la guerre dans le développement des recherches formalistes de la peinture ne joue pas pour l'avant-garde russe. La crise politique mondiale débouche en Russie sur une transformation réelle de la structure sociale. L'avant-garde croit ou espère que la révolution artistique qu'elle réalise peut être un agent de la révolution soviétique ([50]), bien que cette croyance ou cet espoir n'aient eu qu'un temps, jusqu'environ la mort de Lénine en 1924. Quant à la nature du rapport entre les deux ordres de révolution, l'avant-garde russe est idéologiquement proche des positions de Fernand Léger et surtout de celles du futurisme italien, non sur les moyens à mettre en œuvre ni sur les fins, mais sur la nature du problème qui se pose à l'art et à l'artiste. Les suprématistes, les constructivistes, l'avant-garde picturale et poétique russe en général, répètent obsessionnellement que leurs recherches sont liées au développement de la science et de la technique, au « futur » technologique. De telles questions ont une urgence exceptionnelle pour la transformation économique et politique d'une société industriellement retardataire. Dans cette perspective, les formes pseudo-géométriques ou pseudo-mécaniques qu'élaborent les compositions suprématistes de Malévitch, celles de Rodchenko et les *Proun* de Lissitsky, ou bien les assemblages de matériaux réalisés par Tatlin, se donnent, eux aussi, pour modèles idéaux l'univers des « constructions » mécaniques. L'optimisme révolutionnaire prévoit que l'accroissement des moyens de production et même, fantasmatiquement, ce qu'on pourrait nommer leur émancipation ou libération, transformeront les rapports de production en rapports non antagonistes. La suppression de l'aliénation de l'homme dans une société où règne la lutte des classes et la division du travail, passe par le progrès technique.

50. Anatole Kopp, « L'art de gauche, agent de la transformation sociale », *Espace et société,* n° 1, 1970.

Dans ce contexte économique et idéologique, on sait que les artistes russes ont commencé de débattre au plan politique, plusieurs années avant la révolution, de leur propre fonction sociale ([51]). Pendant la période révolutionnaire elle-même, ils ont pris des positions contraires, apparemment exclusives les unes des autres et qui ressortissaient pourtant à la même problématique. Malévitch donne souvent de lui-même l'image d'une sorte d'aventurier de l'absolu ; mais les *Planites* (modèles idéaux d'architecture et d'urbanisme) ainsi que les travaux d'art appliqué qu'il réalise à dater de 1919 — quand il annonce la mort du suprématisme, la mort de l'art — marquent qu'il essaye à son tour d'insérer directement sa pratique dans la production. Venant de l'inventeur de l'art « suprême », cette annonce de la mort de l'art et cette insertion dans la pratique productive ont quelque chose d'exemplaire : c'est une des tentatives de l'avant-garde européenne, en général, pour faire glisser l'art dans le champ du non-art, pour mêler les deux domaines en abolissant leurs frontières. Le constructivisme répond au même désir, lorsqu'il barre le premier terme de cette opposition. Rodchenko conçoit, dès 1913, des compositions tracées à la règle et au compas, comme des épures d'ingénieur ; puis il condamne le tableau de chevalet et rejoint le constructivisme de Tatlin. Lissitsky, qui a une formation achevée d'architecte, prétend que ses compositions *Proun* sont une sorte d'état intermédiaire entre la peinture et l'architecture ([52]) ; l'espace de la toile sera traité comme un espace à construire : modèle structurel d'espaces idéaux, dans la mesure où ceux-ci ne sont plus assujettis aux lois de la pesanteur, aux coordonnées naturelles de l'horizontale et de la verticale. Ainsi se trouveraient dépassées les limitations de l'activité artistique et de l'objet esthétique, aussi bien que celles du travail de l'ingénieur et de la machine. Trois points communs, au moins, se dégagent de ces propositions : l'avant-garde russe se définit négativement contre l'art traditionnel, producteur d'objets de jouissance esthétique ; elle se définit positivement par ses références à l'activité industrielle, que ce soit en postulant l'identité ou la complémentarité de l'art et de la production ; enfin, dans tous les cas, l'artiste travaille à la transformation matérielle et spirituelle de la vie vécue : soit qu'il conçoive dans l'abstrait, comme le fait Malévitch, soit qu'il réalise pratiquement en participant au travail industriel, comme le tente Tatlin, des modèles de conduites corporelles et intellectuelles.

Indépendamment de ces données idéologiques, si l'on examine les faits plastiques eux-mêmes, c'est-à-dire les modifications opérées par l'avant-garde russe dans la pratique artistique, cette notion de travail et celle de

51. Cf. ci-dessus section III-4.
52. El Lissitsky, *Life, letters ; tests,* Londres, Thames and Hudson, 1968.

transformation doivent être prises au pied de la lettre. Elles sont conformes non seulement à la doctrine, mais à la pratique des artistes. Elles leur ont peut-être été fournies par la théorie marxiste qui propose là des concepts opposables à la notion idéologique de création. Quoi qu'il en soit, pour comprendre l'avant-garde russe, ces notions sont centrales, en ce sens précis que le travail de la forme est effectivement le point de vue à partir duquel on voit se regrouper des recherches diverses, apparemment antagonistes. Bien que tous ces travaux ne soient pas connus, bien que beaucoup d'entre eux ne le soient que par des reproductions ou des descriptions, il semble que vers 1914 l'avant-garde russe se soit engagée dans la voie d'un formalisme absolu.

Aucun de ces travaux ne donne prise à une interprétation logocentrique, qui fasse de l'image le doublet de quelque discours descriptif ou narratif. Aucun, non plus, ne donne prise à une interprétation naturaliste : ces formes pseudo-mécaniques ou pseudo-géométriques ainsi que leurs modes d'assemblage n'ont pour réalités de référence que de pures abstractions, des réalités inexistantes concrètement sous tous aspects. Elles ont pour référent la Géométrie et la Mécanique comme modèles idéaux de toutes « géométries » ou de toutes « constructions » spatiales, y compris celles de l'art. La généralité et l'idéalité de cette référence marquent leur différence avec l'œuvre inobjective elle-même de Fernand Léger qui, sous le point de vue ici adopté, est pourtant la forme la plus radicale du formalisme cubiste. L'analyse formelle n'y découvre aucune systématisation qui manifesterait au plan de la plastique, qui « reproduirait » ou « représenterait » encore quelque chose d'essentiel à la modernité machiniste : sa rythmique contrastée et discontinue, par exemple. Le travail de l'art procède ici par recherches, non pas systématiques (réglées par un système d'opposition défini à l'avance et en relation avec un domaine de réalité extérieur à la peinture), mais par recherches analytiques méthodiques : les éléments constitutifs de toute pratique plastique sont élaborés par l'un, par l'autre, quelquefois par tous. Le lien entre cette pratique picturale et le machinisme (mais surtout, en dernière analyse, avec la science qui conditionne le développement des techniques) tient donc à ce que l'art doit devenir, sinon « productiviste » au sens historique de ce terme, du moins d'une façon très générale « producteur » : il s'agit d'abord, dans un temps logiquement premier, de faire que l'œuvre « produise », qu'elle « mette en avant » les conditions les plus générales de son propre procès de production. Avant (logiquement) que ces recherches puissent être appliquées à l'architecture, à l'urbanisme, à la fabrication d'objets usuels et d'affiches de propagande, cette recherche concernant les conditions objectives du procès de production des formes plastiques et, en conséquence, la maîtrise qu'on peut en acquérir, constitue par soi un projet politique ; en même temps, la recherche artistique, comparable en cela à la recherche scientifique, a son sort lié à la technologie. Comme la science, l'art construit des « modèles » qui permettent de penser la production de formes artistiques ou techniques, au plan de la plastique ; il en élabore la construction logique et leur découvre des propriétés qu'il peut — qu'il veut — pouvoir appliquer en retour à la production ([53]). S'il est vrai que la révolution politique, pour persévérer, doit bouleverser et réordonner l'espace social, elle ne peut faire l'économie d'une révolution formelle.

De ce point de vue, les recherches formalistes de l'avant-garde russe semblent complémentaires. La phase négative, destructive, agressive contre le passé, de l'art russe d'avant-garde aura été de courte durée. L' « alogisme » dont se réclame Malévitch jusqu'en 1914 est l'équivalent de la poésie « zaoum » de Khlebnikov et de Maïakovski : un tissu de non-sens qui vise à détruire la tradition, au double plan des significations contextuelles (crise du « sujet ») et des significations formelles (dissociation de la forme « représentative » par des fragmentations élémentaires empruntées à la formalisation cubiste). Sous une lithographie de 1913, où l'image d'une vache est superposée à celle d'un violon, Malévitch note : « La logique a toujours mis une barrière aux nouveaux mouvements subconscients : pour se libérer des préjugés, a été créé le mouvement de l'alogisme. Le dessin ci-dessus représente un moment de lutte au moyen de la confrontation de deux formes : celle de la vache et celle du violon dans une construction cubiste » ([54]). Le cubisme est pris comme modèle, parce qu'on le réduit à une manière d'iconoclasme ([55]). Il s'agit d'attenter à la fois à l'ordre classique de l'image et aux valeurs humanistes. Mais, dès 1913, Malévitch peint sur toile des œuvres qu'il intitule *Cercle noir, Croix noire, Carré rouge et noir* et, en 1914, les premières *Compositions suprématistes* ([56]). Toutes ces images mettent en relation des couleurs monochromes délimitées par des formes pseudo-géométriques. La violence iconoclaste fait place à l'optimisme révolutionnaire : ces travaux — avec les premières constructions de Tatlin et les premiers tracés réguliers « inobjectifs » de Rodchenko qui semblent à peu près contemporains — marquent le moment où le concept de « réalité » s'applique

53. Pierre Auger, « Les modèles dans la science », *Diogène*, n° 52, 1965.

54. Catalogue de l'exposition de *Dessins* de Malevitch, galerie Jean Chauvelin, Paris, novembre-décembre 1971, pl. 3.

55. C'est la même interprétation réductrice (la même incompréhension) du cubisme qui ressort du livre de Gleizes et Metzinger : *Du cubisme*, ouvrage cité. Mais, pour Gleizes et Metzinger, il s'agit de s'opposer à Braque et à Picasso, en affirmant que le cubisme demeure dans la tradition classique de l'art français.

56. Camilla Gray, *L'avant-garde russe dans l'art moderne, 1863-1922*, ouvrage cité, pp. 304-305.

désormais, non plus aux objets définis par la pratique quotidienne, mais aux formes produites par l'élaboration d'unités iconiques élémentaires ou simples, équivalents des catégories abstraites, des concepts qui permettent de penser l'espace.

Gabo et Pevsner formulent cette idée à peu près en ces termes, dans leur *Manifeste réaliste* d'août 1920 ([57]). L'intérêt de ce texte tient à ce que ses thèses sont formulées en relation précise avec les travaux antérieurs des artistes, en particulier avec ceux que réalise Gabo à dater de 1915-1916. Ceux-ci sont restés accessibles et leurs références à la réalité objective guident l'interprétation, sans en occulter le caractère essentiellement formaliste. Les *Têtes* de Naum Gabo ([58]) ont des formes analogiques avec celles de têtes féminines. Mais elles sont constituées par des assemblages, dans l'espace, de minces plaques de métal. On pourrait les comparer à des tables d'orientation tridimensionnelles. Gabo oppose cette sculpture par plans articulés à la sculpture par modelage d'une masse matérielle. C'est qu'une masse modelée est un volume objectif, une sorte d'équivalent des objets naturels ou des objets manufacturés. La sculpture massive, en tant qu'objet, possède sa propre signification symbolique. Elle prend place dans l'univers physique conçu comme une « forêt de symboles » ([59]), soit dit pour marquer l'appartenance de la « statue » à l'ère de la pensée humaniste, telle qu'elle s'exprime sous une des formes dernières qu'elle ait prise au XIXe siècle. Lorsque la « statue » est placée et déplacée dans des espaces divers, naturels ou artificiels, elle ajoute une autre qualification à un espace déjà qualifié par une multitude d'objets. Un ensemble articulé de plans joue, au contraire, comme schème exploratoire de l'espace en général, comme forme abstraite permettant d'imposer un ordre intelligible à l'espace, quelles qu'en soient les composantes concrètes.

Or les superpositions et les juxtapositions de plans colorés dans les œuvres suprématistes ont la même fonction lorsqu'elles sont inscrites sur la toile ou le papier. Définition d'un espace abstrait de la couleur : différences perceptives du blanc, du noir, du rouge ; à la limite, différence presque imperceptible du célèble *Blanc sur blanc* peint par Malévitch en 1918. Soit : dans l'activité perceptive, la construction de l'espace repose sur la perception d'une différence minimale des couleurs et des valeurs ; et cette dimension des couleurs lumineuses peut être explorée

57. Traduction française dans le catalogue de l'exposition *Naum Gabo,* au Musée National d'Art Moderne, Paris, novembre-décembre 1971, ouvrage cité.

58. *Ibidem.*

59. Charles BAUDELAIRE, « Correspondances », *Œuvres complètes,* Paris, Bibliothèque de la Pléiade, 1954, p. 87.

par variations différentielles (ce sera aussi un des aspects du travail de Mondrian). Espace de la forme (des limites et des directions) : découpage de l'espace plastique en zones, par plans et parfois par surfaces incurvées ; variation des positions relatives de ces surfaces, avec un effet de profondeur lorsque l'une d'elles est courbe, ou bien en raison de leurs couleurs et de leurs tailles différentes. Ce découpage, ces variations, cette spatialité sont arbitraires parce qu'elles ne sont déterminées par aucune donnée concrète. On n'est pourtant pas ici dans l'absurde : le sens historique de ces opérations est sans doute la constitution d'un espace libre de toute contrainte, une sorte de projection idéale du pouvoir de l'homme « constructeur » (d'objets, d'architectures, d'espaces urbains) à organiser son rapport à l'espace de telle sorte qu'il en explore toutes les dimensions, à l'infini. Malgré l'orientation préétablie de tout tableau de chevalet dans sa relation avec le mur (seul Tatlin y échappe), Malévitch, Rodchenko, Lissitsky s'efforcent d'annuler toute référence à la ligne d'horizon et à la position verticale de l'observateur ; les *Proun* de Lissitsky — architectures imaginaires — sont conçues sans point d'appui terrestre (60) et les plans ou surfaces courbes de Malévitch se découpent sur un fond sans repères, qui signale un vide.

Ce travail d'élaboration de la forme par variation d'un certain nombre de variables qui sont les données élémentaires de toute pratique plastique, est particulièrement systématique et donc évidente dans les œuvres de Malévitch, de Tatlin et — relativement à un autre contexte social — dans celle de Mondrian. Travail pour ainsi dire expérimental de transformation du signifiant iconique, l'art n'est plus l'aventure individuelle dite créatrice d'un homme de génie en proie à l'inspiration, en contact ou en communication privilégiés avec le Beau. Par rapport à la tradition classique de l'image, l'art contemporain opère ici une révolution qui le pose comme pratique spécifique visant à la transformation des rapports sociaux inscrits dans la matérialité institutionnelle de l'espace plastique. Cette série de tentatives de l'art contemporain pour définir positivement sa nouvelle fonction sociale, a opposé Tatlin et Malévitch, dans le cas particulier de la Russie soviétique, lorsqu'il s'est agi d'en tirer des conséquences quant à l'insertion de la pratique artistique dans les pratiques productives de la société industrielle.

Le *Blanc sur blanc* de Malévitch, en 1918, est une spéculation si abstraite qu'elle n'a plus de rapport évident qu'avec l'univers fermé sur soi de la peinture. La logique des recherches de Tatlin l'ont conduit, au contraire, à prononcer la mort de l'art sans rémission possible, à faire

60. El LISSITSKY, *Life, letters and texts,* ouvrage cité.

éclater de l'intérieur les limites de son champ clos de telle sorte que le non-art (l'univers du travail transformateur de la matière et non de la forme pure) occupe la place vide. Les constructions de Tatlin sont des assemblages de matériaux bruts, pauvres ; ce sont les matériaux du travail et de l'usage communs : bois, cuivre, fer, verre, ciment, carton. Ce sont des « vraies » matières qui viennent occuper un espace « vrai ». Ce que Tatlin nomme la « culture des matériaux » ([61]) consiste à rechercher, en fonction d'un matérialisme sans doute naïf au plan de la théorie, les conséquences constructives qui découlent de leur nature matérielle. Mais au plan de la pratique artistique, tout son effort a tendu à faire que l'espace de l'art ne soit pas un non-lieu imaginaire, un espace illusionniste, mais en effet l'espace réel. Ses *Peintures en relief,* ses *Constructions,* ses *Reliefs* et *Contre-reliefs,* ses *Reliefs de coin,* surtout (suspendus au coin d'un mur) ([62]), ont une spatialité qui transgresse matériellement les limites du cadre du tableau ou du socle de la statue, ces frontières de l'art et du non-art. C'est-à-dire que l'espace, comme catégorie de la perception, est pensé plastiquement, dans son abstraction, en dehors du système de la représentation : indépendamment à la fois du cadrage et de la mise en perspective imposés par le strict codage de l'image représentative classique. Il devient une catégorie qui permet à la plastique d'intervenir pour informer intentionnellement, librement, l'espace de la pratique quotidienne ; il est une dimension de cette pratique elle-même susceptible de faire l'objet d'une action transformatrice dont le non-artiste — le « productiviste » — propose un modèle sous forme d'une opération abstraite. Puis Tatlin conçoit cette *Tour,* monument pour la Troisième Internationale, qui devait s'implanter dans l'espace « politique » de la cité. A ce point, l'œuvre reprend sur soi des significations empruntées à un ordre qui lui est extérieur. L'art cesse d'être un élément de la révolution politique en tant seulement qu'il fait sa propre révolution. Le triple mouvement rotatif des trois étages suspendus de la Tour, ses dimensions supérieures à celles de tout autre monument existant dans le monde, sa forme spiralée sont autant de symboles conçus pour l'exaltation du nouveau pouvoir politique. Sa fonction devient une fois de plus dans l'histoire essentiellement idéologique. Tatlin, comme le feront aussi Rodchenko et Lissitsky, abandonne ses conceptions initiales qui voulaient, dans leur rigueur formaliste, que l'art soit révolutionnaire pour autant que les transformations de son ordre interne produisent des effets

61. Catalogue de l'exposition *Vladimir Tatlin,* Moderna Museet, Stockholm, July-September 1968, pp. 69-75.

62. Camilla GRAY, *L'avant-garde russe dans l'art moderne, 1863-1922,* ouvrage cité, p. 308.

de trouble dans l'ordre établi et pour autant qu'il institue des formes nouvelles, issues de spéculations libres sur les virtualités combinatoires d'un modèle abstrait.

De ce même point de vue, l'œuvre de Mondrian a un caractère radical qui la rend comparable à celle de Tatlin. Mais c'est en effet dans un autre contexte social. La guerre n'a ébranlé les systèmes sociaux en Europe occidentale que pour permettre leur refonte et leur consolidation. Nulle part, aucune pratique politique révolutionnaire n'y a constitué des cadres nouveaux assez durables, où l'on ait pu envisager que s'accomplirait la mort de l'art comme instance séparée du non-art, de la vie, du travail quotidiens. La révolution artistique y est une aventure de l'esprit dont les effets dans les conduites communes sont difficiles à évaluer, même lorsqu'ils sont intentionnellement visés par l'artiste. Mondrian est bien de ceux qui ont voulu la mort de l'art, sous la forme de la réalisation d'un art total. Il a conçu ses travaux de peinture comme producteurs de modèles formels applicables à l'organisation de la totalité de l'espace social : la chambre individuelle, l'édifice architectural, l'ensemble urbain. Dans une lettre à Michel Seuphor, il les compare à des « plaques à développer » ([63]), susceptibles d'être agrandies à l'infini. Mais si l'on peut dire que l'art de Mondrian est en accord avec d'autres conduites de l'esprit qui lui sont contemporaines, cet acquis positif sera repris et détourné par le système social à son bénéfice, comme peuvent l'être les acquisitions de la science et de la technique. Dès sa rencontre avec Théo van Doesburg, en 1915, Mondrian prend acte, pour ainsi dire, de la portée sociale du travail de pur plasticien qu'il a déjà entrepris et défini quant à sa logique essentielle ; à dater de 1917, au cours de sa collaboration à *De Stijl,* il développe dans des textes théoriques les implications de ses recherches dans les domaines de l'architecture et de l'urbanisme, en fonction des capacités industrielles de la production en série. Il s'agit de changer l'art et la vie, de les identifier en instituant un ordre matériel de l'espace vécu, inducteur de nouveaux comportements sociaux dans des sociétés où la puissance des techniques permettra de faire disparaître les campagnes au profit de la ville, au profit d'un milieu qui sera humain de part en part.

Tout se passe, dans l'histoire de la peinture de Mondrian, comme s'il avait d'abord saisi le sens de ses propres recherches — mais seulement dans l'abstrait — au moment du séjour qu'il fait à Paris, en 1912-1914, et où il connaît les travaux de Braque et Picasso des années 1910-1912.

63. Citée par Michel Seuphor dans l' « Introduction » ou catalogue de l'exposition *Mondrian,* Paris, Orangerie des Tuileries, 18 janvier-31 mars 1969, p. 20, note 2.

Cette sorte de révélation de soi à soi-même est marquée par un événement biographique souvent relevé par les historiens. C'est un événement de rupture, comme si les œuvres cubistes lui avaient fait découvrir que dans sa propre peinture une autre forme d'art était déjà née, dont il lui fallait décliner la véritable identité : il change son nom de Mondriaan en celui de Mondrian, rejetant le nom de son père pour se dire fils de ses œuvres.

Il existe plusieurs témoins de cette rupture. La *Nature morte au pot de gingembre* (n° 1, 1911-1912) est commencée en Hollande, achevée à Paris. Elle présente deux catégories de traits formels contradictoires. Dans sa composition générale, elle fait apparaître l'opposition d'un premier plan (la nature morte) et d'un arrière-plan (le mur, la fenêtre). Cette composition en deux plans échelonnés tend à provoquer l'illusion d'un espace profond où une figure centrale se détache sur un fond. Cette disposition est conforme au modèle classique qui s'attache à créer une profondeur feinte de l'espace de la représentation, conçu comme analogue à l'espace profond des expériences de la pratique quotidienne. D'autre part, cette image comporte des traits qui ne concourent pas à l'illusionnisme de l'espace tridimensionnel, qui y contredisent. D'abord, dans le quart supérieur droit de l'image, les coups de pinceau orientés, la juxtaposition et la superposition de formes-couleurs, certains tracés linéaires inobjectifs (qui ne marquent pas les contours de formes objectives), tous ces éléments donnent à percevoir la surface peinte comme un plan. Ensuite (sur le vase, sur le linge et surtout entre la bordure circulaire de la table et les limites de la toile, en bas à droite), des tracés linéaires — plusieurs en forme de T majuscule — eux aussi inobjectifs, émancipés de tout objet, sans fonction mimétique, n'ayant d'autre fonction que de scander la surface plane de la toile en y introduisant une certaine régularité.

La *Nature morte au pot de gingembre* (n° 2, 1912) montre que cette contradiction entre deux systèmes (le premier soumis à la production d'un effet de profondeur ; le second soumis à la production d'un découpage régulier du plan) va se dénouer dans l'œuvre de Mondrian au profit du second. On peut distinguer ici deux catégories de données perceptives, qui d'ailleurs concourent au même effet. En premier lieu, les couleurs : le bleu-vert uni de vase, presque sans modelé, s'oppose aux ocres et aux gris-vert modulés qui recouvrent le reste. Au plan de la couleur, il y a opposition entre une zone centrale et une périphérie. En second lieu, les formes (les limites externes et internes des formes-couleurs) : la forme centrale est la plus étendue, elle est aussi limitée par un cerne clos qui, par ressemblance, la désigne comme « pot » ; quant au reste, quant aux zones périphériques, on y distingue quelques volumes géométriques, mais surtout ce reste est fait d'une surface qui est perçue comme plane pour deux raisons : parce que sa couleur — modulation d'ocres et de gris-vert — possède une unité ; parce qu'elle est entièrement scandée par des traits en prédominance verticaux et horizontaux. Ainsi ce double rapport formel (rapport des couleurs entre elles, rapport des formes entre elles) crée un effet de figure se détachant sur un fond. Toutefois, ce rapport figure/fond ne s'inscrit pas ici dans la profondeur feinte, contrairement à la tradition classique. Malgré la présence de quelques volumes géométriques, l'emplacement très relevé vers le haut de la figure du vase (qui est une façon de gommer la référence classique à une ligne d'horizon, à un échelonnement des plans), le fait que la couleur du vase ne comporte presque aucun modelé, le découpage à plat des zones périphériques, toutes ces données font que la figure est pour ainsi dire prise dans le fond, qu'elle est reconduite au plan de la toile.

Cette œuvre comporte un autre trait caractéristique des travaux de Mondrian en 1912 : à l'approche des quatre bords du champ de l'image, tous les éléments visuels (formes et couleurs) sont estompés. Ce dernier trait, et d'ailleurs tous les autres, se découvrent aussi bien dans la *Figure féminine* ou le *Nu* de 1912. Le *Nu* fait apparaître la permanence du rapport spatial figure/fond. Mais ici, la figure est encore davantage reprise par le fond, parce qu'elle fait l'objet du même découpage régulier que le fond, par des traits le plus souvent orthogonaux. Surtout, dans ce *Nu,* l'estompage disparaît en bas au profit d'un découpage du plan en forme de quadrillage régulier, ce qui est un trait entièrement étranger au cubisme. Enfin, on voit ici que Mondrian prend aux productions cubistes un dernier élément : des formes-couleurs qui sont des surfaces hachurées, de luminosité variable (du clair au sombre), qui ne sont que partiellement délimitées par des traits, de telle sorte qu'elles « passent » les unes dans les autres en produisant un effet de superposition. Cet élément est communément employé dans les œuvres de Braque et de Picasso des années 1910-1912, par exemple le *Portrait d'Ambroise Vollard* par Picasso (1910). On trouve dans ce portrait la même reprise de la figure par le fond et l'estompage des bords. On y trouve surtout le jeu des « facettes » à lumière variable et leur effet de superposition ou de transparence. Cet effet, ici, est très accentué, il est essentiel, primordial. Les « facettes » cubistes, avec leurs variations lumineuses, ont en effet une valeur ou une signification intentionnellement ambiguë. Elles indiquent bien un découpage de la surface de la toile en tant que plan, en raison de leur caractère relativement régulier. Mais leur caractère lumineux renvoie, contradictoirement, à la perception d'un espace profond, traversé par la lumière. Au contraire, la luminosité relativement faible et la plus grande surface des plans, dans les œuvres peintes par Mondrian en 1912, cassent cet effet de profondeur. Il n'est que secondaire en regard du découpage régulier du plan, tel qu'il s'inscrit en particulier dans la partie basse du *Nu.*

Ainsi Mondrian sélectionne dans la plastique cubiste ces deux éléments — le découpage régulier et l'estompage des bords (ou d'ailleurs la composition dans l'ovale) — pour en faire la structure régulatrice de son propre système. C'est que, liés l'un à l'autre, ils accusent l'intentionnalité de ce système. Estomper les bords (ou composer dans l'ovale), c'est signifier que le modèle régulier constitué par le quadrillage de la surface, est extensible en droit à la totalité du visible : l'image est sans bords, sans limites ; elle n'est pas la représentation d'un fragment du visible découpé dans l'expérience quotidienne, mais un modèle abstrait, un schème en soi intelligible d'organisation de l'espace. La logique de l'œuvre de Mondrian ressortit donc à une problématique très générale, qu'on peut nommer « cubiste » pour souligner le rôle de catalyseur effectivement joué par la peinture de Braque et Picasso à la veille de la guerre, pour toute l'avant-garde. Paul Klee fait à ce sujet une remarque décisive, dans un texte de 1912. Il y note que les peintres classiques ne déterminaient numériquement (d'une façon régulièrement mesurable) que le seul schéma perspectif de leurs compositions. Au contraire, « les peintres cubistes, eux, poussent les déterminations numériques jusqu'aux plus petits détails » ([64]). Ce que dit si lumineusement Paul Klee, c'est que dans la complexité du système cubiste apparaît une spéculation sur la possibilité d'un ordre plastique absolu du nombre et de la quantité mesurable. Or, des spéculations comparables sont déjà apparues chez Cézanne, chez Seurat, chez Mondrian lui-même avant 1912, comme elles apparaîtront chez Paul Klee.

De cette problématique du nombre et de la quantité, Mondrian affirme effectivement ([65]) qu'elle était à l'œuvre dans ses travaux antérieurs à sa venue à Paris. Cette affirmation paraît fondée. Ainsi l'*Eglise à Domburg* (1914) est une composition dans l'ovale qui, par là, pose l'illimitation du modèle visuel. Le découpage régulier s'étend à la totalité du champ de l'image, avec une dominance des quadrilatères rectangles. Quelques signes mimétiques (des ogives, une croix) réfèrent à une église. Les autres signes sont non mimétiques et forment système par leur répétition régulière. Or cette œuvre renvoie à l'*Eglise à Domburg* (1909-1910), antérieure au premier contact de Mondrian avec les cubistes. Le volume de l'édifice est ici comme écrasé sur le plan (effet souligné par le fait que

64. Paul KLEE, *Théorie de l'art moderne,* ouvrage cité, p. 11.
65. Surtout dans *Réalité naturelle et réalité abstraite,* ouvrage cité.

la couleur verte du fond s'aperçoit par les ouvertures (portes et fenêtres) de l'église et par l'empiètement des formes vertes du ciel (des nuages ?) sur le haut de la tour). Il faut noter, en outre, que le ciel et le sol sont comme découpés par des marbrures régulières. Cette œuvre posait donc déjà en 1910 le problème propre à Mondrian : celui de la réduction du volume au plan dans le but de découvrir une méthode absolument régulière d'inscription de l'image — de toute image — sur le plan. Cette hypothèse se trouve corroborée si l'on considère que l'idéologie théosophique de Mondrian marque qu'il est un esprit en quête d'un système universel.

Les mêmes remarques s'imposeraient si l'on comparaît *L'Arbre rouge* (1908-1910), *Le pommier en fleurs* (1912), la *Composition n° 3* (*Arbres*) (1912-1913), en notant ici l'hésitation de Mondrian sur le titre ; *Composition n° 3,* c'est-à-dire : l'œuvre est un modèle abstrait ; ou bien (*Arbres*), c'est-à-dire : l'œuvre signifie par rapport à un référent objectif. Cette dernière observation décide de l'interprétation de telle œuvre de 1913, la *Composition n° 7* par exemple. Son titre (qui fait partie de l'œuvre, qui concourt à déterminer son sens) énonce qu'il ne faut trouver là aucune référence au concret objectif, mais la seule formulation d'un modèle logique : celui de la répétition différentielle d'une même série d'éléments, dont les rapports quantitatifs seront variés à l'infini. Et c'est bien cette même logique qui s'affirme encore dans *La Mer à Scheveningue* (1914), sous la forme d'une multiplication virtuellement infinie des lignes orthogonales. Car si Mondrian conserve ici — par le seul titre — un référent objectif, ne choisit-il pas la mer parce qu'elle est un des symboles concrets de l'infini ? Plus encore, la mer est le symbole d'un infini répétitif : Eschyle se laisse fasciner par « le sourire innombrable des flots » et Paul Valéry dit d'elle qu'elle est toujours recommencée.

La mer est une des occasions que trouve Mondrian pour concevoir qu'une combinatoire abstraite doit permettre à l'esprit humain de penser le visible et de donner forme à l'espace social. Si cet espace était combinatoire, un ordre égalitaire se trouverait matériellement institué entre les hommes ; tous les éléments individuels y seraient permutables et indéfiniment combinables, excluant le déséquilibre et la contradiction. A Paris, en 1912-1914, Mondrian découvre un autre symbole de même sens : la ville, l'espace urbain et architectural, qui est pure construction humaine. La puissance technique de la civilisation industrielle devrait permettre de construire des ensembles où les hommes connaîtraient leur vérité et leur liberté, en soumettant des éléments de béton ou d'acier préfabriqués à la seule logique de leurs calculs. Le schème structurel que Mondrian élabore à partir de ce modèle concret est différent de ceux qui prennent forme dans la série des *Arbres* et dans celle des premières *Com-*

positions. La Mer à Scheveningue est une combinaison de petites croix dont l'entremêlement forme une grille rompue par endroits. La *Composition n° 6* (1914) montre que la constitution d'une grille presque sans rupture est une des possibilités de ces combinaisons faites de droites et de quadrilatères rectangles possédant leur couleur propre. *La façade bleue* (1913-1914), avec sa référence presque anticipée à l'architecture nouvelle, donne plus d'étendue et plus d'unité colorée à ses rectangles. On connaît le développement de cette recherche : la *Composition avec plans de couleur n° 3* (1917) et la *Composition dans le damier avec couleurs claires* (1919) sont comme les maillons d'une chaîne qui conduit aux travaux de 1920-1921. C'est à cette date que Mondrian définit rigoureusement son système combinatoire dont une des variantes, le *Tableau II* (1921-1925), peut permettre de repérer sommairement les éléments et les règles. Les éléments : larges traits droits orthogonaux ; carreaux de couleurs fermés par les traits sur un, deux, trois ou quatre côtés ; carreaux de non-couleur (comme parle Mondrian lui-même) ; couleurs primaires (jaune, bleu, rouge). Les règles de la combinatoire : variations de ces variables en quantité et en emplacement dans le champ de l'image (comme il apparaît si l'on compare cette œuvre aux *tableaux* et *compositions* contemporains ou postérieurs), dans le but de définir une infinité de positions d'équilibre dissymétrique des termes opposés.

Pendant vingt ans, Mondrian a tiré de ce système des combinaisons dont la production n'a été interrompue que par sa mort ; ce qui fut, à proprement parler, une tâche infinie, presque jusqu'à l'absurde. Mondrian théosophe fut effectivement un esprit tourmenté d'absolu, d'infini. Et c'est précisément sur ce point qu'au plan de la plastique il inscrit dans l'histoire de l'art une innovation absolue, une rupture avec la tradition qui est comparable, du point de vue de l'histoire, à celle que constitue l'institution rigoureuse du système perspectif au *quattrocento* et, du point de vue de son actualité, à celle qui se produit au cours de la seconde moitié du XIXe siècle dans la pensée mathématique. La mathématique moderne oppose la notion d'un infini actuel à la notion d'infini virtuel qui est celle de la science classique. Or, le point de fuite perspectif, dans la peinture représentative, en tant que point idéal de convergence à l'infini des lignes parallèles, relève de cette définition de l'infini virtuel comme possibilité indéterminée de variations de quantités finies. Mondrian, au contraire, institue une pratique picturale qui est réellement une combinatoire : un ensemble fini d'éléments et de règles qu'il conçoit comme permettant une infinité de combinaisons. Et c'est d'un ordre spatial fondé sur les mêmes principes et matérialisé en structures décoratives, architecturales, urbanistiques, que Mondrian attend la résolution des contradictions sociales, l'égalité absolue des éléments individuels (des hommes) dans des rapports toujours équilibrés. Mais le sens social de cette révolution interne à l'ordre plastique échappe au peintre. Son rêve d'autosuffisance et de transparence de l'esprit à lui-même devient l'alibi d'un système social où l'individu se trouve traité comme un terme indifférencié, défini par sa seule position, toujours commutable, dans la structure du système.

Il n'est jamais de forme d'art, de « pures » recherches formelles, qui s'insèrent sans équivoque dans le social. Et pourtant, c'est bien l'art qui fait lui-même sa propre histoire. Il y détermine des novations, des transformations, des mutations parfois — souvent aussi des temps d'inertie et de régression. Chaque œuvre joue un rôle dans de tels processus qui font partie intégrante de l'histoire sociale ; mais ce « rôle » peut être double et contradictoire, parce qu'il donne lieu à « interprétation » — non seulement celle de l' « acteur », de celui par qui s'opère le travail de l'art, mais celle aussi du « public » de l'œuvre dans la mesure où celui-ci représente l'intentionnalité du système social lui-même. Dans l'histoire générale des sociétés industrielles, l'art contemporain s'est développé sur un rythme temporel qui ne coïncide pas avec les temps de croissance de l'économie, de la technique, des systèmes politiques, des idéologies. Il connaît cependant sa première crise aiguë à peu près dans le même temps qu'éclate une des crises majeures, internationales, des sociétés industrielles. Cette crise est, de façon beaucoup plus explicite et plus radicale qu'au XIXe siècle, celle de la fonction sociale — proprement politique parfois — de l'art dans ce type de sociétés. L'histoire de l'art contemporain fait apparaître alors que la pratique artistique tend à échapper aux contraintes de l'idéologie représentative. Sous ses aspects formels qui, par un paradoxe apparent, sont les plus directement liés à l'élucidation des rapports entre « peinture et machinisme », l'art d'avant-garde opère sur soi un retour qui est de portée théorique. Du même coup, parce qu'il met en cause pour elle-même l'idéologie de la représentation, il prend une valeur critique radicale. Il rend manifeste qu'une des fonctions constantes de l'art, quand il travaille à sa propre transformation formelle, est de contredire à l'ordre établi. Cette force d'opposition se manifeste jusque dans cette sorte d'angoisse qui perce à travers les conduites répétitives de Mondrian, parce qu'ici l'art tente d'intervenir dans un système social qui n'est entré en crise que pour s'affermir en se réorganisant ; elle se lit même, plastiquement, dans ce qui trouble la « nouvelle plastique » en sa rigueur apparemment sans défaut : l'inachèvement de certains traits qui ne joignent pas les bords ; les craquelures de la pâte colorée ; les effets d'interférence optique au croisement des lignes orthogonales.

Dans la même situation sociale bloquée, Dada réagit surtout par la fureur. Au début des années 1920, quand il donne sa conclusion historique réelle à la crise des valeurs figuratives marquée par l'art d'avant-garde, on exorcise sa violence critique en le considérant comme un enfant impertinent et sans doute psychopathe. C'est l'opinion d'André Gide et de Jacques Rivière ; c'est celle de Dada lui-même, concluant l'échec de sa propre histoire par une sorte de suicide (66). Cette histoire avait commencé en 1912-1914 (67), lorsque Duchamp et Picabia dressèrent l'image brute de la machine au seuil de l'art d'avant-garde. Picabia peint alors une série de pseudo-machines ou de mécanismes en gros-plan dans un espace neutre, comme des projets d'étude ou comme des images de catalogue pour une manufacture. D'une façon analogue, Duchamp peint *Le moulin à café* (1911), *Mariée* (1912), les deux versions de la *Broyeuse de chocolat* (1913 et 1914). L'univers de la machine n'a plus ici fonction de modèle ; il fait intrusion sur l'écran plastique sans autre effet que d'y occuper la place de l'objet figuratif de tradition.

En liaison très étroite avec cette première démarche et presque simultanément, Dada reprend (sans aucun doute inconsciemment) une forme de l'art classique du XVIIe siècle — celle de l'emblème — pour la détourner de son usage. Il choisit cette forme pour parodier et dénoncer la soumission dans laquelle la logique discursive y tient la logique figurative, pratique qui souligne en effet un des points essentiels de la conception classique de l'image. L'emblème est une image qui, par différence avec l'allégorie métaphorique du XVIe siècle, suit l'articulation logique d'une définition : les éléments de l'icone correspondent terme à terme à une suite d'idées ; et son ensemble possède une ressemblance globale avec ce qui est signifié. Selon Panofsky (68), les livres d'emblèmes, conçus pour le plaisir de l'élite, avaient pour but « de compliquer le simple et d'obscurcir l'évident, au lieu que les illustrations médiévales avaient essayé de simplifier le complexe et d'éclairer le difficile ». Le « dit » de *La mariée mise à nu par ses célibataires, même* (1915-1923, inachevé), tient en un volume (69). Il réunit les notes (ayant valeur de projet, de description, d'interprétation) prises par Marcel Duchamp au cours de l'élaboration préparatoire des « appareils », des « machines », des « moteurs », des pseudo-calculs, des pseudo-études de loi physiques absurdes (70), aussi bien que pendant la réalisation elle-même de l'appa-

66. Marc LE BOT, « Dada et la guerre », article cité.

67. Pour la justification de cette chronologie concernant Dada-plasticien, cf. Marc LE BOT, *Francis Picabia et la crise des valeurs figuratives,* ouvrage cité, p. 116.

68. Erwin PANOFSKY, *L'œuvre d'art et ses significations,* ouvrage cité, p. 269.

69. Marcel DUCHAMP, *Marchand du sel,* Paris, Le Terrain Vague, 1959.

70. Cf., dans Robert LEBEL, *Sur Marcel Duchamp,* Paris, Trianon Press, 1959, le « Catalogue raisonné », n° 99, 101, 102, 104-106, 111, 112 et 114-118.

reillage mécanomorphe du *Grand verre*. Le texte hermétique (au sens où les éléments de la « définition » de l'emblème sont incohérents parce qu'ils relèvent de logiques d'ordres différents et parce que les postulats de ces logiques sont eux-mêmes donnés par des hasards physiques ou des jeux de mots), ce texte renvoie aux « mécanismes » psychologiques qui sont en jeu dans le rapport érotique de la mariée et de ses célibataires. Quant aux « mécanismes », « moteurs » et sources énergétiques de la machinerie du *Grand verre,* ils obéissent aux lois d'une physique, d'une mécanique, d'une mathématique qui sont celles du « hasard en conserve » ([71]). Marcel Duchamp place l'élite devant une énigme insolente. L'univers des idées et les symboles du travail industriel sont appariés ; mais le lien est à la fois rompu et faussé entre le dit (la parodie de connaissance) et la représentation (les pseudo-moyens de production).

Cette interprétation partielle du *Grand verre* est corroborée par l'œuvre (plus simpliste mais plus explicite) de Francis Picabia, qui fut très proche de Marcel Duchamp à cette époque. Sur le même support de la toile ou du papier, Picabia oppose des éléments textuels à l'image de la machine, à son épure, à des graphiques pseudo-scientifiques. Souvent les fragments du texte s'inscrivent selon les axes donnés par les pièces de la machine, comme des notes explicatives. Ce sont des bribes de phrases de la vie quotidienne, des faux proverbes, des fragments de poèmes. L'univers de la culture et la représentation que donne celle-ci des réalités humaines se prétendent de valeur universelle mais ne le sont pas : ils n'intègrent pas le travail social et ses produits — les machines — si ce n'est sous cette forme ludique. Cependant, dans le contexte révolutionnaire de l'Allemagne du lendemain de la guerre, Dada a la tête plus politique, en suivant une démarche analogue : les photomontages de John Heartfield, de Raoul Hausmann, d'Hanna Höch mêlent des images de l'homme désarticulé à celles de ses instruments mécaniques. Mais la critique idéologique de l'art par le non-art est sans doute la plus forte lorsque Marcel Duchamp tente d'exposer un de ses readymade — *Fontaine,* urinoir signé du nom de l'industriel fabricant — au Salon des Indépendants de New York en 1917. Elle est la plus violente parce qu'elle est un viol de l'espace sacré du Musée. Ce n'est plus l'intrusion de l'extérieur, de l'autre de l'art par excellence — la machine, l'objet technique — dans la structure interne inchangée d'une « œuvre ». C'est la transgression effective de la limite qui sépare l'art de tout ce qui en est le reste. Le travail formel de Tatlin, par son propre mouvement, refusait la limitation du champ spatial de l'œuvre (le cadre du tableau,

71. Marcel DUCHAMP, *Marchand du sel,* ouvrage cité, p. 46.

le socle de la statue). Avec le geste de Marcel Duchamp, c'est le mouvement inverse qui est de pure agressivité, non de conciliation : le non-art envahit le champ artistique pour le nier dans sa différence constitutive.

Le double mouvement, sans cesse repris par l'avant-garde, qui fait l'art se déporter vers le non-art ou bien accueillir ce qui le nie à l'intérieur de ses propres limites, n'est donc pas un caractère propre à Dada ; celui-ci en donne seulement un exemple extrême, parodique, souvent marqué au sceau de l'absurde qui est ici une forme critique du renoncement. Mais cette suite de tentatives, qui ne peuvent en réalité connaître ni échec ni succès absolus, constitue sans doute le trait essentiel de la crise de l'avant-garde dans la totalité de ses aspects différents. Les démarches de l'avant-garde sont tantôt transgression des limites de l'art, tantôt exploration et déplacement de frontières reconnues pour relatives, sinon pour incertaines ou arbitraires. A ce double titre, elles portent toutes, au moins relativement les unes aux autres, la même marque d'ambiguïté apparente qui a fait dire de Dada qu'il fut contradictoirement art et anti-art ([72]). En réalité, il n'y a pas là d'ambiguïté ni de contradiction. Il faut seulement comprendre que le travail de la forme est ce par quoi l'art ne cesse de chercher intentionnellement un autre lieu d'inscription et un autre mode d'efficacité dans le système social, en fonction des modifications qui affectent cet ordre lui-même dans son ensemble. C'est pourquoi la connaissance historique et sociologique des rapports entre peinture et machinisme, particulièrement entre la société industrielle et l'art actuel, est effectivement, comme on l'avait posé en principe, dans la dépendance de cette démarche critique par quoi l'art d'avant-garde a lui-même opéré une série cohérente de transformations de ses propres structures formelles.

Ce travail de transformation de l'art contemporain, qui constitue son histoire, va au cours de cette crise initiale à l'inverse des recherches de l'art classique et il est en rupture avec elles. Il suit des procédures d'ouverture et de dispersion du champ artistique, non de clôture et d'inventaire interne. Il réalise à la fois une critique de la tradition représentative et une analyse pour ainsi dire théorique des conditions générales de

72. Hans Richter, *Dada, art et anti-art,* ouvrage cité.

la production artistique. Il tend à sortir de soi pour trouver ou retrouver les traces réelles d'un travail qui ressortit en droit à l'activité artistique, dans ce que l'idéologie du beau avait exclu du champ des conduites et des objets esthétiques : en tout premier lieu dans les modalités et les instruments communs de la production. La contestation de cette exclusion met en cause la structure sociale globale au stade actuel de la division du travail : elle vise à permettre une nouvelle insertion de l'art dans la pratique générale des sociétés industrielles.

C'est que, dans toute leur extension historique, les rapports de l'activité artistique et du machinisme ont pour condition générale une même contradiction interne aux diverses formations sociales — de régimes politiques très différents — pendant la première phase de l'industrialisation. S'agissant de connaître le statut et la fonction que la production artistique occupe dans les sociétés industrielles, on découvre en effet des rapports sociaux où tend à jouer dans tous les cas une règle d'opposition et d'exclusion réciproque de l'art et du travail. Au premier stade de l'institution de son ordre économique, le machinisme a provoqué un développement accéléré des sciences et des techniques. Il les a créditées d'une valeur culturelle primordiale, déterminante, dans le cadre de l'idéologie progressiste des lumières. Ainsi, lorsque les encyclopédistes imaginent et réalisent une pédagogie technologique par l'image, celle-ci, dans sa bipartition caractéristique, reverse ce qu'elle comporte d'éléments pittoresques au compte de l'information objective. D'une façon générale, l'art comme trésor moral de l'humanité n'est jamais qu'un supplément d'âme dont peuvent être créditées l'expérience et la connaissance. Allant aux extrêmes conséquences de cette position de principe, le XIXe siècle confine les objets esthétiques au musée et dans les collections privées.

La crise de l'avant-garde a voulu rompre avec cette logique. Dada, qui conclut historiquement cette crise par ses jeux de l'absurde et du hasard, donne la réponse antithétique la plus vive à l'optimisme des encyclopédistes et à l'idéalisme moralisateur de l'âge romantique. Il creuse l'écart entre le discours culturel qu'il démantèle et l'univers des objets techniques dont il fait ses hochets. Il dit que la séparation historique de l'art et du travail prive l'un et l'autre de sens. La vérité de Dada, au lendemain des horreurs de la guerre, c'est que la réalité échappe à toute prise — sauf à en jouer — parce qu'elle est divisée en soi. C'est pourquoi Dada ne travaille pas. Il joue. Il reproduit sur un mode ludique — idéologique — les formes contemporaines de la division du travail.

Ce nihilisme idéologique, s'il marque la fin d'une phase historique de violence, n'en est pas l'aspect le plus critique. Les aspects les plus formalistes de l'art d'avant-garde en ont été les aspects les plus positifs. Dans la société industrielle, vouée à la productivité et à la consommation accélérées, la production en série et l'échange marchand des produits du travail social empêchent que les individus puissent investir les choses à leur propre image pour en faire les instruments d'une communication symbolique. De ce jeu d'échange symbolique, l'art participait dans les sociétés antérieures à l'industrialisation, pour autant qu'il était traditionnellement lié à la religion, aux fêtes et aux rituels collectifs. L'avant-garde n'a pas cherché à renouer avec ces modes anciens de la communication symbolique détruits par la logique économique de la valeur d'échange, ainsi que par la logique de la différenciation des statuts sociaux et de leurs signes distinctifs. Ses violences ont d'abord disqualifié cette sorte d'unanimité idéale que le musée prétend recréer autour des œuvres dans son espace sacralisé. Mais surtout, ses démarches les plus formalistes ont tendu à réintégrer l'art de plein droit dans la pratique sociale au plan de l'organisation logique et symbolique de l'espace social. C'est pourquoi son action fut inséparable de cette nouvelle mythologie de la machine et de la ville qui sont les occasions et les lieux spécifiques de la communication sociale dans les sociétés industrielles.

BIBLIOGRAPHIE
DES OUVRAGES CITES

ACADÉMIE ROYALE DES SCIENCES. — *Machines et inventions,* Paris, Martin, Coignard, Guérin, 1735.

AGRICOLAE Georgii. — *De re metallica,* Basilae apud H. Frobenium et N. Episcopium, 1556.

ALTHUSSER Louis. — « Idéologie et appareils idéologiques d'Etat », *La Pensée,* n° 151, juin 1970.

ANDERSEN Troels. — *Malevich, catalogue raisonné of the Berlin exhibition,* 1927, Amsterdam, Stedelijk Museum, 1970.

ANTAL Frederick. — *Florentine painting and its social background,* Londres, P. Kegan, 1947.

—. — « Remarks on the method of art history », *Burlington Magazine,* February, 1949, march, 1949.

APOLLINAIRE Guillaume. — *Les peintres cubistes. Méditations esthétiques,* Genève, Pierre Cailler, 1950.

—. — *L'anti-tradition futuriste,* 30 juin 1913.

—. — *Chroniques d'art* (*1902-1918*), Paris, Gallimard, 1960.

—. — « Calligrammes », *Œuvres poétiques,* Paris, Bibliothèque de la Pléiade, 1956.

—. — « Art et curiosité. Les commencements du cubisme », *Le Temps* du 14 octobre 1912.

AUGER Pierre. — « Les modèles dans la science », *Diogène,* n° 52, 1965.

BARRE André et FLOCON Albert. — *La perspective curviligne. De l'espace visuel à l'image construite,* Paris, Flammarion, 1967.

BAZIN Germain. — *Le temps des musées,* Editions Desoer, 1967.

BAUDELAIRE Charles. — *Œuvres complètes,* Paris, Bibliothèque de la Pléiade, 1954.

BAUHAUS. — Catalogue de l'exposition du Musée National d'Art Moderne et du Musée d'Art Moderne de la ville de Paris. Paris, Réunion des Musées Nationaux, 1969.

BENJAMIN Walter. — *Œuvres,* Paris, Julliard, 1959.

BÉRALDI Henri. — *Les graveurs du* XIXe *siècle,* Paris, L. Conquet, 1885.

BERTIN Jacques. — *Sémiologie graphique - Les diagrammes. Les réseaux. Les cartes,* Paris, La Haye, Mouton et Paris, Gauthier-Villars, 1967.

—. — « La graphique », *Communications,* n° 15, 1970.

BESANÇON Alain. — « Un grand problème : la dissidence de la peinture russe (1860-1922) », *Annales E.S.C.* n° 2, 1962.

BESSON Jacques. — *Théâtre des instruments mathématiques et méchaniques,* Lyon, B. Vincent, 1578.

BÖCKLER Georg Andreas. — *Theatrum machinarum novum,* Coloniae Agrippinae, sumptibus Pauli Principis, 1662.

BOLTANSKI L. — (voir Pierre BOURDIEU).

BOURDIEU Pierre et Alain, DARBEL. — *L'amour de l'art,* Paris, éditions de Minuit, 1967.

BOURDIEU Pierre et BOLTANSKI L., CASTEL R., CHAMBORÉDON J.-C. — *Un art moyen. Essai sur les usages sociaux de la photographie,* Paris, éditions de Minuit, 1965.

BOURDIEU Pierre. — « Disposition esthétique et compétence artistique », *Les Temps Modernes,* n° 295, février 1971.

—. — « Champ intellectuel et projet créateur », *Les Temps Modernes,* n° 246, novembre 1961.

—. — « Sociologie de la perception esthétique », *Les sciences humaines et l'œuvre d'art,* Bruxelles, La Connaissance, 1969.

BRAUDEL Fernand. — *Civilisation matérielle et capitalisme,* XVe-XVIIIe *siècle,* Paris, A. Colin, 1967.

—. — « Présence de Lucien Fèbvre ». *Hommage à Lucien Fèbvre. Eventail de l'histoire vivante,* Paris, A. Colin, 1953.

BROWN Milton W. — *American painting from the Armory Show to the depression,* Princeton, Princeton University Press, 1955.

—. — *The story of the Armory Show,* New York, Oldbourne Press, 1964.

DE BRUYNE Edgar. — *L'esthétique du moyen-âge,* Louvain, éditions de l'Institut Supérieur de Philosophie, 1947.

BUFFET-PICABIA Gabrielle. — *Aires abstraites,* Genève, Pierre Cailler, 1957.

DU CAMP Maxime. — *Les beaux-arts à l'exposition universelle et aux salons de 1863-1864-1865-1866-1867,* Paris, Vve J. Renouard, 1867.

—. — *Les beaux-arts à l'exposition universelle de 1855,* Paris, Librairie nouvelle, 1855.

CASTAGNARY Jules. — *Les libres-propos,* Paris, Librairie Indépendante, 1864.

—. — *Salons 1857-1870,* Paris, Charpentier et Fasquelle, 1892.

CASTEL R. — (voir Pierre BOURDIEU).

CECCHI Emilio. — *Giotto,* Paris, Gallimard, s.d.

CENDRARS Blaise et DELAUNAY Sonia. — *La prose du transsibérien* (Paris, 1912).

CHAMBORÉDON J.-C. — (voir Pierre BOURDIEU).

CHAMPFLEURY. — *Le réalisme. Sur M. Courbet,* Paris, Michel Lévy, 1857.

—. — *Grandes figures d'hier et d'aujourd'hui,* Paris, Poulet-Malassis, 1861.

CHASTEL André. — *Art et humanisme à Florence au temps de Laurent le Magnifique,* Paris, P.U.F., 1959.

CHRISTOPHE Lucien. — *Constantin Meunier,* Anvers, Sikkel, 1947.

COLE Henry. — *Fifty years of public works,* Londres, G. Belland sons, 1884.

COLLINGWOOD R. G. — *The principles of art,* Oxford, Clarendon Press, 1955.

—. — *Speculum mentis or the map of knowledge,* Oxford, Clarendon Press, 1924.

—. — *The problem of art,* Oxford, Clarendon Press, 1955.

COOPER Douglas. — *Fernand Léger et le nouvel espace,* Genève, les Trois Collines, 1949.

COPFERMANN Emile. — « Préface » à A. V. LOUNATCHARSKY, *Théâtre et révolution, Paris,* François Maspéro, 1971.

M.is DE COURTIVRON et BOUCHU M. — *Arts des forges et fourneaux à fer,* Paris, Saillant et Nyon, 1761-1762.

DÉCAUDIN Michel. — *La crise des valeurs symbolistes. 20 ans de poésie française,* Toulouse, Privat, 1960.

DELACROIX Eugène. — *Journal,* Paris, Plon, 1960.

—. — *Œuvres littéraires,* Paris, Grès, 1923.

DELAUNAY Robert. — *Du cubisme à l'art abstrait,* Paris, S.E.V.P.E.N., 1957.

DE STIJL. — Tome I : 1917-1920 ; tome II : 1921-1932, complete reprint, Amsterdam, Athenaum ; den Haag, Bert Bakker ; Amsterdam, Polak and Gennep, 1968.

DIDEROT et FALCONET. — *Le pour et le contre. Correspondance polémique sur le respect de la postérité, Pline et les anciens,* Paris, les Editeurs Français Réunis, 1958.

DIDEROT. — *Œuvres,* Paris, Bibliothèque de la Pléiade, 1951.

VAN DOESBURG Theo. — *Principles of neo-plastic art,* Londres, Lund and Humphries, 1969.

DREYFUS-BRUHL Madeleine. — *Romantiques et réalistes au* XIXe *siècle,* Paris, Editions Filmées d'Art et d'Histoire, 1953.

DUCHAMP Marcel. — *Marchand du sel,* Paris, Le Terrain Vague, 1959.

DUFRENNE Mikel. — « Phénoménologie et ontologie de l'art », *Les sciences humaines et l'œuvre d'art,* Bruxelles, La Connaissance, 1969.

DUHAMEL DU MONCEAU M. — *De la forge, des enclumes,* Paris, Saillant et Nyon, 1761-1762.

DURANTY Edmond. — *La nouvelle peinture,* Paris, Dentu, 1876.

EISENSTEIN Sergei. — *Film form and the film sense,* New York, Meridian books, 1957.

ENGELS Friedrich. — (voir Karl MARX).

Essais d'une table poléométrique ou amusement d'un amateur de plans sur les grandeurs de quelques villes, avec une carte ou tableau qui offre la comparaison de ces villes par une même échelle, Dupain-Triel, Paris, 1782.

ESTIVALS Robert, GAUDY Jean-Charles et VERGEZ Gabrielle. — *L'avant-garde,* Paris, Bibliothèque Nationale, 1968.

FALCONET. — (voir DIDEROT).

FÉBVRE Lucien. — *Combats pour l'histoire,* Paris, A. Colin, 1953.

Feuilles de mai. Art, poésie, mouvement social. — Novembre 1912-mars 1914, Nevers.

FLOCON Albert. — (voir André BARRE).

FOCILLON Henri. — *La peinture au* XIXe *siècle et au* XXe *siècle,* Paris, H. Laurens, 1928.

FOUCAULT Michel. — *Les mots et les choses,* Paris, Gallimard, 1966.

FRANCASTEL Pierre. — *Art et technique,* Paris, éditions de Minuit, 1956.

—. — *La réalité figurative,* Paris, Gonthier, 1965.

—. — « Naissance d'un espace : mythes et géométrie au quattrocento », *Revue d'esthétique,* n° 4, 1951.

—. — « Valeurs socio-psychologiques de l'espace-temps figuratif de la Renaissance », *L'année sociologique,* 3e série, 1963.

—. — *Peinture et société,* Lyon, Audin, 1952.

FREUD Sigmund. — « Le Moïse de Michel-Ange », *Essais de psychanalyse appliquée,* Paris, Gallimard, 1959.

GABO Naum. — *Antoine Pevsner,* New York, Museum of Modern Art, 1948.

—. — « Russia and constructivism », *Constructions and sculptures,* Cambridge, Harvard University Press, 1957.

—. — *Of divers arts,* New York, Pantheon books, 1959.

—. — *Manifeste réaliste* de 1920 (traduction française dans le catalogue de l'exposition *Naum Gabo,* Musée National d'Art Moderne, Paris, novembre-décembre 1971).

GAMBILLO DRUDI Maria e FIORI Teresa. — *Achivi del Futurismo,* Roma, De Lucca, 1958.

GAUDIBERT Pierre. — « Le marché de la peinture contemporaine et la crise », *La Pensée* n° 123, octobre 1965.

—. — « Le marché de l'art », *Encyclopedia Universalis,* vol. II, Paris, 1968.

—. — « Musée d'art moderne, animation et contestation », *Revue d'esthétique* n° 3 et 4, 1970.

GIDE André. — « Dada », *La nouvelle revue française,* 7e année, n° 79, nouvelle série, 1er avril 1920.

GIEDON S. — *Espace, temps, architecture,* Bruxelles, La Connaissance, 1968.

GLEIZES Albert et METZINGER Jean. — *Du cubisme,* Paris, Compagnie des Arts Graphiques, 1947 (réédition du texte de 1912).

DE GONCOURT Edmond et Jules. — *Etudes d'art, Salon de 1852, Exposition de 1855,* Paris, Flammarion, 1893.

GRAY Camilla. — *L'avant-garde russe dans l'art moderne, 1863-1922,* Paris, La Cité des Arts, 1969.

HOLL J.-C. — *La jeune peinture contemporaine,* Paris, éditions de la Renaissance Contemporaine, 1912.

HUYSMANS Joris-Karl. — *Certains,* Paris, P.V. Stock, 1898.

—. — *L'art moderne,* Paris, Stock, 1902.

JAFFÉ Hans-L.-C. — *De Stijl,* Londres, Thames and Hudson, 1970.

JAKOBSON Roman. — *Essais de linguistique générale,* Paris, éditions de Minuit, 1963.

JONES Philippe. — *La presse satirique entre 1860 et 1890,* Paris, Institut Français de Presse, 1966.

JULLIAN René. — *Le futurisme et la peinture italienne,* Paris, Sedes, 1966.

KAHNWEILER Daniel-Henry. — *Les années héroïques du cubisme,* Paris, Braun, 1950.

—. — *Mes galeries et mes peintres. Entretiens avec Francis Crémieux,* Paris, Gallimard, 1961.

KLEE Paul. — *Théorie de l'art moderne,* Paris, Gonthier, 1964.

—. — *Note-books. The thinking eye,* Tome I, London, Lund Humphries, and New York, G. Wittenborn, 1969.

KOPP Anatole. — « L'art de gauche, agent de la transformation sociale », *Espace et société,* n° 1, 1970.

KOYRÉ Alexandre. — *Du monde clos à l'univers infini,* Paris, P.U.F., 1962.

—. — *Etudes galiléennes,* Paris, Hermann, 1966.

KUHN Walt. — *The story of Armory Show,* New York, 1934.

DE LABORDE Léon. — *Exposition Universelle de Londres en 1851,* Tome VIII, Beaux-Arts, Paris, 1856.

LAUDE Jean. — *La peinture française* (*1905-1914*) et « *l'art nègre* », Paris, Klincksieck, 1968.

LEBEL Robert. — *Sur Marcel Duchamp,* Paris, Trianon Press, 1959.

LE BOT Marc. — *Francis Picabia et la crise des valeurs figuratives* (*1900-1925*), Paris, Klincksieck, 1968.

—. — « Delacroix et la tradition », *Europe,* avril 1963.

LE BOT Marc. — « Art, sociologie, histoire », *Critique,* n° 239, avril 1967.

—. — « Géricault », *Encyclopedia Universalis,* vol. III, Paris, 1970.

—. — « Dada et la guerre », *Europe,* n° 421-422, mai-juin 1964.

—. — « Dada (art) », *Encyclopedia Universalis,* vol. II, 1969.

LECLERC Georges-Louis, comte de BUFFON. — *Histoire générale et particulière avec la description du cabinet du roi,* Paris, Imprimerie Royale, 1749-1804.

—. — *Œuvres complètes,* Paris, Imprimerie Royale, 1774-1778.

LÉGER Fernand. — *Fonctions de la peinture,* Paris, Gonthier, 1965.

LEMONNIER Camille. — *G. Courbet et son œuvre,* Paris, Lemerre, 1877.

—. — *Histoire des beaux-arts en Belgique,* Bruxelles, imp. Weissenbruck, 1881.

—. — *Les peintres de la vie,* Paris, A. Savine, 1888.

—. — *Etudes sur quelques artistes originaux,* Paris, H. Floury, 1904.

—. — *L'école belge de peinture, 1830-1905,* Bruxelles, G. van Oest, 1966.

—. — *La Belgique,* Paris, Hachette, 1888.

LÉNINE V. I. — *Sur la littérature et l'art,* Paris, Editions Sociales, 1957.

Les cahiers d'aujourd'hui, directeur Georges Besson, octobre 1912-avril 1914, Paris (repris en 1920-1924).

L'effort, directeur Jean-Richard Block, octobre 1911, Nevers ; devient *L'Effort libre,* avril-septembre 1912.

LETHÈVE Jacques. — *Impressionnistes et symbolistes devant la presse,* Paris, Armand Colin, 1959.

Les horizons, directeur Marcel Millet, novembre 1912-mars, juin 1913.

LEUPOLD Jacob. — *Theatrum machinarum generale,* Leipzig, C. Zunckel, 1724.

—. — *Theatrum machinarum hydraulicarum,* Leipzig, C. Zunckel, 1724-1725.

—. — *Theatrum machinarum,* Leipzig, C. Zunckel, 1725.

—. — *Theatri statici universalis, sive theatrum staticum,* Leipzig, C. Zunckel, 1726.

—. — *Theatrum arithmetico-geometricum,* Leipzig, C. Zunckel, 1727.

—. — *Theatrum machinarum molarium,* Leipzig, W. Deer, 1735.

—. — *Theatri machinarum supplementum,* Leipzig, B. C. Breitkopf, 1739.

LISSITSKY El. — *Life, letters, texts,* Londres, Thames and Hudson, 1968.

Livre d'or de l'exposition 1900. — Paris, Cornely, 1899.

LOUNATCHARSKY A. V. — *Théâtre et révolution,* Paris, François Maspero, 1971.

LUCE Maximilien. — *Mazas,* Taillardat, A. Marty, s.l.n.d.

MALEVITCH Kasimir. — *Essays on art,* Copenhague, Borgen, 1968.

—. — Exposition de *Dessins,* galerie Chauvelin, 19 novembre-31 décembre 1970.

—. — *The non-objective world,* Chicago, Paul Théobold, 1959.

MALLARMÉ Stéphane. — « La musique et les lettres », *Œuvres complètes,* Paris, Bibliothèque de la Pléiade, 1945.

MANTOUX Paul. — *La révolution industrielle au* XVIIIe *siècle,* Paris, G. Bellais, 1906.

MARIN Louis. — « La description de l'image », *Communications,* n° 15, 1970.

MARX Karl et ENGELS Friedrich. — *Sur la littérature et l'art,* Paris, Editions Sociales, 1954.

—, —. — *L'idéologie allemande,* Paris, Editions Sociales, 1968.

MENZEL Adolphe. — *Catalogue de l'exposition ouverte du 26 avril au 15 juin 1885,* Pavillon de la ville de Paris, Jardin des Tuileries.

MEYERSON Ignace. — « Les métamorphoses de l'espace en peinture ». *Journal de psychologie,* 1953-1954.

MONDRIAN Piet. — *Le néo-plasticisme,* Paris, éditions de l'Effort Moderne, 1921.

—. —, *Plastic art and pure plastic art,* New York, Wittenborn, 1945

—. —, *Réalité naturelle et réalité abstraite* (traduction dans Michel SEUPHOR, *Piet Mondrian, sa vie, son œuvre,* Paris, Flammarion, 1956).

MOULIN Raymonde. — *Le marché de la peinture en France,* Paris, éditions du Seuil, 1967.

MOUSNIER Roland. — *Progrès scientifique et technique au* XVIIIe *siècle,* Paris, Plon, 1958.

NEF John U. — *La naissance de la civilisation industrielle et le monde contemporain,* Paris, A. Colin, 1954.

OVERY Paul. — *De Stijl,* édition David Herbert, s.l.n.d.

PANOFSKY Erwin. — *L'œuvre d'art et ses significations,* Paris, Gallimard, 1969.

—. — *Essais d'iconologie,* Paris, Gallimard, 1967.

—. — *Architecture gothique et pensée scolastique,* Paris, éditions de Minuit, 1967.

PEVSNER Alexei. — *A biographical sketch of my brothers Naum Gabo and Antoine Pevsner,* Amsterdam, Augustin and Schoonmann, 1954.

Dossier Picabia. — Bibliothèque littéraire Jacques Doucet, n° 7-164, A-I.I.

PICABIA Francis. — « Instantanéisme », *Comoedia* du 21-11-1964.

PLÉKHANOV Georges. — *L'art et la vie sociale,* Paris, Editions Sociales, 1950.

POLLACK Peter. — *Histoire mondiale de la photographie,* Paris, Hachette, 1961.

PREVOST Marie-Claude. — *La peinture, valeur de placement,* Paris, Le Tambourinaire, 1966.

PROUDHON Pierre-Joseph. — *Du principe de l'art et de sa destination sociale,* Paris, Garnier frères, 1865.

RAIS Jules. — *L'exposition de Paris* (1900), *Encyclopédie du siècle,* tome I, Paris, Mongrédien, 1900.

RAMELLI Agostino. — *Le diverse et artificiose machine,* Parigi, 1558.

Rassegna Sovietica, n° 1, janvier-mars 1969.

READ Herbert. — *Histoire de la peinture moderne,* Paris, Aimery-Somgy, 1960 et 1965.

de RÉAUMUR. — *Art de l'épinglier,* Paris, Saillant et Nyon, 1761.

—. — *Nouvel art d'adoucir le fer fondu et de faire des ouvrages de fer fondu aussi finis que de fer forgé,* Paris, Saillant et Nyon, 1761-1762.

Revue Wagnérienne, fondée par Edouard Dujardin, 1885-1888.

REWALD John. — *Histoire de l'impressionnisme,* Paris, Albin Michel, 1965.

RICKEY George. — *Constructivism,* New York, Georges Braziller, 1967.

RICHTER Hans. — *Dada art et anti-art,* Bruxelles, éditions de la Connaissance, 1966.

RIPPELINO Angelo-Maria. — *Maïakovski et le théâtre russe d'avant-garde,* Paris, L'Arche, 1965.

ROSENBERG Harold. — *La tradition du nouveau,* Paris, éditions de Minuit, 1962.

RUSH R. H. — *Art as investment,* Englenwoods Cliffs, Prentice Hall, 1961.

RUSKIN John. — *L'art et la vie,* Paris, Nelson, sd.

—. — *Conférences sur l'architecture et la peinture,* Paris, H. Laurens, 1910.

—. — *The lamp of beauty,* Londres, Phaidon Press, 1959.

SADOUL Georges. — *Histoire du cinéma mondial, des origines à nos jours,* Paris, Flammarion, 1966.

SENSIER Alfred. — *La vie et l'œuvre de J.-F. Millet,* Paris, Quantin, 1881.

SCHEFFLER Karl. — *Menzel, der mensch, das werk,* München. F. Bruckman, 1955.

SCHNERB J. F. — « François Bonhommé ». *La gazette des Beaux-Arts,* 1913.

SEUPHOR Michel. — « Introduction » ou catalogue de l'exposition *Mondrian,* Paris, Orangerie des Tuileries, 18 janvier-31 mars 1969.

SIGNAC Paul. — *D'Eugène Delacroix au néo-impressionnisme,* Paris, Hermann, 1964.

SOURIAU Paul. — *La beauté rationnelle,* Paris, F. Alcan, 1904.

SWEDENBORG M. — *Traité du fer,* Paris, Saillant et Nyon, 1761-1762.

TABARANT Adolphe. — *Maximilien Luce,* Paris, G. Grès, 1928.

—. — *La vie artistique au temps de Baudelaire,* Paris, Mercure de France, 1963.

TATLIN Vladimir. — *Catalogue* du Moderna Museet, Stockholm, Juli-September 1968.

TEYSSÈDRE Bernard. — *Roger de Piles et les débats sur le coloris au siècle de Louis XIV,* Paris, la Bibliothèque des Arts, 1965.

Théorie de la littérature, Paris, Le Seuil, 1966.

THIBAUDET Albert. — *Histoire littéraire de la France de 1789 à nos jours,* Paris, Stock, 1936.

THORÉ-BÜRGER Théodore. — *Salons de 1861 à 1868,* Paris. Vve J. Renouard, 1867.

TROTSKY Léon. — *Littérature et révolution,* Paris, Julliard, 1964.

VERHAEREN Emile. — *Lettre-préface à l'exposition Maximilien Luce* chez MM. Bernheim Jeune et Cie.

Léonard de Vinci et l'expérience scientifique au XVIe *siècle.* — Colloques internationaux du C.N.R.S., Paris, C.N.R.S. et P.U.F., 1959.

da VINCI Leonardo. — *I libri di meccanica,* Milan, Ubrico Hoepli, 1940.

VOLLARD Ambroise. — *Souvenirs d'un marchand de tableaux,* Paris, Union des Libraires de France, 1957.

WATELET Jean. — *Périodiques illustrés français, 1814-1914,* Paris, B.N. 1970.

WEINHOLD Renate. — *Menzelbibliographie,* Leipzig, E. A. Seeman, 1959.

WINGLER Hans M. — *The Bauhaus 1919-1933, Weimar, Dessau, Berlin,* Cambridge, Harvard University Press, 1968.

WOJNAR Irena. — « Herbert Read », *Revue d'esthétique,* n°s 3-4, 1970.

WÖFFLIN Heinrich. — *Principes fondamentaux de l'histoire de l'art,* Paris, Plon, 1952.

ZOLA Emile. — *Mes haines : Proudhon et Courbet,* Paris, Charpentier, 1866.

—. — *Mon Salon,* Paris, Librairie centrale, 1866.

INDEX

des noms cités

TABLE
des figures et planches

TABLE ANALYTIQUE DES MATIÈRES

PLANCHES

François BONHOMMÉ. Mineurs français du Creusot. Puits d'extraction. La benne (c. 1860). (Cl. B.N.).

François Bonhommé. Paysage (c. 1860). (Cl. B.N.).

François Bonhommé. Fabrication des rails. Le Creusot (c. 1860). (Cl. B.N.).

François Bonhommé. Les forges d'Indret (c. 1860). (Cl. B.N.).

Adolf Menzel. Le laminoir (Les Cyclopes modernes) (1875). (Cl. Staatliche Museen, Berlin).

Constantin MEUNIER. Paysage minier (c. 1875). (Cl. B.N.).

Constantin MEUNIER. Intérieur de charbonnage (c. 1875). (Cl. B.N.).

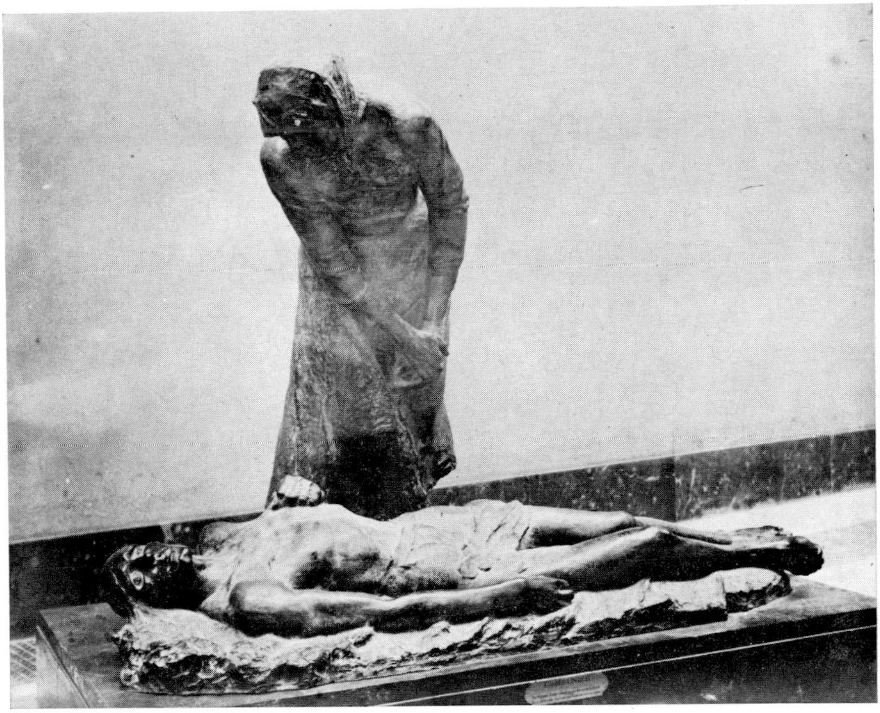

Constantin MEUNIER. Le grisou (c. 1890). (Cl. B.N.).

Constantin MEUNIER. Monument au travail, détail (c. 1890). (Cl. B.N.).

Constantin MEUNIER, Monument au travail (détail) (c. 1890). (Cl. B.N.).

Claude MONET. La gare Saint-Lazare (1877). (Cl. Musées Nationaux, Co. SPADEM).

Luigi Russolo. Dynamisme d'une automobile (1911). (Cl. Giraudon).

Giacomo Balla. Automobile en mouvement (c. 1912). (Cl. Giraudon).

Robert DELAUNAY. Hommage à Blériot (1914). (Cl. Giraudon, Co. ADAGP).

Fernand LÉGER. La Noce (1911). (Cl. Giraudon, Co. SPADEM).

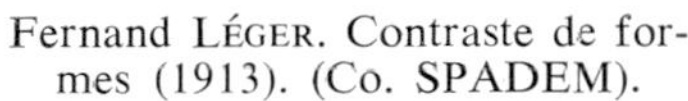

Fernand LÉGER. Contraste de formes (1913). (Co. SPADEM).

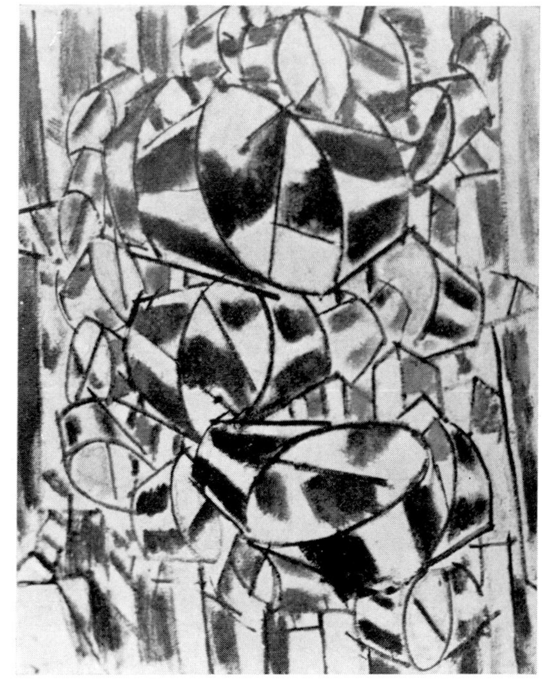

Fernand Léger. Personnage dans l'escalier (1914). (Cl. Berggruen, Co. SPADEM).

Fernand LÉGER. Eléments mécaniques (1924). (Cl. Musées Nationaux Co. SPADEM).

Kasimir MALÉVITCH. Peinture suprématiste (1916). (Co. Troels Andersen).

Kasimir MALÉVITCH. Suprématisme : jaune et noir (1916-1917). (Co. Troels Andersen).

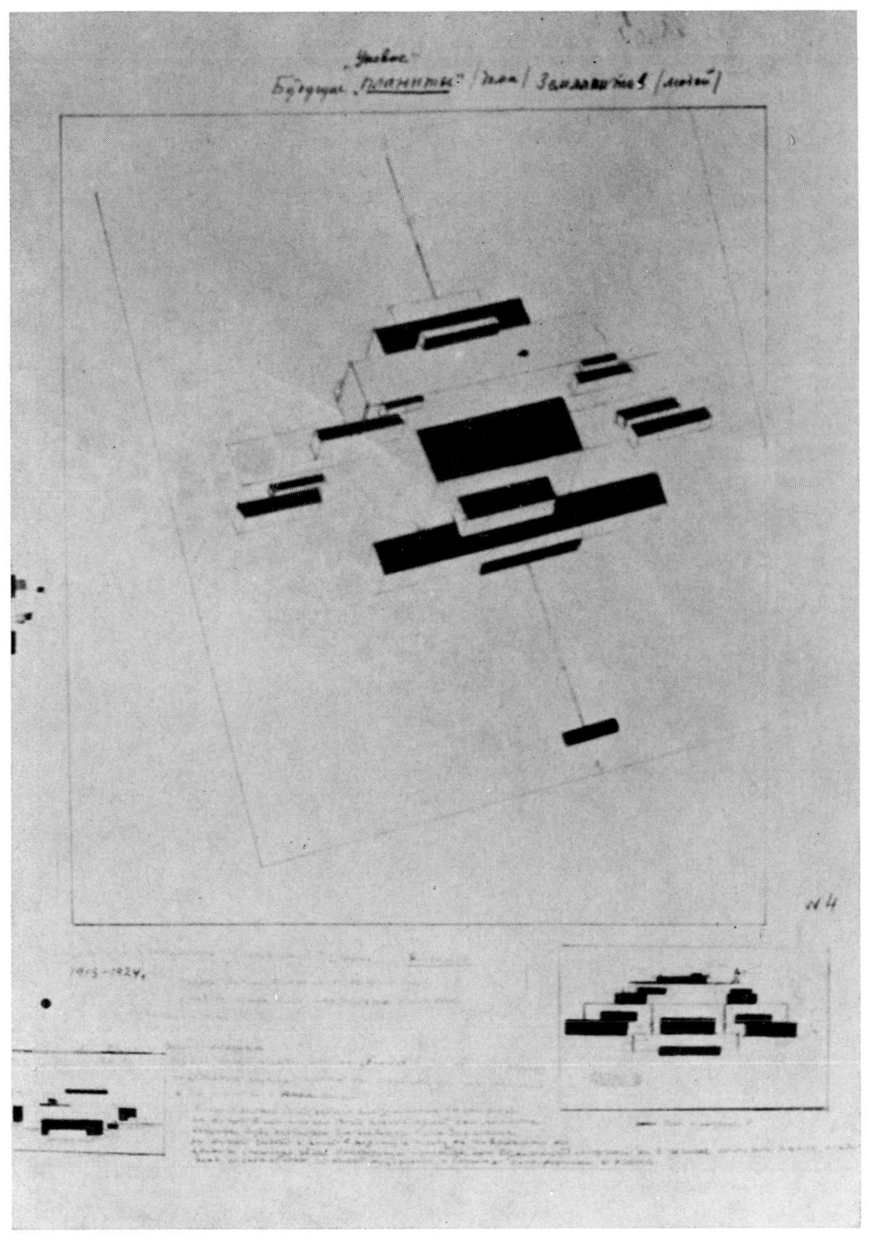

Kasimir Malévitch. Planites de l'avenir, maisons pour les habitants de la terre : les hommes (c. 1924). (Co. Troels Andersen).

Vladimir TATLIN. Construction. Sélection de matériaux (1914). (Moderna Museet, Stockholm).

Vladimir Tatlin. Relief de coin (1915). (Moderna Museet, Stockholm).

Vladimir Tatlin. Relief de coin complexe (1915).

Alexandre Rodchenko. Composition (1918). (Museum of Modern Art, New York).

Naum GABO. Projet pour une station de radio (1919-1920). (Moderna Museet, Stockholm).

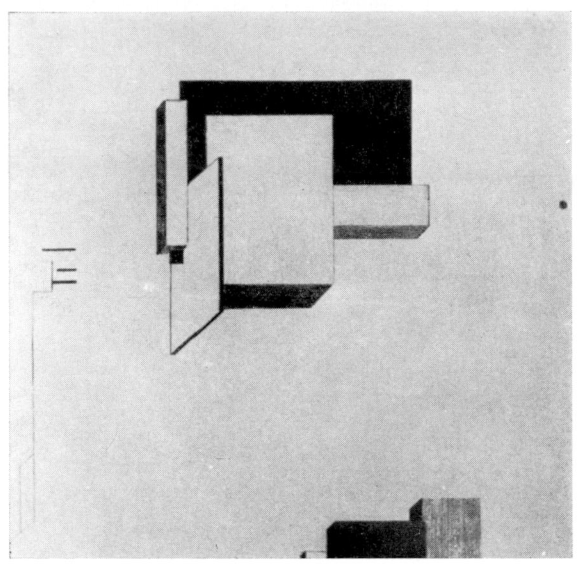

EL LISSITSKY. Proun I C (19
(Co. Verlag der Kunst Dresde

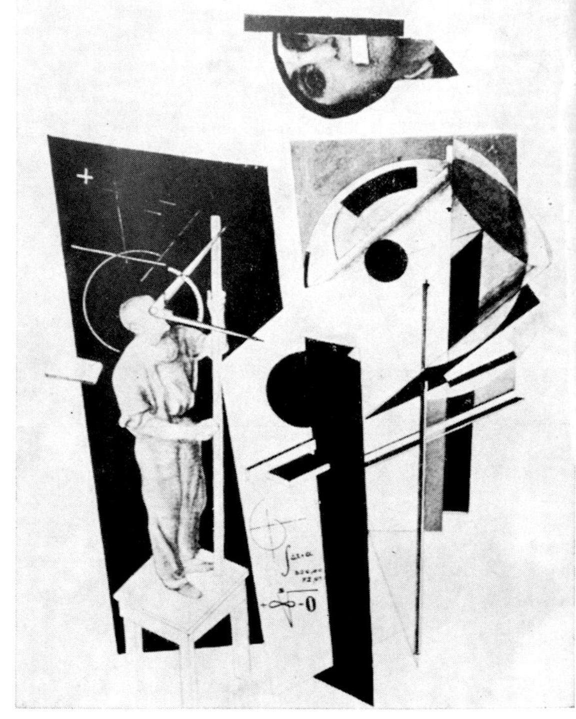

EL LISSITSKY. Tatlin travaillant au monument pour la Troisième Internationale (c. 1921-1922). (Co. Verlag der Kunst Dresden).

Piet Mondrian. Nature morte au pot de gimgembre, n° 1 (1911-1912). (Cl. Musées Nationaux, Gemeente Museum, La Haye).

Piet Mondrian. Nature morte au pot de gimgembre, n° 2 (1912). (Cl. Musées Nationaux, Gemeente Museum, La Haye).

Piet Mondrian. Nu (c. 1912). (Cl. Musées Nationaux, Gemeente Museum, La Haye).

Pablo Picasso. Portrait d'Ambroise Vollard (1910). (Co. SPADEM).

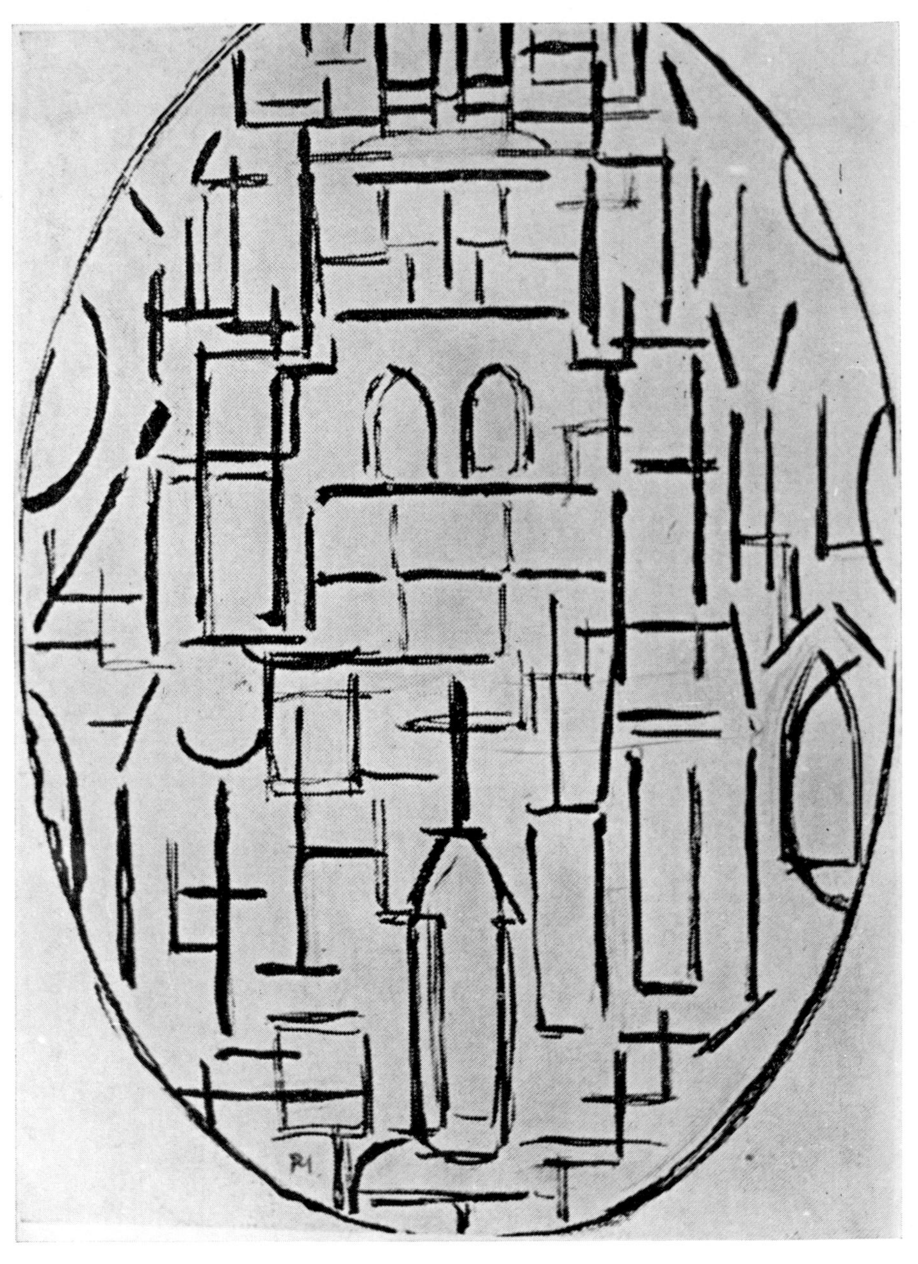

Piet MONDRIAN. Eglise à Domburg (c. 1914). (Cl. Musées Nationaux, Gemeente Museum, La Haye).

Piet MONDRIAN. Eglise à Domburg (1909-1910). (Cl. Musées Nationaux, Gemeente Museum, La Haye).

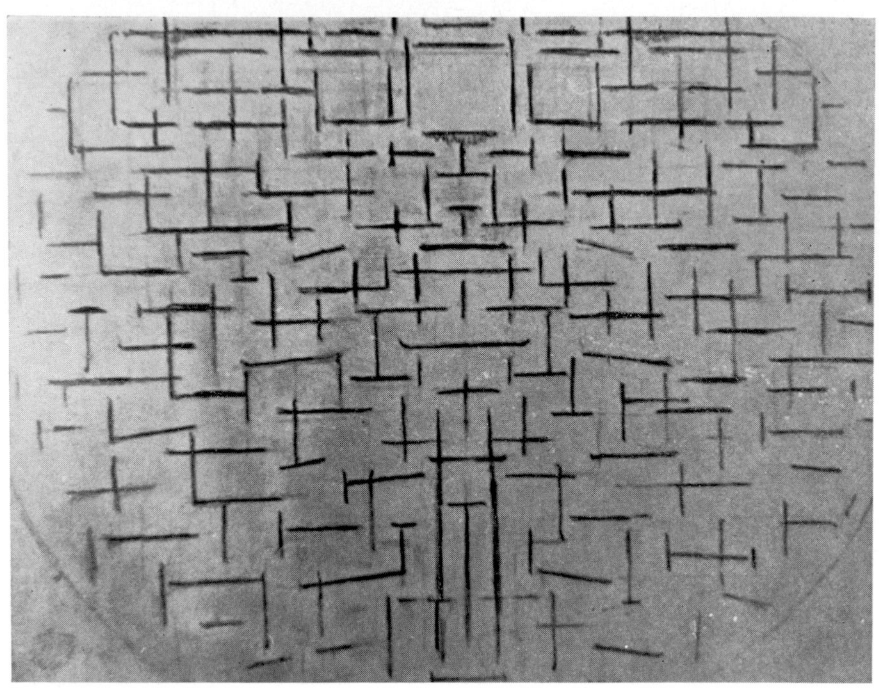

Piet MONDRIAN. Jetée-océan. La mer à Scheveningue (1914). (Cl. Musées Nationaux, Gemeente Museum, La Haye).

Piet MONDRIAN. Composition n° 9. La façade bleue (1913-1914). (Cl. Musées Nationaux, Museum of Modern Art, New York).

Piet Mondrian. Composition n° 6 (1914). (Cl. Musées Nationaux, Gemeente Museum, La Haye).

Piet Mondrian. Composition dans l'ovale (tableau III) (1914). (Cl. Musées Nationaux, Stedelijk Museum, Amsterdam).

Piet MONDRIAN. Tableau II (1921-1925). (Cl. Giraudon).

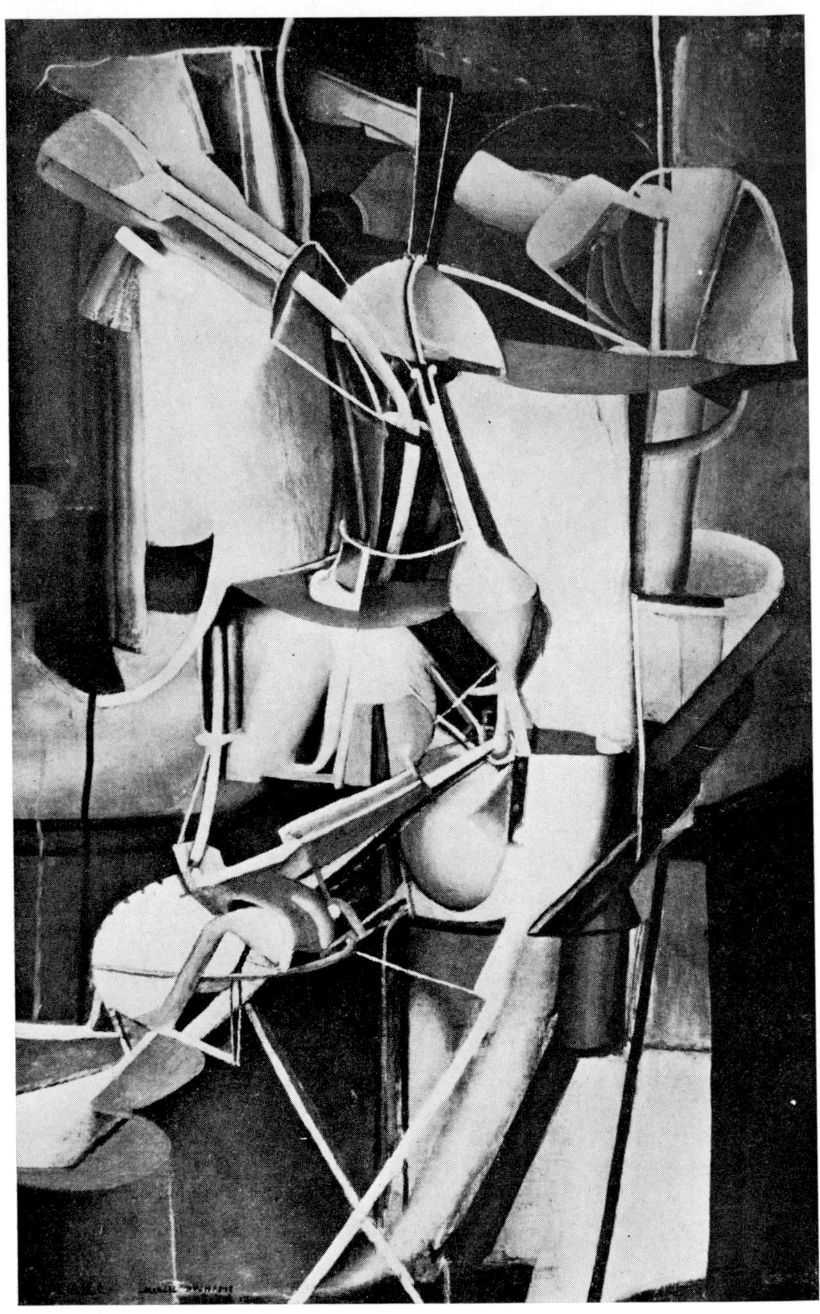

Marcel DUCHAMP. Mariée (1912). (Co. ADAGP).

Marcel DUCHAMP. La mariée mise à nu par ses célibataires, même (1915-1923). (Co. ADAGP).

Francis Picabia. Volant qui régularise le mouvement de la machine (1914). (Co. SPADEM).

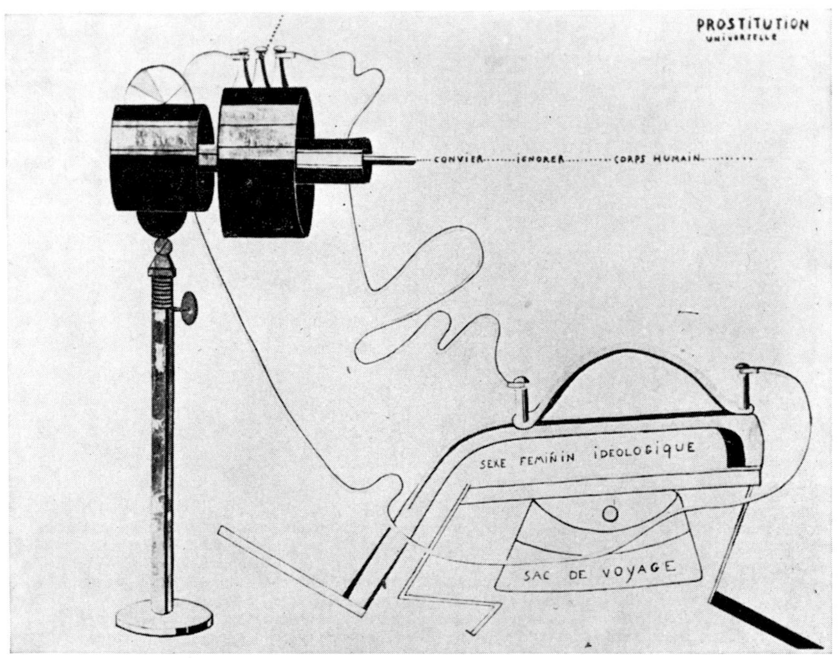

Francis Picabia. Prostitution universelle (1916). (Co. SPADEM).

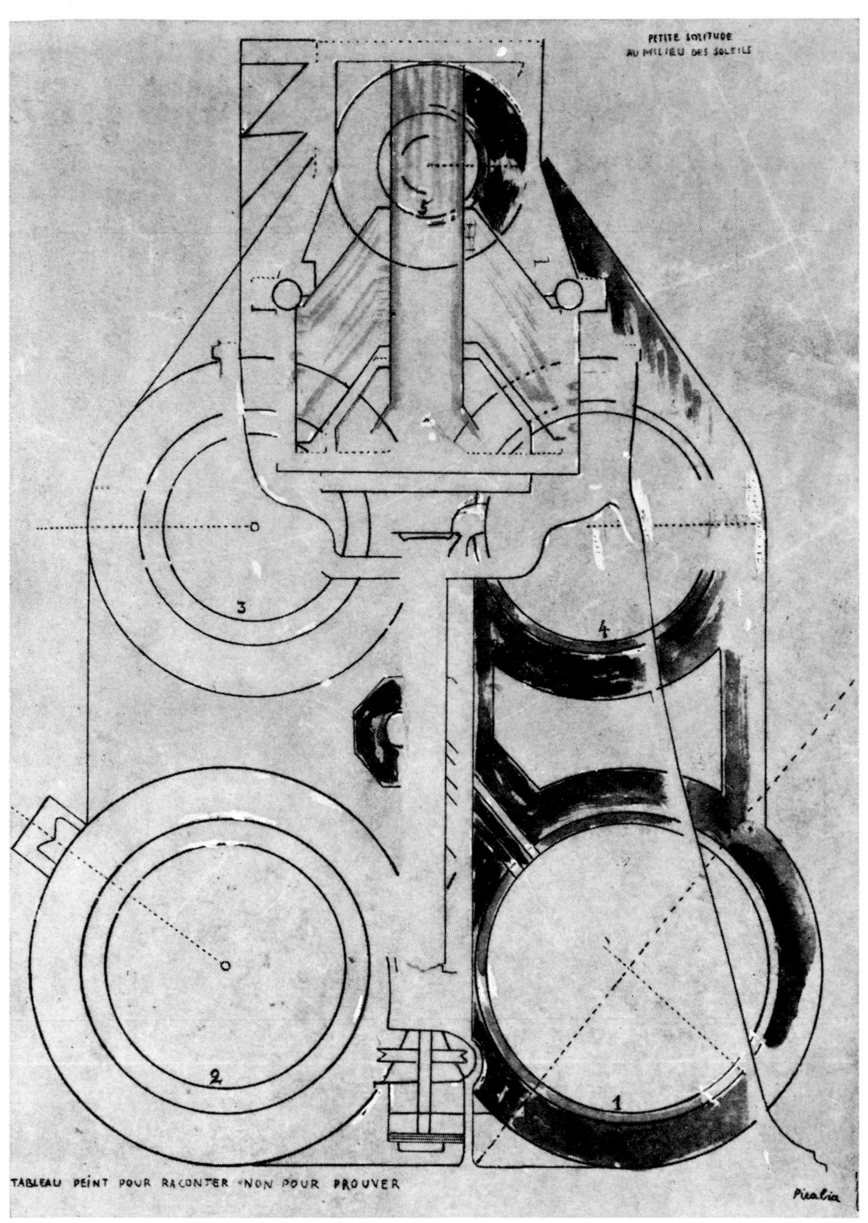

Francis PICABIA. Petite solitude au milieu des soleils (1917). (Co. SPADEM).

Hanna HÖCH. Das schöne Mädchen (1920).

ACHEVÉ D'IMPRIMER A CAHORS (LOT)
SUR LES PRESSES DE L'IMPRIMERIE
TARDY-QUERCY-AUVERGNE
20.511. — Dépôt légal : II-1973